文化产业发展方式转型研究

魏饴 等 著

以湖南为例

社会科学文献出版社
SOCIAL SCIENCES ACADEMIC PRESS (CHINA)

目 录

第一章 湖南文化产业发展方式转变的实践背景 / 001

    一 湖南文化产业持续发展的几个实践问题 / 002

    二 湖南文化产业发展的外部竞争压力 / 008

    三 湖南文化产业发展的内部结构压力 / 014

第二章 文化产业发展方式转变的理论探索 / 019

    一 "新常态"与文化产业发展方式转变 / 019

    二 消费理论对加快文化产业发展方式转变的支持 / 020

    三 产业结构理论对文化产业发展方式转变的支持 / 023

    四 文化产业理论对文化产业发展方式转变的支持 / 025

    五 文化产业评价理论研究与探讨 / 027

第三章 加快文化产业发展方式转变的经验借鉴 / 034

    一 区域发展经验：深圳市南山区文化产业发展 / 034

二　企业发展经验：华强文化科技集团产业升级之路　　/ 037

　　三　品牌发展经验：张家界国家旅游演出品牌解构与提升　　/ 048

　　四　产业空间布局经验：上海文化创意产业空间布局　　/ 056

第四章　湖南文化产业发展方式转变的对策建议　　/ 070

　　一　核心在观念：慎用计划模式，关注创意实践　　/ 070

　　二　强化发展主题：以我为主，超越自我　　/ 076

　　三　突出发展方式的若干转变　　/ 080

　　四　文化产业发展方式转型的具体对策　　/ 099

第五章　湖南文化产业发展方式转变的个案设计　　/ 135

　　一　高校为文化产业提供人才支撑的个案设计

　　　　——以历史学专业与文化产业对接为例　　/ 135

　　二　"一城一品"个案设计："常德·梦幻桃花源"创意构想

　　　　——常德市旅游演出产业品牌的策划与创意　　/ 146

附录一　政策指南　　/ 174

　　一　习近平在文艺工作座谈会上的讲话　　/ 174

　　二　中共中央关于繁荣发展社会主义文艺的意见　　/ 196

　　三　国务院关于推进文化创意和设计服务与相关产业融合发展的若干意见　　/ 209

　　四　湖南省人民政府关于加快文化创意产业发展的意见　　/ 221

附录二 调研推介 / 233

一 《湖南文化产业印象调查》红网调查结果分析 / 233

二 文化品牌"武陵风韵"推介 / 242

三 文化及相关产业分类（2012） / 253

附录三 相关论文 / 266

一 以文化引领当代城市发展 / 266

二 农村居民文化消费需求的生成机理研究 / 269

三 农村文化产品供给方式的转型之路 / 279

后 记 / 294

| 第一章 |

湖南文化产业发展方式转变的实践背景

2008年,湖南文化产业总产值首次突破千亿元,达1395.63亿元,文化产业增加值达583.67亿元,文化产业增加值占GDP的比重为5.1%;2009年,湖南文化产业总产值持续增长,达1594.26亿元,文化产业增加值达682.16亿元,文化产业增加值占GDP的比重为5.2%。自2009年以来,湖南文化产业一直处于高速发展阶段。2013年,湖南文化产业实现增加值约1354亿元,比上年增长15%左右,占GDP的比重为5.3%左右,增长速度高于全省经济增长速度并保持支柱产业地位,湖南成为全国文化产业发展"新十强"。2014年,湖南文化产业增加值将近1558亿元。[①] 从总量上说,文化产业已成为湖南的支柱产业和新的经济增长点,文化产业对湖南社会经济发展的推动作用日益明显,对提升湖南综合实力和核心竞争力的作用日益显现。

在肯定湖南文化产业发展所取得成就的同时,我们注意到无论是

---

① 如无特别说明,本章数据均来自湖南统计局发布于湖南统计信息网上的统计数据。

在量上还是在质上，湖南文化产业都需要不断在新的历史条件下实现新的突破，只有这样，才能实现湖南文化强省的战略目标。从湖南文化产业发展的实践来看，为推动湖南文化产业发展，2010年湖南省出台了《湖南省文化强省战略实施纲要（2010—2015年）》，提出到"十二五"末期，要实现湖南省文化凝聚力、文化创新力、文化传播力和文化竞争力的全面提升，"到2015年总产值达到3500亿元，实现增加值1900亿元，占GDP的比重达8%以上，文化产业成为我省国民经济的重要支柱产业"。但从2014年湖南省文化产业将近1558亿元的增加值及大约15.4%的增长速度来看，湖南省要在2015年实现1900亿元文化产业增加值的目标是相当困难的。这也说明，只有实现文化产业发展方式的转变，才有可能真正做大做强湖南文化产业，使之成为湖南省的优势产业，并以文化产业的先发优势为基础，带动其他产业共同发展。

加快湖南文化产业发展方式的转变，以方式转变促进湖南文化产业又好又快地发展，既是湖南文化产业持续发展的内在需要，也是由其外部竞争环境决定的。

一　湖南文化产业持续发展的几个实践问题

湖南文化产业已经取得了巨大成就，无论是在文化产业所创造的总产值上，还是在文化产业品牌的经营上，湖南文化产业都已经走在全国前列，也走在湖南省产业结构调整的前列，但正是这种走在前列的先发优势，使湖南文化产业面临持续发展的难题，这种持续发展难题主要体现在以下三个方面。

(一) 总量持续增长的难题

2010年,湖南省委、省政府在《湖南省加快培育和发展战略性新兴产业总体规划纲要》中将文化创意产业与先进装备制造产业、新材料产业并列为湖南经济发展的三大支柱产业。2014年,湖南省人民政府在《关于加快文化创意产业发展的意见》中强调:"力争到2017年,我省文化创意产业规模显著扩大,产业集群化、园区化和创新能力明显增强,产业链层次和行业盈利能力大幅提高,文化创意产业的支柱地位进一步巩固和提升,努力把湖南建设成为中部领先、辐射全国、具有一定国际影响的区域性文化创意中心。"[①] 文化产业之所以能够成为湖南经济发展的支柱产业,一方面是因为当前的经济结构调整,另一方面是因为文化产业在湖南产业结构中所起的作用越来越明显,文化产业增加值在全省 GDP 中所占比重持续上升,从2004年到2014年,湖南文化产业增加值占 GDP 的比重从3.8%上升到5.6%,在量上达到了支柱产业所需要的标准。

湖南文化产业曾有过快速发展的历史。据统计,"十五"期间,湖南 GDP 的年均增长率为10.3%,第三产业总产值的年均增长率为10.9%,而文化产业总产值的年均增长率为17.3%,分别比同期 GDP 和第三产业总产值的年均增长率高7个和6.4个百分点;"十一五"期间,湖南文化产业总产值的年均增长率超过20%,分别比同期 GDP

---

① 湘政发〔2014〕23号。

和第三产业总产值的年均增长率高6个和6.1个百分点。

但是，在湖南文化产业快速发展的同时，增长不均衡、不稳定的问题一直制约着其持续发展，2005~2009年，湖南文化产业总产值增长率呈现较大的波动。

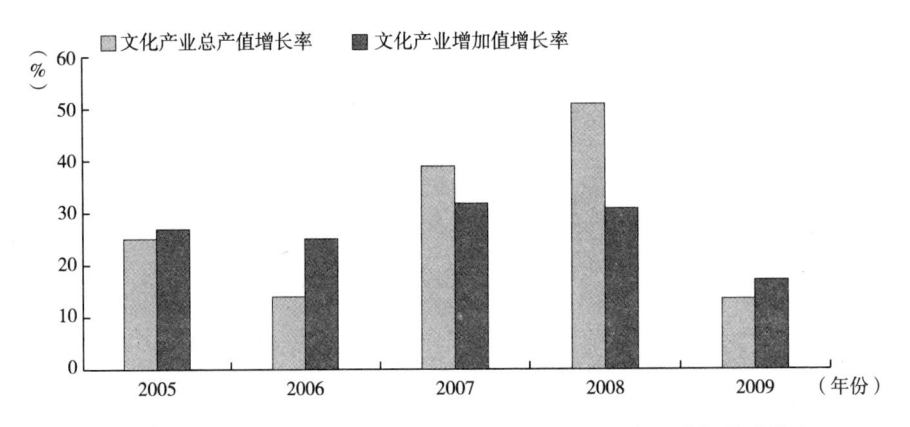

图1-1　2005~2009年湖南文化产业总产值和文化产业增加值增长率

图1-1反映出湖南文化产业总产值增长率的波动幅度相当大，这可能是因为文化产业的生产出现了大幅度的波动，也可能是因为文化消费市场出现了大幅度的波动，还有可能是因为宏观政策调整导致市场环境发生了重大变化，从而影响了文化企业的发展，但无论是哪种情况，都说明湖南文化产业在持续发展上还存在一定问题。由于增速问题未能得到及时有效解决，因此湖南文化产业在2011年以后出现了增速放缓的现象，没有实现政府提出的战略目标。

因此，要实现湖南文化产业的持续增长，就必须解决湖南文化产业的增速问题，特别是要使文化产业成为先发优势产业，其增速应该高于同期国民经济的整体增长速度，这样才能实现文化产业的持续增长与健康发展。

（二）质量大幅提升的难题

湖南文化产业的发展特别是"电视湘军"的发展的一个明显特色是走大众化道路即"草根"路线，鼓励大众参与。这一发展战略的优势和劣势都是相当明显的。

就优势而言，"草根"式的发展道路必然使其内容贴近民众、贴近生活，能够有效提升民众的参与积极性，有利于提升湖南文化产业的影响力。以"电视湘军"的发展为例，无论是《快乐大本营》，还是当年的《超级女声》《快乐男声》，这些节目之所以深受观众喜爱，就是因为它们在内容上贴近民众生活，在参与形式上降低了门槛，给大众一个参与机会，满足了民众的参与需要。也正是因为存在这种优势，才使《快乐大本营》长盛不衰，使《超级女声》《快乐男声》这样的节目红遍全国。

"草根"式发展道路的劣势也是相当明显的，大众化路线方便民众参与，但由于参与的民众素质各异，因此这些栏目很难走"大雅"路线，而只能走"俗"的路线。大众化的"俗"的路线并没有错，但容易被人认为文化产品档次低下。

湖南文化产业发展面临的质量难题不仅存在于"电视湘军"方面，也存在于"动漫湘军"方面。"动漫湘军"经过多年发展，曾经是中国动漫界的一面旗帜，但自2009年起，在全国动漫行业整体滑坡的背景下，湖南动漫年产量从全国第一名迅速下跌，"动漫湘军"一度陷入低谷。"动漫湘军"面临的发展困境，在很大程度上就是创新不足，未能实现自身发展方式的转型，未能缩小与世界同类产品的差距。这种状况直到"动漫湘军"大胆创新,实现发展方式转型之后才有所改变。2014年下半年,湖南动漫产业中的新企业、新品牌不断突起,成为行业领域里新的生力军,开始逐步形成涵盖动漫原创、制作、游戏、动漫消费品的营销全产业链。

"动漫湘军"的浮沉,很好地说明了文化产业的发展必须不断实现提质升级,提升文化产业的发展层次,在坚持大众化发展战略的同时,提升文化产品的质量。

(三) 文化产业发展方式转变的难题

无论是从全国范围来看,还是从湖南省的范围来看,文化产业都已经成为支柱性产业,作为支柱性产业,特别是作为产业结构中优先发展的产业,文化产业需要不断地通过创新发展来带动其他产业的发展。中共中央在《关于制定国民经济和社会发展第十三个五年规划的建议》中强调:"在国际发展竞争日趋激烈和我国发展动力转换的形势下,必须把发展基点放在创新上,形成促进创新的体制架构,塑造更多依靠创新驱动、更多发挥先发优势的引领型发展。"但是,要使文化产业发挥先发优势而带动其他产业发展还存在较大的困难。以湖南文化产业的发展为例,从量的角度来说,湖南文化产业已经具备成为支柱产业的优势。近年来,湖南文化产业保持高速发展态势,对经济增长的贡献率不断提高,文化产业对湖南经济的拉动作用日益增强,但一个产业能否成为支柱产业,不仅表现在它对GDP的贡献上,还应该表现在它对整个产业结构调整的拉动作用上。

就湖南文化产业在湖南经济结构和产业结构调整中的作用来看,

文化产业对其他产业的拉动作用还不是很明显。以拉动就业为例，2013年，湖南省文化产业法人单位的从业人员为93.24万人，占全省第二、第三产业全部法人单位从业人员（1354.18万人）的6.9%。在文化产业法人单位的从业人员中，按单位性质分，从事经营性文化产业的人数为80.19万人，占86.0%；从事公益性文化事业的人数为13.04万人，占14.0%。按行业类别分，文化制造业吸纳的从业人员最多，达49.69万人，占53.3%；文化服务业从业人员为38.23万人，占41%；文化批零业从业人员为5.32万人，占5.7%。但也应该注意到，文化产业的就业拉动作用与文化产业自身的增长速度明显存在差距。

湖南文化产业的拉动作用不足还表现在文化产业内部的结构分布上。以湖南文化产业增加值结构为例，2006~2012年，湖南文化产业增加值年均增长23.32%，比GDP年均增长率高4.1个百分点。分行业来看，"十二五"时期前两年，新闻服务、出版发行和版权服务、广播电视电影服务、文化艺术服务、网络文化服务、文化休闲娱乐服务的同比增长率分别为8.49%、23.97%、13.91%、22.54%、22.03%和22.71%，增长率总体较高。但产业结构不够合理，2012年，湖南省文化产业核心层、外围层和相关层三个层次的增加值比例为27.5∶39∶33.5，而当年中国文化产业发展指数排名第一的北京的这一比例为21∶72.5∶6.5，这说明湖南文化产业核心层和外围层对相关层的拉动作用不显著，也说明湖南文化产业的产业链条不完备。

湖南省委、省政府已决定将文化产业作为支柱产业，要充分发挥文化产业的支柱功能，就必须充分发挥文化产业在产业结构中的拉动作用，这种拉动作用一方面是文化产业内部层次之间的拉动作用，尽可能使文化产业链条完善，另一方面是尽可能发挥文化产业在拉动就业、拉动相关产业发展中的作用，以推动湖南经济结构和产业结构的调整。

二 湖南文化产业发展的外部竞争压力

湖南文化产业之所以能够取得辉煌成就，一是源于其创意，二是源于其先发优势。湖南文化产业的先发优势使其在中国文化产业中处于市场开拓者和领先者的地位，但随着国家对文化产业发展的重视，各地纷纷出台旨在推动地方文化产业发展的政策，力求将文化产业打造成推动地方经济发展的支柱产业，随着文化产业发展环境的变化，湖南文化产业的影响力和地位发生了一系列变化。

中国人民大学文化创意产业研究中心发布的《中国省市文化产业发展指数报告》较好地反映了我国近年来各省市文化产业发展水平的变化，我们可以从中发现湖南文化产业在全国地位的变迁及外部环境的变化（见表1-1）。

表1-1 2010~2015年各省市文化产业发展综合指数部分排名

排名	2010年	2011年	2012年	2013年	2014年	2015年
1	北京	北京	北京	北京	北京	上海
2	上海	广东	上海	上海	江苏	北京
3	广东	上海	天津	广东	浙江	江苏
4	浙江	浙江	广东	浙江	广东	浙江
5	江苏	江苏	浙江	江苏	上海	广东

续表

排名	2010年	2011年	2012年	2013年	2014年	2015年
6	辽宁	山东	江苏	辽宁	山东	山东
7	福建	天津	四川	福建	辽宁	福建
8	天津	四川	山东	天津	河北	四川
9	山东	辽宁	福建	山东	湖南	湖南
10	山西	福建	辽宁	山西	江西	河北

资料来源：2010~2015年《中国省市文化产业发展指数报告》。

从表1-1可以看到，湖南虽然是文化产业大省，并在我国文化产业发展史上缔造过"文化湘军"的奇迹，但2010~2013年连续4年未能进入全国前10名。直到2014年随着"文化湘军"的重新崛起，湖南文化产业的综合竞争力才挤进全国前10名。而随着湖南文化产业发展方式的全面转型，湖南文化产业发展的各项指数在2015年全面进入全国前10名（见表1-2）。

表1-2 中国省市文化产业发展指数2015年得分及排名情况

排名	综合指数		生产力指数		影响力指数		驱动力指数	
1	上海	81.44	山东	82.14	北京	88.23	北京	82.47
2	北京	81.41	江苏	81.29	上海	87.67	上海	82.30
3	江苏	79.76	广东	80.37	浙江	83.56	福建	80.85
4	浙江	79.54	浙江	77.82	广东	82.03	辽宁	80.70
5	广东	79.49	四川	76.45	江苏	81.72	青海	80.20
6	山东	78.12	河北	75.04	山东	80.27	贵州	78.48
7	福建	76.24	江西	74.99	福建	75.97	海南	78.11
8	四川	75.86	河南	74.82	四川	74.81	浙江	77.25
9	湖南	75.18	上海	74.34	湖南	74.44	吉林	77.11
10	河北	74.69	湖南	74.10	河北	74.20	湖南	76.99

资料来源：2010~2015年《中国省市文化产业发展指数报告》。

(一) 文化市场"圈地"现象表明需要转变发展方式

随着文化产业对经济发展的贡献率不断提升，政府对文化产业发展的重视程度不断提高，集中出台了一系列政策措施来推动文化产业发展。政府的助力使文化产业的发展出现重大转机：政府对文化产业的资本注入及对民间资本进入文化市场的政策支持，盘活了文化产业的资本供给，在资本作用下文化产业的升级换代更加迅速；同时，文化产业发展方式转变的一个重要表现就是文化企业的重组，中小型文化企业通过兼并、收购的方式组建成大型文化产业集团，如各地纷纷成立的区域性传媒集团。在政策和资本的推动下，文化产业正逐步走向规模化经营，文化市场开始呈现巨头竞争的态势。

文化巨头的出现加剧了文化市场的竞争，文化生产与文化需求（文化市场）之间的矛盾日渐体现，为了争夺市场，文化产业的"圈地"现象越来越明显。所谓"圈地"是指为了保护自身的利益和市场，不允许外来文化产品进入本地市场，如部分地方对外地卫视节目收取巨额落地费，个别地方甚至干脆通过政策禁止外地卫视节目在本地落户，借助政策力量实行地方保护主义。

个别地方除了借助政策或非政策的力量阻止外地文化产品进入，还在想方设法地进行市场扩张。

当前文化产业的市场扩张形式主要有如下两种。第一，湖南卫视的《超级女声》《快乐男声》全国海选模式。通过举办以"草根"参与为主的选秀节目，吸引民众参与，同时提高"电视湘军"的市场占有率和市场知名度，这种模式当前已经被包括中央电视台在内的许多电视媒体所采用，如中央电视台推出的"我要上春晚"等节目。第二，深圳华强文化科技集团的主题公园模式。该集团通过在全国各地兴建主题公园的方式来推广自己的文化产品，当前华强文化科技集团在国内已经建成的主题公园包括芜湖公园、泰安公园、汕头公园、重庆公园、株洲方特公园等。

文化市场发生的以上变化，对湖南文化产业原有的发展模式形成了一定的挑战，面对这种挑战，湖南文化产业已做出一系列调整，但仍需要增强危机感，抓住历史机遇，尽快实现发展方式的转变，以迎接文化市场更剧烈的竞争。

（二）"看不见的手"昭示文化产业需要实现发展方式转变

文化市场这只"看不见的手"不仅存在区域竞争激烈的现象，也存在企业与企业之间竞争激烈的现象。相对于物质生产而言，文化生产的一个显著特点就是很容易被复制、被模仿，而且很难通过技术性手段进行排他性生产。由于湖南文化产业拥有先发优势，其开拓性的发展模式在全国范围内率先创造了一系列品牌，取得了良好的市场效益与社会效益。同时，湖南文化产业也越来越成为其他地区文化产业模仿的对象。以"电视湘军"为例，湖南卫视取得巨大成功，其节目形式迅速地被其他电视台模仿。2009年12月，湖南卫视推出"我们约会吧"栏目，马上就有电视台推出"非诚勿扰"这样的模仿节目，甚至有电视台以模仿湖南卫视的节目为其生存之道。

模仿无疑是一种恶性竞争，但由于我国文化生产领域的相关法律法规还不甚完善，加之地方保护主义的存在，对于模仿性的生产和经营,目前还缺乏有效的管理手段。针对这种现象,一方面,要督促有关部门为文化生产制定规范性的法律文件,防范文化生产领域的抄袭、模仿,以保护知识产权;另一方面,要转变生产方式,给湖南文化产品打上特有的湖南"密码",使湖南文化产品无法被模仿和复制。就如美国的硅谷经验一样,虽然全球很多地方想模仿,但其独特的"基因"使其根本无法被复制,即使硅谷公布其经营和管理经验,世界上也无法复制出另外一个硅谷。

(三) 占领文化产业发展制高点需要推动发展方式转变

以文化产业推动经济发展方式转变,将文化产业发展成国民经济的支柱性产业,不仅得到国务院确认,也成为湖南"两型社会"建设的重要手段,同时也是我国绝大部分省份转变经济发展方式的战略首选。

广东省《关于加快经济发展方式转变的若干意见》第十八条强调:"加快文化产业发展,编制实施广东文化产业振兴规划,建设'珠江两岸文化创意产业圈'、国家级软件及动漫产业基地。积极争取电信网、互联网和广播电视网三网融合国家试点。支持文化企业改制上市。继续办好中国(深圳)国际文化产业博览交易会。"[①]

吉林省《关于加快经济发展方式转变的若干意见》第十六条强调:"实施文化产业提速计划。按照市场化、规模化、品牌化、国际化的方向,优化文化产业结构,全面推进经营性文化单位转企改制,

---

① 粤发〔2010〕8号。

强化资源整合和市场化运作,推进大型文化企业上市,规划建设一批重大文化产业项目、文化产业园区和文化旅游地,积极培育和发展现代传媒、动漫游戏、咨询策划等新兴文化业态,进一步释放吉林文化知名品牌效应,形成具有吉林特色和市场竞争力的大产业。到2015年,文化产业增加值占地区生产总值比重达到6%以上。"[1]

推动文化产业发展方式的转变,中部省份也不甘示弱。山西省于2009年7月制定《山西省文化产业发展规划纲要(2009—2015年)》时提出:"文化产业增加值占全省生产总值的比重到2015年达到5%以上。年均增长速度明显高于同期经济增长速度,整体实力和核心竞争力不断提高。文化产业增加值总量在全国处于中上游水平,一批特色文化企业在本行业中居于全国领先地位……到2020年,基本实现由文化资源大省向文化强省的跨越,文化产业成为名副其实的支柱产业。"[2]

从目前了解到的情况来看,中部各省都制定了文化强省战略,并且为文化强省战略的实施制定了时间表。例如,江西表示要在2020年基本建成文化强省;安徽计划在2015年进入我国文化强省的第一方阵;湖北省于2009年11月出台了《关于推动文化大发展大繁荣的若干意见》,提出要实施推动文化产业发展的"八大工程",明确了湖北文化强省建设的"路线图"和"时间表"。

各省纷纷出台规划抢占文化产业高地,对湖南文化产业发展形成了巨大挑战,作为全国文化产业发展的先行者与文化强省战略的率先

---

[1] 吉发〔2010〕19号。
[2] 晋政办发〔2009〕81号。

倡导者，湖南能否在下一个五年实现突围，关键在于能否抓住文化产业发展的良好机遇，转变文化产业发展方式。

三 湖南文化产业发展的内部结构压力

湖南文化产业要转变发展方式，还需要解决自身存在的结构性问题，这种结构性问题主要表现在两个方面：就产业内部结构而言，存在产业链条不完整的问题，或者说文化产业各大类之间发展不均衡；就文化产业发展的区域结构而言，存在区域性结构不均衡的现象。

（一）文化产业内部发展不均衡

一个成熟的产业体系，应该有相对均衡的产业结构，但从湖南文化产业发展的现状来看，存在不均衡现象。不均衡一直是制约湖南文化产业发展的重要问题之一，这一问题在湖南文化产业腾飞之前就已存在。

表1-3 2009年和2012年湖南文化产业结构

指标		2009年		2012年	
		产业增加值（万元）	占总增加值的比重（%）	产业增加值（万元）	占总增加值的比重（%）
第一部分文化服务	一、新闻服务	47685	0.70	102531	0.37
	二、出版发行和版权服务	856234	12.55	4703445	16.85
	三、广播电视电影服务	694768	10.18	2431735	8.71
	四、文化艺术服务	240891	3.53	581721	2.08

续表

指标		2009年		2012年	
		产业增加值（万元）	占总增加值的比重（%）	产业增加值（万元）	占总增加值的比重（%）
第一部分 文化服务	五、网络文化服务	150327	2.20	480267	1.72
	六、文化休闲娱乐服务	1718307	25.19	5192771	18.60
	七、其他文化服务	874423	12.82	1784652	6.39
第二部分 相关文化服务	八、文化用品、设备及相关文化产品生产	1562074	22.90	10925230	39.13
	九、文化用品、设备及相关文化产品销售	676911	9.92	1718408	6.15
合计		6821620	100.00	27920760	100

从表1-3可以看到，在2009年湖南文化产业的总产值中，外围层所占比重最高，核心层所占比重最低。这一结构说明当前湖南文化产业核心层的产出能力相对较弱，核心层产值占文化产业总产值的比重最低，不足三成，主要原因是科技含量不是特别高，这也是湖南文化产业在全国竞争力相对较弱的原因。直到2015年，湖南省文化产业生产力指数才进入全国前10名，但与文化生产力相对较强的其他省份相比还有较大的差距。

要改变这种现状，就要加快发展方式的转变。一方面，加快文化与科技的融合，以科技提升湖南文化产业核心层的产出能力；另一方面，加快湖南文化产品和服务的衍生产品的开发，尽可能提升湖南文化产业的附加值。

（二）文化产业区域发展不均衡

2013 年，长株潭地区、洞庭湖地区、大湘西地区和湘南地区文化产业增加值占湖南省产业增加值的比重分别为 57.8%、16.5%、8.7% 和 17%，发展不平衡现象明显。

分经济地域看，长株潭地区的法人单位有 13695 家，占全省的 38.1%，其中"三上"法人单位有 1262 家，占全省的 56.7%。洞庭湖地区的法人单位有 8329 家，占全省的 23.2%，其中"三上"法人单位有 370 家，占全省的 16.6%。大湘西地区的法人单位有 7362 家，占全省的 20.5%，其中"三上"法人单位有 269 家，占全省的 12.1%。湘南地区的法人单位有 6592 家，占全省的 18.3%，其中"三上"法人单位有 325 家，占全省的 14.6%。从对国民经济的贡献看，长株潭地区文化产业增加值占本地区 GDP 的 7.42%，洞庭湖地区、大湘西地区和湘南地区分别仅占 3.83%、2.85% 和 4.58%，长株潭地区领先于其他地区。

分市州看，法人单位数在 1 万家以上的仅有长沙市（10877 家），占全省法人单位数的 30.2%，其中"三上"单位有 897 家，占全省"三上"单位数的 40.3%。其余法人单位由多到少依次为：常德市（3175 家）、衡阳市（3091 家）、岳阳市（2645 家）、益阳市（2509 家）、郴州市（2293 家）、湘西州（2109 家）、邵阳市（1793 家）、株洲市（1697 家）、怀化市（1469 家）、娄底市（1463 家）、永州市（1208 家）、湘潭市（1121 家）和张家界市（528 家）。除长沙外，"三上"单位由多到少依次为：株洲市（299 家）、岳阳市（194 家）、郴州市（155 家）、衡阳市（125 家）、邵阳市（89 家）、益阳市（89

家)、常德市 (87家)、湘潭市 (66家)、怀化市 (55家)、娄底市 (55家)、永州市 (45家)、湘西州 (44家) 和张家界市 (26家)。

2013年,长沙市遥遥领先其余市州,实现文化产业增加值597.01亿元,占全省的比重超过44%,首位度特征明显。除长沙外,增加值在100亿元以上的市州分别为株洲市 (137.06亿元)、衡阳市 (120.94亿元) 和岳阳市 (116.69亿元)。其余市州实现增加值由多到少依次为:郴州市 (83.42亿元)、常德市 (61.19亿元)、湘潭市 (48.79亿元)、益阳市 (44.93亿元)、邵阳市 (44.01亿元)、怀化市 (26.66亿元)、永州市 (25.82亿元)、娄底市 (25.13亿元)、湘西州 (14.3亿元) 和张家界市 (8.28亿元)。增加值占本地区GDP比重高于全省水平的有长沙市 (8.35%)、株洲市 (7.03%) 和衡阳市 (5.57%)。其余市州增加值占比由高到低依次为:郴州市 (4.95%)、岳阳市 (4.79%)、益阳市 (4%)、邵阳市 (3.89%)、湘西州 (3.41%)、湘潭市 (3.38%)、常德市 (2.7%)、怀化市 (2.39%)、张家界市 (2.26%)、娄底市 (2.25%) 和永州市 (2.2%)。

2014年湖南省部分市州文化产业增加值和规模以上文化单位数见表1-4。

表1-4 2014年湖南省部分市州文化产业增加值和规模以上文化单位数

地 区	文化产业增加值(万元)	占GDP比重(%)	规模以上单位数(家)	营业收入居全省前10名企业数量(家)	营业收入居全省前100名企业数量(家)
长沙市	6889361	8.80	959	6	48
株洲市	1519189	7.03	303	0	0
湘潭市	581101	3.70	71	0	4

续表

地 区	文化产业增加值（万元）	占 GDP 比重（%）	规模以上单位数（家）	营业收入居全省前 10 名企业数量（家）	营业收入居全省前 100 名企业数量（家）
衡阳市	917875	3.83	120	2	4
邵阳市	567723	4.50	108	0	5
岳阳市	1278636	4.79	209	1	16
常德市	687054	2.73	82	1	2
张家界市	109598	2.67	24	0	0
益阳市	526324	4.20	99	0	3
郴州市	1016658	5.43	180	0	15
永州市	298990	2.30	52	0	1
怀化市	283443	2.40	54	0	0
娄底市	306854	2.53	65	0	2
湘西州	155834	3.41	44	0	0

资料来源：湖南省统计局。

文化产业的非均衡发展在初始阶段是必要的，但产业结构理论告诉我们，非均衡发展战略在一定限度才是合理的，一旦突破了这个限度就会制约整个产业的发展。

第二章

文化产业发展方式转变的理论探索

一 "新常态"与文化产业发展方式转变

2014年5月,习近平总书记在考察河南时提出:"中国发展仍处于重要战略机遇期,我们要增强信心,从当前中国经济发展的阶段性特征出发,适应新常态,保持战略上的平常心态。"这是中国领导人以一种新的视野思考中国社会经济发展态势并为中国社会经济持续发展提出的核心理念。

"新常态"为文化产业的发展提供了两个方面的理论指导与支撑,一是在"新常态"理念下,产业发展必须更加注重质的发展。我国文化产业发展从起步到现在,更侧重于量的扩张,这一点在湖南文化产业发展上表现得尤为明显。多年以来,湖南文化产业一直坚持走"亲民"路线,这一路线无论从策略还是从文化服务的方向来说都是正确的,但也存在一个明显的问题,那就是在强调"亲民"的同时忽略了文化产品质量的提升,特别是文化产业结构质量的提升。据湖南省统计局社会和科技统计处提供的资料，湖南文化产业在结构上存在较为明显的不足，主要表现在规模以上文化和创意制造业比重偏高，文化和创意批零业和服务业比重偏低，实力相对较弱。

"新常态"为文化产业发展提供的另一个理论指导与支撑是共享发展理念。党的十八届五中全会提出"创新，协调，绿色，开放，共享"的发展理念，强调"坚持共享发展，必须坚持发展为了人民、发展依靠人民、发展成果由人民共享，作出更有效的制度安排，使全体人民在共建共享发展中有更多获得感，增强发展动力，增进人民团结，朝着共同富裕方向稳步前进"。文化产业发展与民众的文化生活需求密切相关，要实现发展成果共享，除了需要政府加大对落后地区的供给性输入外，更重要的是要加大扶植和培育相关地区的文化产业的力度，实现我国文化产业区域布局的适度转变。一方面，通过发展文化产业满足人民群众的文化需要；另一方面，通过发展文化产业拉动地方社会经济发展，充分发挥文化产业的引领作用，带动区域经济发展。

二 消费理论对加快文化产业发展方式转变的支持

人们的消费行为是一个不断升级的变化过程，是一个不断地从低层次消费向高层次消费、从物质消费向精神消费、从大众化消费向个性化消费转变的过程。

人们从低层次消费向高层次消费转变的过程，可以从恩格尔定律那里得到验证。恩格尔对人们的消费行为进行研究，揭示了这样一个规律：一个家庭的收入越少，家庭收入中（或总支出中）用来购买食物的支出所占的比例就越大，随着家庭收入的增加，家庭收入中（或总支出中）用来购买食物的支出则会下降。推而广之，一个国家越穷，每个国民的平均收入中（或平均支出中）用来购买食物的支出所占的比例就越大，随着国家收入水平的提高，这个比例呈下降趋势。随着我国居民收入水平持续上升，可以预见我国居民文化消费支出在家庭消费支出中的比例将呈逐步上升趋势，为文化产业发展奠定坚实的市场基础。这一定律在现实中也得到了验证，改革开放以来，我国居民的恩格尔系数不断下降，全国城乡居民的恩格尔系数已经降到了40%以下，居民的消费结构在不断地升级换代。我国2005~2012年城镇和农村居民每人每年现金消费支出结构见表2-1和表2-2。

表2-1　全国2005~2012年城镇居民每人每年现金消费支出构成（%）

指标	2012年	2011年	2010年	2009年	2008年	2007年	2006年	2005年
食品	36.23	36.32	35.67	36.52	37.89	36.29	35.78	36.69
衣着	10.94	11.05	10.72	10.47	10.37	10.42	10.37	10.08
居住	8.90	9.27	9.89	10.02	10.19	9.83	10.40	10.18
家庭设备及用品	6.69	6.75	6.74	6.42	6.15	6.02	5.73	5.62
交通通信	14.73	14.18	14.73	13.72	12.60	13.58	13.19	12.55
文教娱乐	12.20	12.21	12.08	12.01	12.08	13.30	13.83	13.82
医疗保健	6.38	6.39	6.47	6.98	6.99	6.99	7.13	7.57
其他	3.94	3.83	3.71	3.87	3.72	3.58	3.56	3.50

资料来源：国家统计局相关年份《中国统计年鉴》。

表2-2 全国2005~2012年农村居民每人每年现金消费支出构成（%）

指标	2012年	2011年	2010年	2009年	2008年	2007年	2006年	2005年
食品	39.33	40.36	41.09	40.97	43.67	43.08	43.02	45.48
衣着	6.71	6.54	6.02	5.82	5.79	6.00	5.94	5.82
居住	18.39	18.42	19.06	20.16	18.54	17.80	16.58	14.49
家庭设备及用品	5.78	5.92	5.34	5.13	4.75	4.62	4.48	4.36
交通通信	11.05	10.48	10.52	10.09	9.84	10.19	10.21	9.59
文教娱乐	7.54	7.59	8.37	8.53	8.59	9.48	10.78	11.56
医疗保健	8.70	8.37	7.44	7.20	6.72	6.52	6.77	6.58
其他	2.50	2.33	2.15	2.11	2.10	2.30	2.23	2.13

资料来源：国家统计局相关年份《中国统计年鉴》。

人们的消费需求是一个不断从物质需求向精神需求过渡的过程，马斯洛需求层次理论揭示了人们消费内容的发展趋势。马斯洛需求层次理论把需求分成生理需求、安全需求、社交需求、尊重需求和自我实现需求五类，依次由较低层次到较高层次排列。

随着人们生活水平的不断提升，生理需求逐步得到满足，人们的消费需求不断升级。在消费升级的推动下，我国消费市场结构已经发生了较大的变化，包括奢侈品价格上涨等在内的市场变化都是人们需求升级的产物。随着人们消费需求的持续升级，人们对文化产品的需求不断增长。

下面两幅照片由笔者于2011年1月摄于张家界市慈利县福音堂，居民到教堂做礼拜，并非皈依上帝，而是为了满足内心的精神需要。居民对宗教的需要反映的正是人们对精神生活的需要，而且这方面的支出正成为不少家庭支出增长的主要项目。

三 产业结构理论对文化产业发展方式转变的支持

产业结构是指各产业的构成及各产业之间的联系和比例关系。各产业部门的构成及相互之间的联系、比例关系不尽相同,对经济增长的贡献也不同。因此,我们把包括产业构成、各产业之间的相互关系在内的结构特征概括为产业结构。

产业结构同样是一个动态的系统,是一个不断升级的过程,在产业结构调整的动态过程中,有以下两个明显的特点。

第一,产业结构发展是"非均衡—均衡—非均衡"的过程,也就是非均衡发展。产业结构的非均衡发展主要表现在以下两个方面。一是不同产业的发展在一个特定的区域中是不均衡的,即特定地区出于推动地方经济发展的需要,会结合本地资源优势和产业布局的历史,在诸多产业中选择一个或数个重点产业进行优先发展。湖南省委、省政府在《湖南省加快培育和发展战略性新兴产业总体规划纲要》中提出大力实施"753"战略(即优先发展7个重点产业、实施5个基础工程、打造 3 个支撑平台），这一战略就是一种非均衡发展战略。二是不同区域的产业结构水平在特定的时间中是非均衡的。从湖南省各地州市的发展水平来看，各地州市产业结构呈现明显的差异，长株潭城市群的产业结构水平明显要高于其他地州市，属于本省产业结构水平的第一梯队，岳阳、常德、衡阳则属于第二梯队，全省产业结构水平是阶梯式的。

第二，产业结构的发展是一个不断融入技术资本的过程。从产业结构发展的整体趋势来看，这是一个不断升级的过程，在这个过程中，科技起着相当重要的作用，每一次科技革命都会带来产业结构的巨大调整，并进而推动整个社会的大发展。蒸汽机融入生产领域之后，人类的产业结构摆脱了对自然条件的依赖，从而打破了产业结构的地域性平衡，使人类社会进入蒸汽时代；电融入产业结构中开启了电气时代，使行业生产力水平大幅度提升；互联网技术使人们进入知识经济时代，也使知识消费成为人们日常消费不可或缺的部分……随着互联网终端的不断普及与网络技术的发展，"互联网+"模式所催生的强大需求成为文化产业发展的决定性力量。

产业结构的以上两大特点揭示了湖南文化产业发展方式转变的产业结构基础。一方面，产业结构发展是一个从非均衡到均衡再到非均衡的过程，也就是说，在产业结构调整过程中，不可能对所有的地区、所有的产业平均用力，在一个特定的时空中，总会有一定的产业和地区属于重点发展产业、重点发展地区。《中共中央关于制定国民经济和社会发展第十二个五年规划的建议》对产业结构调整的建议，同样坚持了非均衡发展战略："把推动服务业大发展作为产业结构优化升级的战略重点……大力发展生产性服务业和生活性服务业，积极发展旅游业。拓展服务业新领域，发展新业态，培育新热点，推进规模化、品牌化、网络化经营，推动特大城市形成以服务经济为主的产业结构。"

另一方面，在坚持非均衡发展的同时，还必须注意到，产业结构发展是一种动态的非均衡，这种非均衡的发展是不能偏离均衡这个主轴太远的，一旦过度偏离就会导致产业结构畸形，最终破坏经济的持续发展。所以在历经"十二五"发展之后，《中共中央关于制定国民经济和社会发展第十三个五年规划的建议》强调："协调是持续健康发展的内在要求。必须牢牢把握中国特色社会主义事业总体布局，正确处理发展中的重大关系，重点促进城乡区域协调发展，促进经济社会协调发展，促进新型工业化、信息化、城镇化、农业现代化同步发展，在增强国家硬实力的同时注重提升国家软实力，不断增强发展整体性。"

因此，湖南文化产业应该抓住国家和湖南省重点扶植文化产业发展的历史机遇，加紧做大做强，不仅要将湖南文化产业做成湖南省的支柱产业，更要做成全国的强势产业。同时，文化产业在坚持非均衡的优先发展战略时，还要注意向其他产业渗透，借助自身的先发优势和支柱产业优势，带动其他产业的发展，以保障整个产业结构在非均衡中维持相对均衡。

四 文化产业理论对文化产业发展方式转变的支持

文化产业理论，也可以称为文化创意产业理论，其创始人是约翰·霍金斯（John Howkins），被誉为"世界创意产业之父"。创新模式的推动者，英国著名创意文化产业研究专家霍金斯在他的《创意经济》一书中提醒我们，人类创造的无形资产的价值总有一天会超越我们所拥有的物质资产的价值。霍金斯表示，因为创意经济依赖于人的创意、想法，所以这个发展过程是非常艰难的。霍金斯分析了发展创意经济所面临的四大挑战：一是创意不容易被观察到，二是创意经济需要全新的概念和标准，三是知识产权的问题，四是需要更多的合作。

霍金斯的文化产业理论为湖南文化产业发展方式的转型提供了理论支撑。

第一，人是文化产业发展中最核心的元素。文化产业的本质是以一定的手段（书籍、广播、电视等）将人的观念、意识表现出来，并借助一定的商业手段加以运作而形成的一个特定产业。因此，要推动文化产业发展，关键是要有可供表达的观念和意识，也就是必须要有提供这种观念和意识的人。因此，就湖南文化产业发展而言，必须抓住"人"这个核心来做文章。但当前湖南文化产业发展模式还不能说做到了以人为本，这表现在以下两个方面：一是文化产业从业人员整体规模偏小；二是文化产业的从业人员中，以从事文化休闲娱乐服务工作的人为主，真正从事文化创意生产工作，即从事文化产品设计、制作、生产工作的人相对偏少。改变这种现状的办法就是要提升人才对湖南文化产业发展的支撑水平，也就是要在文化产业发展中更多地融入智力元素。

第二，湖南文化产业需要积极融入文化生产标准的制定中。

就总产值和占 GDP 的比重而言，湖南文化产业处于全国领先水平，但也有研究将湖南文化产业发展水平列为全国第三方阵[①]，导致这一评估结果的主要原因在于评估标准的选择。要改变这种现状，既需要湖南加大文化产业发展力度，提升湖南文化产业的国内、国际影响力，也需要湖南文化产业积极融入我国文化产业评估标准的制定中，通过参与标准制定和引导文化产业发展，改变相关评估研究的不公正评价。而规范标准的制定，要求湖南文化产业走在全国文化产业发展的前沿，同时引导全国文化产业的发展。

五 文化产业评价理论研究与探讨

就总产值和占 GDP 的比重而言，湖南文化产业处于全国领先水平，但要综合评价文化产业的发展水平，还需要构建比较完善的评价理论：一是可以量化比较地方政府发展文化产业的工作效果与成绩，二是可以为文化产业的管理决策提供参考，三是可以提高文化产业管理部门的工作效率。

构建文化产业发展水平综合评价体系的理论依据有 3 个：一是联合国教科文组织 2005 年在印度焦特普尔论坛上提出的思路，从文化资产、基础设施与政策环境、文化产品及服务 3 个方面加以考量；二是波特的钻石理论，包含评价产业发展的四大要素（生产要素、需求要

---

① 顾江主编《文化产业研究——文化软实力与产业竞争力》，东南大学出版社，2009，第 126～131 页。

素、市场竞争及产业战略、相关支持产业）与两个变数（机遇、政府参与）；三是芬兰学者娜佳李娜罗马的文化产业金字塔模型，认为经济和技术共同构成文化产业的内涵。

文化产业发展水平综合评价体系，其建立主要基于两个方面的背景：一是全球文化产业蓬勃发展，二是我国文化产业发展面临非常重要的战略契机。

（一）基于文化产业竞争力的评价

产业竞争力评价结果的确定主要取决于指标权重的确定和综合评价模型的构建。确定权重后，可以用算术加权综合法得出评价结果，即对各指标评价值进行加权平均求出综合评价值：$Y = \sum_{i=1}^{n} Y_i W_i$（$Y_i$ 为评价值，W_i 是相应指标的权重）。

体系一：文化产业发展综合评价体系

文化产业发展综合评价体系由外显竞争力、基础竞争力、潜在竞争力三大相互制约、相互促进的模块构成，相应的指标和权重见表2－3。

表2－3　文化产业发展综合评价体系

一、外显竞争力		0.412
1. 文化产业规模	0.261	
2. 文化产业效益	0.151	
二、基础竞争力		0.301
1. 文化产业关联	0.077	
2. 文化产业资源	0.125	
3. 文化产业要素	0.099	

续表

三、潜在竞争力		0.287
1. 文化产业创新	0.156	
2. 文化产业政策	0.062	
3. 文化产业需求	0.069	

体系二：资源型文化产业竞争力评价指标体系

资源型文化产业是依托文化资源形成的文化产业，评价指标的构成要素为：文化资源、文化资源的开发能力、产业规模、市场绩效、基础设施、社会条件、市场需求、相关产业。

$$\text{比较矩阵} \quad A = \begin{pmatrix} 1 & 2 & 5 & 6 & 5 & 7 & 6 & 7 \\ \frac{1}{2} & 1 & 5 & 5 & 4 & 6 & 5 & 7 \\ \frac{1}{5} & \frac{1}{5} & 1 & \frac{1}{2} & \frac{1}{3} & \frac{1}{2} & \frac{1}{3} & 2 \\ \frac{1}{6} & \frac{1}{5} & 2 & 1 & 1 & 3 & 2 & 3 \\ \frac{1}{5} & \frac{1}{4} & 3 & 1 & 1 & 2 & 2 & 3 \\ \frac{1}{7} & \frac{1}{6} & 2 & \frac{1}{3} & \frac{1}{2} & 1 & 2 & 3 \\ \frac{1}{6} & \frac{1}{5} & 3 & \frac{1}{2} & \frac{1}{2} & \frac{1}{2} & 1 & 2 \\ \frac{1}{7} & \frac{1}{7} & \frac{1}{2} & \frac{1}{3} & \frac{1}{3} & \frac{1}{3} & \frac{1}{2} & 1 \end{pmatrix}$$

上述 8 项评价要素的权重分别为 0.3610、0.2727、0.0413、0.0893、0.0900、0.0606、0.0557、0.0294。

体系三：能力型文化产业竞争力评价指标体系

能力型文化产业主要的生产要素是能力，评价指标体系的构成要素为：产业能力、人力资源、产业规模、市场绩效、市场需求、相关产业、社会条件。

$$
比较矩阵 \quad A = \begin{pmatrix} 1 & 3 & 6 & 5 & 6 & 8 & 7 \\ \frac{1}{3} & 1 & 5 & 3 & 4 & 6 & 5 \\ \frac{1}{6} & \frac{1}{5} & 1 & 3 & 2 & 3 & 3 \\ \frac{1}{5} & \frac{1}{3} & \frac{1}{3} & 1 & 3 & 5 & 4 \\ \frac{1}{6} & \frac{1}{4} & \frac{1}{2} & \frac{1}{3} & 1 & 3 & 2 \\ \frac{1}{8} & \frac{1}{6} & \frac{1}{3} & \frac{1}{5} & \frac{1}{3} & 1 & \frac{1}{3} \\ \frac{1}{7} & \frac{1}{5} & \frac{1}{3} & \frac{1}{4} & \frac{1}{2} & 3 & 1 \end{pmatrix}
$$

上述 7 项评价要素的权重分别为 0.4157、0.2420、0.1123、0.1021、0.0580、0.0275、0.0424。

体系四：技术型文化产业竞争力评价指标体系

技术型文化产业是指以技术为主导要素的文化产业，评价指标体系的构成要素为：技术、人力资源、产品、产业链、市场需求、相关产业、社会条件。

$$
比较矩阵 \quad A = \begin{pmatrix} 1 & 2 & 3 & 5 & 5 & 7 & 6 \\ \frac{1}{2} & 1 & 2 & 4 & 3 & 6 & 4 \\ \frac{1}{3} & \frac{1}{2} & 1 & 3 & 3 & 5 & 3 \\ \frac{1}{5} & \frac{1}{4} & \frac{1}{3} & 1 & 2 & 4 & 2 \\ \frac{1}{5} & \frac{1}{3} & \frac{1}{3} & \frac{1}{2} & 1 & 3 & 2 \\ \frac{1}{7} & \frac{1}{6} & \frac{1}{5} & \frac{1}{4} & \frac{1}{3} & 1 & \frac{1}{2} \\ \frac{1}{6} & \frac{1}{4} & \frac{1}{3} & \frac{1}{2} & \frac{1}{2} & 2 & 1 \end{pmatrix}
$$

上述 7 项评价要素的权重分别为 0.3630、0.2335、0.1632、0.0882、0.0708、0.0310、0.0503。

若按体系一对 2009 年的数据进行综合分析，则湖南文化产业发展水平居全国第 10 位左右，但对此体系中的各类权重，国内没有一致的看法。体系二、体系三和体系四适宜比较一个区域内各个地区之间某类文化产业的竞争力，如按资源型指标体系测算湖南省各地州市的旅游业竞争力，前 3 位为长沙、张家界和岳阳，而娄底、邵阳和益阳则排名靠后。

（二）基于 GDP 增加额的文化产业发展水平评价

1. 基于算术平均的计量

根据相关统计资料，将各类文化产业的 GDP 年增加值累加即得相应的 GDP 年增加总额，依此排名可在一定程度上反映各地区文化产业的发展水平。使用该方法对 2009 年的数据进行分析，则湖南文化产业发展水平居全国第 5 位左右。

2. 基于加权平均的计量

（1）当量法。提取第二层 9 个大类各地区的 GDP 年增加总额 X_{ij}（i 表示地区序号；$j = 1, \cdots, 9$），第 i 地区第 j 类文化产业 GDP 年增加总额的当量值为：

$$\overline{\overline{X_{ij}}} = \frac{1}{n}\sum_{i=1}^{n}\frac{X_{ij} - \overline{X_j}}{\sigma_j}$$

第 i 地区 GDP 年增加总额当量值 $\overline{\overline{X_i}}$ 的计算公式为：

$$\overline{\overline{X_i}} = \sum_{j=1}^{9} \overline{\overline{X_{ij}}}$$

$\overline{X_j}$ 为某区域第 j 类文化产业 GDP 年增加总额的算术平均值;$\sigma_j = \sqrt{\frac{1}{n}\sum_{i=1}^{n}(X_{ij} - \overline{X_j})^2}$ 为某区域第 j 类文化产业 GDP 年增加总额的根方差。

使用上述方法对 2009 年的数据进行分析,则湖南文化产业发展水平居全国第 6 位左右。

(2) 层次分析法。用层次分析法给出核心层、外围层及相关层的权重 P_i,得出地区文化产业 GDP 年增加总额的加权值为:

$$X = \sum_{i=1}^{3} X_i P_i$$

$$\text{比较矩阵} \quad A = \begin{pmatrix} 1 & 4 & 2 \\ \frac{1}{4} & 1 & \frac{1}{4} \\ \frac{1}{2} & 4 & 1 \end{pmatrix}$$

核心层、外围层及相关层的权重分别为 0.5637、0.0904、0.3459。

使用上述方法对 2009 年的数据进行分析,则湖南文化产业发展水平居全国第 8 位左右。

(3) 主观赋值法。根据主观判断,给出各类文化产业的权重 P,然后计算 GDP 年增加总额的加权平均值。相应权重见表 2-4。

表 2-4 各类文化产业权重

类别名称	权重
一、新闻服务	0.12
二、出版发行和版权服务	0.12
三、广播电视电影服务	0.14
四、文化艺术服务	0.10
五、网络文化服务	0.05
六、文化休闲娱乐服务	0.05
七、其他文化服务	0.02
八、文化用品、设备及相关文化产品的生产	0.21
九、文化用品、设备及相关文化产品的销售	0.19

使用上述方法对2009年的数据进行分析，则湖南文化产业发展水平居全国第7位左右。

在当量法、层次分析法与主观赋值法中，评价效果最好的是当量法，其次是层次分析法，因不同的人会有不一致的赋值，故主观赋值法效果欠佳。

上述三种方法都只是基于GDP年增加总额，但文化产业除了要考虑经济效益外，也要考虑社会效益，所以综合考虑经济效益与社会效益来评价文化产业发展水平是今后要进一步深入探讨的课题。

使用上述方法对2009年的数据进行分析，则湖南文化产业发展水平总体上居全国上游，但在上游集团中名次靠后，关键原因在于核心层、外围层及相关层的结构比例有待进一步调整，这说明湖南文化产业要达到全国先进水平，就必须转变发展方式。

第三章

加快文化产业发展方式转变的经验借鉴

一 区域发展经验：深圳市南山区文化产业发展

深圳是我国文化产业发展的重镇，南山区又是深圳文化产业发展的重中之重。南山区聚集了腾讯、环球数码、华强、中兴等一大批在我国极具影响力的文化企业，南山区文化产业迅速发展的主要经验在于以下几点。

（一）文化产业发展要发扬"拿来主义"

深圳是一个没有传统的城市，没有传统文化可用。深圳在发展文化产业过程中果断地举起"拿来主义"的大旗，只要是不触及法律和道德底线的，都可以拿来为我所用。典型案例有以下两个。第一，深圳大芬油画村。大芬村通过复制那些没有知识产权问题的世界名画（标明是复制品），成为一个知名的油画村。第二，华强文化科技集团股份有限公司。动漫产业的创意很多是来自国内外动画，他们敢于将他人的文化产品拿进来，并加进自己的元素进行改造，从而打造出自己的品牌。

（二）文化产业要有科技作为支撑

2012年，华强和环球数码在向笔者介绍经验时都谈到了一条重要经验，就是以科技作为支撑。两家公司都有一批本产业的核心科研人员，为公司发展提供技术支撑，环球数码的曹辉女士还特别强调了公司的主打特色是以科技表现创意，以科技开拓市场。

南山区文化产业办公室的工作人员在介绍经验时还指出，深圳市南山区文化产业的繁荣，非常明显地得益于新兴科技的力量。南山区传统文化资源相对薄弱，近年来，文化产业的大发展受惠于来自五湖四海的新移民所带来的多元文化，以及对外开放后所吸收的丰富的文化营养，更重要的是，深圳高新技术产业较为发达，创新科技赋予传统文化新形式，使文化创意得到最大限度的发挥。南山区众多文化企业正是充分利用这些优势，突出"文化＋科技"的特色，扬长避短、出奇制胜。科技使文化迅速突破时空限制，走入更多寻常百姓之家。在这种时代特征下，南山区把文化产业定为支柱产业加以全方位扶持，给文化产业装上科技的翅膀，从而走上一条快速腾飞的道路。

（三）政府资助是文化产业的重要推动力

为了推动文化产业发展，深圳市政府推出了一系列扶持政策，特别是加大了资金扶持力度。在文化基本设施建设和改造方面，近17年来，深圳市财政投入了52亿元，规划建设了32个市级文化设施，其中，博物馆新馆、图书馆新馆、音乐厅等已成为深圳市标志性文化设施。深圳市"图书馆之城"的建设成果显著，全市拥有市、区、街道、社区各级图书馆（室）639个，24小时街区自助图书馆200个，群艺馆和文化馆（站）69个，各类博物馆、纪念馆、美术馆28个，文化广场381个，广播电视覆盖率达100%，形成较为完善的公共文化服务设施网络。2015年，深圳市人均占有公共文化设施面积为0.5平方米，每百万人拥有的公共博物馆（纪念馆、美术馆、艺术馆）数量为8个，每千人拥有的艺术表演场馆座位数为5个，每千人拥有的阅览座位数为3.5个，常住人口人均拥有公共图书馆藏书册数为2.3册（含电子图书）。作为深圳市文化产业发展的重镇，南山区还制定了《南山区文化产业发展专项资金管理暂行办法》，并就相关企业如何申请专项资金、如何验收制定了一系列具体的可操作的政策措施。

（四）做文化产业一定要有开放的心态

要想做好文化产业，就一定要利用世界文化资源，而要运用好这些资源，政府部门和经营者一定要有开放的心态。

第一，要勇于容纳不同的文化元素。在与华强和环球数码两家企业的高管及深圳市政府、南山区政府工作人员座谈时，他们都谈到了深圳的移民文化，在一个没有多少传统文化资源可用的城市，关键是要将不同的文化拿进来，而让多元文化并存的一个重要条件就是要有开放、包容的心态。

第二，一定要尊重不同的观点。华强的唐琳女士在介绍公司发展经验时指出，公司提炼创意的方法就是"头脑风暴"，由创意团队成员提出各种"点子"，然后大家一起淘汰"点子"，"点子"淘汰率高达80%，最后将留下的"点子"根据公司实力投入开发。淘汰方法并不是否定，而是优中选优，在尊重每一个创意的基础上择优选用。

（五）文化产业链条要尽可能延伸

华强的成功展示了完整的产业链条，从创意到动漫到主题公园再到衍生产品的开发，极大地拓展了企业的利润空间。

（六）人才是文化产业发展的关键

文化产业发展的关键就是人才。华强、环球数码两家企业的高管及深圳市政府、南山区政府工作人员在介绍深圳是如何吸引和留住人才的时候，观点高度一致，认为以下4条机制至关重要：①"来了就是深圳人"——开放的引人机制；②自己培养人——华强和环球数码都有自己的培训机制，环球数码还将培训做成了一个产业；③淘汰机制——无论是环球数码的硬性淘汰还是华强的柔性淘汰，均能将不适合本企业的人淘汰，留下有用的人才；④政府奖励机制——深圳市设立了"深圳市产业发展与创新人才奖"，对企业留下的优秀人才予以奖励。

二 企业发展经验：华强文化科技集团产业升级之路

深圳华强文化科技集团股份有限公司，是华强集团旗下专门从事文化科技产业的集团公司。2014年,华强文化科技集团实现营业收入26.68亿元,利润总额达6.34亿元,分别较上年同期增长28.54%和24.65%。

成就的取得依赖于产品多元化、技术现代化、生产规模化、业态一体化、市场全球化的发展道路,依赖于公司拥有完全自主知识产权的第四代主题公园,依赖于自己创意制作的立体电影《生命之光》,依赖于拥有自主知识产权的数字巨幕立体电影放映系统。

2011年1月4日,课题组成员在深圳市南山区文化局领导陪同下考察深圳华强文化科技集团。

与深圳经济特区"同龄"的华强文化科技集团,如今已过"而立之年"。华强集团董事长、总裁梁光伟说,经过30多年的摸爬滚打,"以文立业"的华强文化科技集团"正从一个更新、更高的起点踏上'图强之路'"。

华强集团在文化产业开发上之所以能取得如此辉煌的成就,主要有以下成功经验。

（一）坚持走"文化+科技"的发展道路

30多年前，以电子制造为主业的大型国有企业华强集团靠"前店后厂""三来一补"起家。

依靠"代工"，华强集团在国内电子业内小有名气，并占有了一席之地，但在产品和市场方面都"身不由己"。

2001年，不甘愿只做"附庸"的华强集团开始自主研发。第二年，其自主研发推出的180度环形银幕立体电影成像技术获得了美国发明专利，环幕4D影院闯进了海外市场。自此，华强集团走上了"文化+科技"的产业升级之路。

利用多年的IT产品研发经验和科技资源、人才资源，华强文化科技集团建成了世界领先的无纸化二维动画片生产线，利用人工智能技术、数据库管理技术等自动进行动漫创作，动画片的产量为传统模式的10倍，建立了大容量无间隙渲染阵列、国内唯一的70毫米电影胶片输出系统，实现了三维动画片、数字立体电影制作的产业化。

环幕4D影院、立体电影成像技术、球幕电影、水幕电影……从特种电影起步，华强文化科技集团通过"文化+科技"，不断在"文化"中拓展新的领域。

运用计算机、声光电、人工智能、自动控制等高科技手段，华强文化科技集团打造出中国第四代主题公园；运用网络技术，华强文化科技集团开发多元化网络游戏，其大型互动娱乐平台"方特网"的网游引擎技术已处于国内外领先地位。

环幕4D电影取得成功后,华强文化科技集团又相继研发出悬挂式球幕电影、巨幕4D电影等10多类特种电影形式,三维立体渲染基本模型、动态跟踪和校正等几十项技术达到国际领先水平。

从2002年在美国取得180度环形银幕立体电影成像技术发明专利始,华强文化科技集团至今已经申请了特种电影、动漫制作、数字游戏、软件设计、设备制造等方面的国内外专利200多项,注册了250余项商标,登记了300余项软件产品。

华强文化科技集团借助自有的影视拍摄基地、高科技设备、影视特技团队,成功通过资源性投资的策略,推动中国电影进入国际主流市场,已投资制作了《鼠之道》《火影人》《百万巨鳄》等多部震撼的电影大片。其中,特效惊悚怪兽类型电影《百万巨鳄》于2012年6月8日起在全国热映,剧中的主角鳄鱼是中国首次用CG技术打造的全数字角色,独特精湛的特效设计赶超国际水平,该影片荣获2012年第十五届上海国际电影节"中国新片电影频道传媒大奖最佳导演奖"。

目前,华强文化科技集团已经成立特种电影、数字图像技术、电影后期制作技术等八大研究机构,拥有目前国内规模最大、设备最齐全、技术研发水平最高、种类最齐全的数码电影制作专业公司,已成功研制10多类特种电影形式,并应用到华强文化科技集团所有方特品牌系列的主题公园中。华强文化科技集团已完全掌握成套影视制作专业技术,包括影视数码科技、影视仿真科技与超感体验、影视后期特效等。华强文化科技集团自主研发了世界首套环幕立体拍摄系统、螺旋式空间凝固立体拍摄系统、大型程控维亚等多种智能化拍摄系统。

华强文化科技集团将不断扩大文化科技的研究领域和规模，以文化为核心、以旅游为平台、以科技为保障，用高科技含量的文化产品创造消费，用消费需求刺激文化产品的创作与生产，华强文化科技集团在实践科学发展观的过程中悟出了自己的发展之道。

（二）瞄准"文化+主题"的发展目标

在深圳闯荡多年，华强文化科技集团深知市场的作用。没有市场，就不能销售产品，也不能形成产业，更不能打响品牌。

2005年9月，香港迪士尼开业，游客纷至沓来。内地为引进迪士尼展开激烈的争夺，使华强文化科技集团看到了这一前景巨大的市场，主题是市场的灵魂，华强文化科技集团决心以"文化+主题"，打造有中国特色、中国气派的"迪士尼"文化产业。

自己研发、自己设计、自己制造，华强文化科技集团全力打造了有中国特色、中国气派的"迪士尼"——方特第四代自主品牌主题公园，让华强文化科技集团的"文化+科技"产品"落地生根"。在自己设计、自己制造的环幕立体电影院，利用自己研发的环幕立体电影系统，放映自己创作并制作的《飞越极限》《星际航班》《海螺湾》《恐龙危机》等环幕立体电影……更加可喜的是，登"星际航班"遨游"太空世界"，乘"云霄飞车"探访神秘河谷，体验"维苏威"的火山喷发，观赏"海螺湾"的海底世界……

华强文化科技集团的方特主题公园得到了各地游客的认可，先后在芜湖、泰安、青岛、沈阳、株洲、郑州、厦门、天津、济南、汕头、重庆、南通、大同、嘉峪关等地建设了方特欢乐世界和方特梦幻王国大型文化科技主题公园，且文化主题公园的数量还在增加。

在各地的主题公园里，华强文化科技集团都依据自身强大的创新研发能力，依据各地的文化特色和历史民俗，量身打造当地的文化特色主题项目，适应各地的文化需求。同时华强文化科技集团也在不断地研发新的文化科技项目，不断加大投入，动画剧场《方特大世界》播出、网络游戏《天骄帝国》面世、特种电影《形影不离》发行……华强文化科技集团的文化产品频频亮相，既保持了文化科技主题公园的吸引力，又迅速提升了方特的品牌价值。

各个主题公园投入营运后，迅速得到国内外游客的青睐，游客持续不断，如芜湖方特主题公园年均接待游客量已超过200万人次，汕头方特主题公园年均接待游客量近200万人次，泰安方特主题公园年接待游客量达400万人次，青岛方特主题公园年接待游客达500万人次，嘉峪关方特主题公园2015年4月开园一个月总体接待游客就超过13万人次。

2012年，华强文化科技集团抓住"非遗"的良好发展契机，创新保护方式，研发完成了世界首创的全新类型主题公园——非物质文化遗产主题公园。华强文化科技集团立足于中国非物质文化遗产，采用高科技表现手法，结合中国传统民间传说、民间舞蹈、民族礼仪、民族武术、民间音乐等区域文化特色，策划了一大批极具特色的大型主题公园项目，是"非遗"的深度开发、传承推广的最新模式，是集中展现"非遗"的大舞台，谱写了"非遗"的新乐章。

此外，华强文化科技集团还成功开发了以展现1840年鸦片战争到改革开放100多年中国天翻地覆的变化为主题的复兴之路爱国主义主题公园、明日世界主题公园等极具创意的主题公园。

华强文化科技集团借助在自动控制、人工智能、机械设备、影视特技等方面的优势切入演艺行业，打造国际顶级的主题演艺项目。目前已在主题公园内提供了"欢乐家园"和"猴王"两个主题演艺项目，集合现代音乐、舞蹈、杂技、武术、戏剧、多媒体等多种艺术要素于一体，呈现气势磅礴、美轮美奂的舞台效果，受到观众的高度评价，场场爆满。2012年，华强方特艺术团参赛剧目《在马戏团的日子》获得第八届中国舞蹈"荷花奖"当代舞、现代舞表演银奖（金奖空缺）。

（三）突出"制造+创造"的发展创意

每年建一座方特主题公园，每年制作5部特种新片……目前，华强文化科技集团拥有国内最大的环幕立体影院和主题公园大型成套设备的制造企业。工业化的运作和管理、规模化的文化产品生产提高了产量,降低了成本,增加了产值。

随着立体影院、主题公园成套设备等"硬件"生产规模的迅速扩大,对特种影片等"软件"生产的要求越来越多。华强文化科技集团加快创作生产,原创动漫"方特卡通"实现了无纸化、规模化生产,形成了二维动画、三维动画、手偶剧三大动漫产品生产系列。

在"制造"的同时,华强文化科技集团还坚持"创造"。无论是主题公园的设计,还是环幕立体电影的创作,设计师们都力图揉进更多的"中国元素"。"海螺湾"居民的善良,"新星小镇"里的亲情,"星际航班"里中国民族风格的太空飞船,主题公园的园林山水、民俗风情……"中国迪士尼"处处吹拂着"中国风",传递着"中国情",《猴王传》《十二生肖总动员》等动画片,更是中华文化的结晶。

2012年,华强创新研发了大型飞翔4D-RIDE科普影视节目《迁徙之旅》、通透式魔幻剧《梁祝》以及移动球幕电影《火焰山》等多个全新的特种电影形式。

2010~2012年,华强文化科技集团的动漫产量持续居全国前3位,其出品的《熊出没》《生肖传奇》《小鸡不好惹》等30多部动画片先后在央视少儿等200多家国内电视台播出,电视收视率和新媒体点播率都刷新历史纪录,多部作品获得同时段收视率第一的好成绩,上述动画片还出口到美国、意大利、俄罗斯、新加坡等100多个国家和地区,累计近15万分钟,并登陆尼克、迪士尼儿童频道等国际主流媒体,荣获几十项国际、国内大奖。

《熊出没》已成为全国知名动画品牌,荣获中宣部第十二届精神文明建设"五个一工程"优秀动画片奖、国家新闻出版广电总局优秀国产动画片一等奖、国家动漫品牌、文化部重点动漫产品等众多殊荣。2013年2月8日,华强文化科技集团打造的新春贺岁特别篇——《熊出没之过年》登陆央视少儿频道首播,并轮番重播多次,取得了3.85%的超高收视率,创下央视少儿频道开办以来的最高收视纪录。同时,还在全国150多个电视台以及爱奇艺等10余个新媒体全面开播,广受观众热捧,《熊出没》系列作品在百度爱奇艺视频网站累计点击率已达243亿次,长期居中国动漫点击率第一名,掀起《熊出没》动漫追捧新潮,在全国甚至形成了"熊出没"现象。

可以说,从设计到制造、从软件到硬件、从管理到运营,华强文化科技集团完全把品牌掌握在自己手里。

（四）打造"产品＋产业"的发展链条

文化产业要成为国民经济支柱产业之一,必须在产业模式等方面有所突破。华强文化科技集团通过不断创新与探索,制定了产业规模化、多元化、国际化的发展战略,打造出一条"创、研、产、销"一体化的新型产业链,形成了从创意源头到末端市场良性循环的产业链,不仅极大地提高了文化产业的生存能力,而且使其具有较强的核心竞争力。

2010年5月,占地2000亩的青岛华强文化科技产业园奠基;2010年6月,郑州华强文化科技产业基地开工;2010年8月,华强文化集团与中新天津生态城管委会签署合作协议,在天津滨海新区的生态城建设3D影视创意园;同年,与天津南开区政府签署合作框架协议，在天津科贸街建设信息产业高端服务业基地以及华强数码广场……

目前，华强文化集团已在辽宁、山东、湖南、河南、安徽、天津、重庆等省市投资建设兼具研发、生产、展示三大功能的大型文化科技产业基地。华强文化科技集团在国内的投资扩张，已经由初期的主题公园建设，发展到合作建设文化科技产业基地。

一期投资 50 亿元的郑州华强文化科技产业基地，不仅建有方特欢乐世界和方特梦幻王国两个主题公园，而且建有包括创意基地、动漫基地、特种电影基地、游戏软件基地在内的文化科技产业区，具备年产动画 2 万分钟、特种电影 5 部的生产能力，形成华强文化科技集团在中部地区集创意、研究、生产、销售于一体的发展中心。

以文化科技产业为核心，目前，华强文化科技集团已构建起包括主题公园、影视娱乐、媒体网络、文化衍生品等在内的立体化、多元化的产业网络，涵盖了主题公园、影视出品、影视制作、数字动漫、网络游戏、动漫衍生品开发、主题演艺、出版发行等 16 个文化科技领域。

同时，华强文化科技集团还整合了特种电影、数字动漫、主题演艺、文化科技主题公园等领域所拥有的故事、形象等方面的知识产权，广泛开展文化衍生品的创作、设计与规模化生产，涵盖学习用品、玩具、家居用品、服装、电子产品、图书、音像出版物等九大类别，约 2000 种产品。

前期的创意开发、中期的规模化生产、后期的市场销售紧密融合，解决了文化产品的研发、生产、销售的脱节问题，形成了优势互补的文化科技产业链。

(五) 营造"国内+国际"的发展空间

2000年,华强文化科技集团带着刚刚研发的4D电影成套设备样品来到美国奥兰多,参加国际娱乐游艺园协会IAAPA举办的娱乐游艺专业展。

180度银幕还没做出来,临时用120度银幕对付,没想到一炮打响,美国和委内瑞拉的客户当即购买设备,更要求为每套设备提供不少于5部适合该设备放映的影片。

奥兰多意外取得的成功,让华强文化科技集团开始瞄向海外市场。

华强文化科技集团打造的"中国迪士尼"在国内一出现,就不仅吸引了中国人,也吸引了外国人,意大利、韩国等10多个国家纷纷对"中国迪士尼"表现出浓厚兴趣。

2008年,华强文化科技集团在第四届深圳文博会上与伊朗山曼·高斯达公司签约,在伊朗第二大城市伊斯法罕建设主题公园。这个总投资额达8000万欧元的方特卡通动漫园,让拥有自主知识产权的"中国迪士尼"走出国门,中国成为继美国之后的第二个大型文化主题公园出口国。

2009年至今,乌克兰、沙特、南非、尼日利亚、卡塔尔、埃及……华强文化科技集团开始将"中国迪士尼"从设计到制造、从软件到硬件、从管理到运营整体"打包输出"。

2009年戛纳电视节上,华强文化科技集团的动画片《海螺湾》

《恐龙危机》一炮走红,还没完成制作,海外订单就不断涌来……目前,华强文化科技集团出口至俄罗斯、印度等 63 个国家的原创动漫产品超过 1 万分钟,球幕电影、环幕立体电影、运动立体电影、水幕电影、动感电影等特种电影在国际市场上更是大受青睐。

2011 年,《笨熊笨事》在法国摘得戛纳电视节儿童评审团"Kids' Jury"大奖。

2012 年,华强文化科技集团与迪士尼公司签约《熊出没》,其原创喜剧动画片进入全球知名的迪士尼儿童频道,同时还在俄罗斯的 Karusel、伊朗的 IRIB 等多个国家和地区的电视台热播,创下高收视率。目前华强文化科技集团还在与迪士尼公司洽谈多部动画片的版权合作事宜。同年,《小虫虫有大智慧》《笨熊笨事》分别获得第 45 届休斯敦国际电影节最高奖项"雷米奖"的"白金奖"和"黄金奖"。

今天,华强文化科技集团的环幕 4D 影院已出口至美国、加拿大、意大利等 40 多个国家,在全球建立了 70 多个拥有华强品牌的环幕 4D 影院,同时每年配套出租特种电影 20 多部。

华强文化科技主题公园先后被认定为 2009～2010 年度国家文化出口重点项目和 2011～2012 年度国家文化出口重点项目,开创了中国文化科技主题公园"走出去"的先河。面向世界求发展,华强文化科技集团的指导思想是"我们要带着中国文化走出去"。

三 品牌发展经验:张家界国家旅游演出品牌解构与提升

2010 年 7 月,文化部、国家旅游局联合印发了《关于开展〈国家文化旅游重点项目名录——旅游演出类》申报评选工作的通知》（文市发〔2010〕24号）。经地方文化、旅游行政部门组织推选，文化部、国家旅游局共收到旅游演出项目申报材料199份。文化部和国家旅游局组织专家评审并进行社会公示，2010年10月，有35个旅游演出项目进入《国家文化旅游重点项目名录——旅游演出类》第一批名录。其中，湖南省有湖南红太阳娱乐管理有限公司的《梦幻之夜又唱浏阳河》、湖南张家界魅力湘西旅游开发有限公司的《魅力湘西》、湖南张家界天元山水旅游文化有限公司的《天门狐仙·新刘海砍樵》共3个旅游演出项目入选，其中张家界就占了2个。

张家界依托旅游业的兴盛，成功打造旅游演出品牌的策略颇具代表性，值得分析研究，对于探讨湖南省"一城一品"旅游演出的策划具有积极的借鉴意义。

（一）张家界国家级旅游演出品牌解构

张家界旅游演出项目是在湘西本土文化背景下创作的，反映了湘西地方民俗文化特色，基本上做到了对本土文化特征进行考察和提炼，将其背景化和深层化，再通过良好的创意使这些文化特征可视化、艺术化。张家界旅游演出产品开发经过多年的摸索，经历了由剧院、酒店单独运作到大型景区运作、多种性质投资主体参与、专业化演出公司操作的转变，形成了"政府扶植、市场主导、企业运作、多元投入"的经营模式。

1. 《魅力湘西》品牌营造

从20世纪80年代起，整个湘西地区的旅游业开发力度加大，周边地区如湘西凤凰古城的改造开放,使张家界旅游业逐渐进入高速增长时期。初期,张家界的主要旅游活动是旅游观光,几乎没有夜间的娱乐项目。2001年3月,坐落在被誉为"人间仙境"的张家界武陵源风景区的魅力湘西大剧院隆重上演《魅力湘西》,观众席达2600个,其新颖的表演形式,组合化的演出内容,迅速占领了张家界的旅游演艺市场,当年游客接待量突破180万人次。截至2014年,《魅力湘西》已接待中外游客1100多万人次,每3个来张家界的旅游观光客,就有1人会观看《魅力湘西》。《魅力湘西》创编团队每年都会扎根土家吊脚楼和苗寨采风,搜集整理一大批民俗文化表演素材,将民间艺人请出山寨、请上舞台,使诸多隐匿深山、濒临失传的湘西民俗文化和民间技艺得以重新编排。在保留湘西原生态民俗文化的前提下,将民族音乐和舞蹈与声、光、电完美结合,让观众欣赏到原汁原味的湘西文化。历经10多年的发展,《魅力湘西》目前在中国大陆、港澳台地区乃至韩国、日本等地都享有较高知名度和美誉度。

土家族、白族、苗族等少数民族的文化是张家界武陵源人文环境的背景和特色,原生态的自然环境和民俗风情是《魅力湘西》推出的主调。为了赢得关注,《魅力湘西》早期的节目内容主要从传统的民风民俗中挖掘资源,再生产、制作、包装成旅游演艺文化消费品,从苗族与土家族的婚俗到"赶尸""放蛊""落洞"……凡是能勾起旅游者好奇心的都能成为演出内容,将湘西抹上神秘、梦幻的色彩,这有助于"湘西"这一商品在消费主义意识形态下被广泛传播与消费。在这样的策略下,张家界将"魅力湘西""神秘湘西"作为旅游演艺的宣传理念就不奇怪了。因此,早期演出内容以张家界本土的土家族和苗族的原始宗教祭祀、原生态歌舞（如毛古斯舞、苗族鼓舞、土家摆手舞等）、本土民间生活习俗为主。值得一提的是，《魅力湘西》把"赶尸"搬上舞台，根本目的还是满足观众的猎奇探幽心理，让大家感受湘西独特的地理人文之一角。2011年，《魅力湘西》对节目进行了调整，无论是节目编排，还是舞台设计都进行了升级改造，采用最新科技进行包装，有意识地避免蛮俗化，努力将艺术与商业紧密结合，使其具有独特的韵味，逐步打造出以大湘西地区土家族、白族、苗族等少数民族的原生态文化为主要内容的综艺节目。在制作过程中模拟原生态环境，利用高科技手段打造新面貌，向游客呈现完整的大型原生态歌舞原创产品。

从2001年3月投资创办到今天，《魅力湘西》创编团队已经打造了凄美的《边城》爱情故事、欢快的《土家摆手舞》、深情的《桑植民歌》、古老的《湘西祭祀》、浓郁的《苗家呷酒》、奔放的《湘西苗鼓》、多情的《土家女儿会》、谐趣的《土家哭嫁》、神秘的《湘西赶尸》、粗犷的《土家茅古斯》等一大批表现湘西少数民族文化与风俗的优秀剧目，演绎出独具魅力的湘西人文地理，成为展示大湘西民族文化的一扇窗口。而且，为了真实还原湘西的民族风情，《魅力湘西》创编团队还选用了大量当地的原生态演员，包括鬼谷神功的第43代传人、土家歌王段勇等。

湖南张家界魅力湘西旅游开发有限公司始终坚持依托本土资源，改革创新，与时俱进，在传承与保护少数民族文化领域获得了一个又一个殊荣。2008年，被评为"国家文化产业示范基地"，其创始人杨吉红被评为"湖南省文化产业领军人物"。2010年，受邀赴上海世博会参加演出，获社会各界高度赞誉。2012年，实现了登上央视春晚的梦想，原生态节目《追爱》在亿万观众面前惊艳登场。2012年和2013年，连续两年代表湖南文化旅游企业参加深圳文博会。2014年，远赴意大利和马耳他参加由文化部组织的慰问海外华侨"欢乐春节"联谊会，同年，获评"年度文化品牌"，成为全国文化品牌30强，荣膺"中国十大民俗文化旅游企业"，并被评为"湖南省少数民族文化传承示范基地"。

2. 《天门狐仙·新刘海砍樵》品牌营造

《天门狐仙·新刘海砍樵》取材于湖南花鼓戏传统剧目，讲述樵夫刘海与千年狐仙胡大姐的爱情故事。2009年，以张家界天门山国家森林公园的主营单位天津宁发集团为投资主体，斥资1.2亿元，吸引了著名艺术家谭盾、知名导演黄海斌等参与制作，全力打造《天门狐仙·新刘海砍樵》实景旅游演出品牌。实景旅游演出的巨大艺术魅力和市场潜力，以及良好的投资环境，充分保障了《天门狐仙·新刘海砍樵》的市场价值与文化艺术价值。

《天门狐仙·新刘海砍樵》全剧由狐王选妃、仙山奇遇、月夜相思、背叛旋风、守望千年5幕组成，有一个完整的故事脉络，它是在山水里面演故事。整个表演区分为中心舞台、人间世界、狐狸世界、歌队歌台、梯田与木桥实景5个演区。演出现场共有2784个观众席，年游客接待量已突破50万人次。截至2014年，已演出1700多场，接待海内外游客超过350万人次。在这么宏大的山水背景中演故事，不能像一般的舞台表演，演员用自己的表情展示故事和推动故事发展，因为观众看不见演员的表情，只能利用周边的环境、舞台和观众之间的距离、灯光、音乐等，让观众感受到故事的推进。真爱的呼唤、真爱的呐喊、真爱的追求、真爱的展现，回归自然、回归美好、回归田园、回归和谐是这台剧的核心。

《天门狐仙·新刘海砍樵》的制作演出团队阵容强大，艺术造诣深厚，对湖南的民间民俗文化都吃得比较透，且有一种忘我的工作精神。著名音乐家谭盾任音乐艺术总监，青年作曲家张骁作曲，国家一级编剧张仁胜任编剧，奥运会开幕式、闭幕式执行编导之一闵锐任执行导演及编导。

《天门狐仙·新刘海砍樵》是世界上第一台以高山奇峰为舞台背景的山水实景演出，也是目前世界上第一台有完整故事情节的山水实景音乐剧。在这里，天门山壮美瑰丽的奇峰险壑、峡谷里的飞瀑流泉、空中的雾岚飞烟、山上的林木花草以及壮观的天门洞，都成为该剧舞美效果的构成元素。10000平方米通透玻璃钢全景舞台，1300米海拔上的极致灯光，530余名演职人员，60米横跨峡谷的高空飞桥，5公里长的纵深峡谷剧场，都极为震撼。舞台采用很多现代高科技元素，灯光、音响、雪花、水雾、人造月亮、断桥、飞桥等技术效果，都达到了国内领先水平。跨度60米、高度43米的伸缩飞桥，是目前世界范围内演出项目中绝无仅有的大型舞台机械装置。演出音响设备为专门定制的美国EAW户外防雨、防潮音响设备，也是目前国内演出项目中投资最大的音响设备。用特制的灯光将整座天门山上所有悬崖、山峰照亮一分半钟，就需要投入2600多万元。《天门狐仙·新刘海砍樵》采用现代歌舞的表演形式，运用电脑特技，实景布局，场面宏大，优美动人。特殊玻璃钢舞台及电脑特技的创新运用，使整台演出交替变幻出多种令人目眩的天门山峡谷仙境，演员忽而在山崖跳舞，忽而现身崖底，忽而在峡谷另一端高空飞降，忽而迅速换身，让观众真正体验到一场梦幻之旅。

《天门狐仙·新刘海砍樵》作为宣传张家界文化的一张新名片，是张家界旅游演艺产品市场的新生力军，是对张家界旅游演艺市场需求的创新和补充，翻开了张家界旅游演艺新篇章。自2009年开演以来，不断收获了很多荣誉：被列入《国家文化旅游重点项目名录——旅游演出类》，获得首届中国国际文化旅游节"文化旅游发展贡献奖"金奖、"影响中国旅游文化演出类"的唯一金奖和第四届湖南艺术节"田汉大奖"……《天门狐仙·新刘海砍樵》经过精心锻造，已成为张家界旅游的闪亮名片和金字招牌，成就了演艺行业的一段传奇。

张家界以旅游立市，凭借自身特殊的民俗风情和文化资源，在创新积极探索，得到市场的认可，打造了国家级旅游演出项目品牌。

(二) 张家界国家级旅游演出品牌的提升

张家界之所以能够成功地打造两个国家级旅游演出品牌，不仅在于其抓住了湘西特有的文化底蕴，更在于其能够科学合理地运营。在实践中，张家界走出了一条"旅游演艺项目＝特色文化＋艺术提炼＋商业运作＋旅游市场＋品牌效应"的品牌运作之路。

随着武陵源演艺市场的繁荣发展，武陵源单一的观光型旅游模式已经被打破，休闲度假型旅游模式已现端倪。国家一级作曲家杨天解评价道，千年湘西民族文化的代表作品《魅力湘西》的成功出炉，标志着张家界旅游市场正从低端接待向中高端接待转型。

张家界文化演出品牌成功提升的经验主要表现为以下3个方面。

1. 票价策略对市场的巩固和拓展

票价的高低在很大程度上决定了项目的成败，对不同类型的旅游演艺项目，需要在进行充分市场调研的基础上，根据市场规律合理分档，使票价与其核心价值和品牌价值相对应。这需要物价管理部门对旅游文化演艺场所的门票价格进行认真审定，实行价格干预；加大对各演艺场所门票价格的监督检查力度，要求其明码标价，加大票价的透明度。在重大节庆日开展事件营销，推出相应的优惠政策，如景区门票与演出票让利搭售。此外，争取当地政府的政策支持，如2009年张家界政府冬季营销活动开始后，景区积极配合，宣传推广品牌形象。积极利用公益活动，巩固美誉度，形成无形的口碑资源。天门山国家森林公园针对张家界本地居民实施年票制度，按照进入次数不同制定年票价格，这也在很大程度上稳固了本地市场。

2. 宣传造势对品牌形成功不可没

一种新的事物要想得到人们的接受和认可，必须使人们充分了解。张家界在2008年的桑植民歌节上将桑植民歌推销到全国，2009年1月由湖南省电视台举办的"最美湘西行"活动将梯玛神歌作为重点进行宣传。2015年，由张家界市人民政府主办，张家界魅力湘西旅游开发有限责任公司和湖南红网承办，湖南华声全媒体传播有限责任公司全程推广的"魅力湘西文化论坛"在湖南张家界举办，论坛以湘西文化为核心，邀请海内外名家讲学论道，通过名家思想火花的碰撞，深度阐述湘西热土的灵性、风情和人文。像这样"特色与实力 + 新闻"的措施有很多，当然还需要借助专业公司和专业策划人的力量，细分国内外市场，同时更多地利用国内外新闻媒体，提高关注度，以达到宣传效果。

3. 立体营销不断锤炼产品销售链

张家界开发旅游演出的时间不长，却拥有国家级的《魅力湘西》《天门狐仙·新刘海砍樵》这样具有知名度的旅游演出项目。营销方式的多样化使张家界获得更多的客源。张家界常用的营销方式包括票务公司代理、营销团队直销、旅行社代销推广、网络票务营销等。在项目的起始、成长、成熟阶段，根据情况采取不同的营销策略。

四 产业空间布局经验：上海文化创意产业空间布局

上海作为一座老的以工业为主的城市，能够迅速将文化创意产业做大做强，使上海文化创意产业在中国文化创意产业发展中占有举足轻重的地位，其经验大有可借鉴之处，特别是上海文化创意产业空间布局的经验，对湖南文化创意产业空间布局具有一定的借鉴意义。

上海文化创意产业聚集带在空间分布上具有鲜明的地域分布特征，即以中心城区改造为先导的半环聚集，以苏州河沿岸旧工业带建筑为指向的横轴聚集，以大学园区为趋向的东北、西南双圈聚集，而在内外环之间的地带则是零星分布。

（一）上海文化创意产业发展的外部条件与环境

从历史和现实来看，上海独特的地理位置、方便的交通运输、广阔的腹地、丰富的人力资源等有利因素，为上海城市经济增长方式的转变、旧城空间结构的优化、海派历史文化的积淀、移民城市人才的集聚创造了良好的先决条件，而这一系列特性也成为上海文化创意产业发展的外部条件与环境。

转变经济发展方式是中国经济发展面临的重大课题，也是全国的共性问题。对上海而言，上海是一座缺乏资源和能源的城市，环境容量也十分有限，转变经济发展方式显得尤为重要和紧迫。而文化创意产业更多地依赖于个人灵感、创造力、技能和才华，这也是上海实现经济发展方式转变的可行性所在。同时，文化创意产业作为在全球产业结构调整和升级过程中，由发达国家中心城市主导而发展起来的一种新兴产业，已经成为衡量一个国家或地区产业结构、城市功能和文化消费水平的重要指标之一。具体而言，上海主要从以下两个方面着力：①在加快服务业发展过程中推进产业结构调整，放大文化创意产业的作用，逐渐形成以服务经济为主的产业结构；②加快科技创新，加大文化创意产业的渗透，力从政策、资金、人才、知识产权保护等方面激活企业和全社会的创新激情和活力，真正走出一条依靠科技进步推动文化创意产业发展的新路子。

上海在新一轮城市经济发展战略的引导下，传统制造业逐步退出中心城区，城市原有的制造业用地及其工业建筑保留在原地。借鉴国际上的成功案例，对老仓库、老厂房进行有效利用，激发旧城的活力。文化创意产业正是在"修旧如旧"的历史建筑中被赋予了新元素、新内涵，实现了旧城空间秩序的优化。城市产业升级是城市可持续发展的主体，城市空间为其提供载体，实现城市产业在空间上的位移。旧城空间秩序的优化是旧城改造推进城市可持续发展的有效路径。旧城改造不仅要满足现在城市的需要，同时也要为未来城市的发展留下空间，使城市不断保持有序更新和发展。作为中国近代工业最主要的发源地之一，上海的制造业门类齐全，基础雄厚，拥有4000多万平方米的老厂房、老仓库等优秀历史建筑，浓缩了19世纪40年代以来上海城市和工业文明的发展，是民族工业的历史见证和缩影。在20世纪90年代开始的上海新一轮大规模产业转移、旧城改造过程中，一些传统制造业逐步转移出中心城区，上海市区内保留了许多老厂房、老仓库，这些老建筑为文化创意产业提供了得天独厚的空间资源。这些老厂房、老仓库转变为文化创意产业孵化基地的过程，也是一次场所符号意义被再开发、再利用的过程。政府、资本、社会、市民、艺术家在各自的立场上，赋予老厂房、老仓库新的意义和需求，当各方利益对老厂房、老仓库的符号的建构意义形成交集时，文化创意产业的集聚应运而生，它产生了两方面的示范效应。一是调动了居民与企业参与历史建筑保护的积极性，弥补了国家保护资金的不足。在现阶段政府资金不足的状况下，这种模式避免了依靠开发商改造旧城而大拆大改、隔断城市历史文脉的问题。二是实现了历史建筑形态与现代商业功能的融合，历史建筑不断得到保护，而且被赋予了新的功能，成为城市新的经济增长点。因此，把保护历史文化遗产与发展文化创意产业结合起来，可以使城市更具有魅力，体现现代城市的繁华感、文化底蕴的厚重感和时代发展的生机。

（二）上海文化创意产业集聚带的空间分布

1. 黄浦江和内环地带的创意产业带半环状集聚

图 3-1 显示，以苏州河、黄浦江和内环线为界的围合地带，分布

了多个创意产业集聚区。首先，创意产业在这个围合地带的集聚反映了上海市政府在市中心区域大力推进都市型产业的发展战略，市中心区域逐步呈现"退二（产业）进三（产业）"的态势。其次，以黄浦江两岸开发和世博会的举办为契机，依托区位优势和沿岸老厂房的资源，重点发展研发设计、会展、广告、时尚消费等创意产业，打造集中体现产业历史文脉、展现国际化大都市特点的创意产业集聚带。在此，城市中心区域汇集了城市各类前沿情报，集中了一些具有历史保护价值的老厂房，这些为创意人员提供了平台。

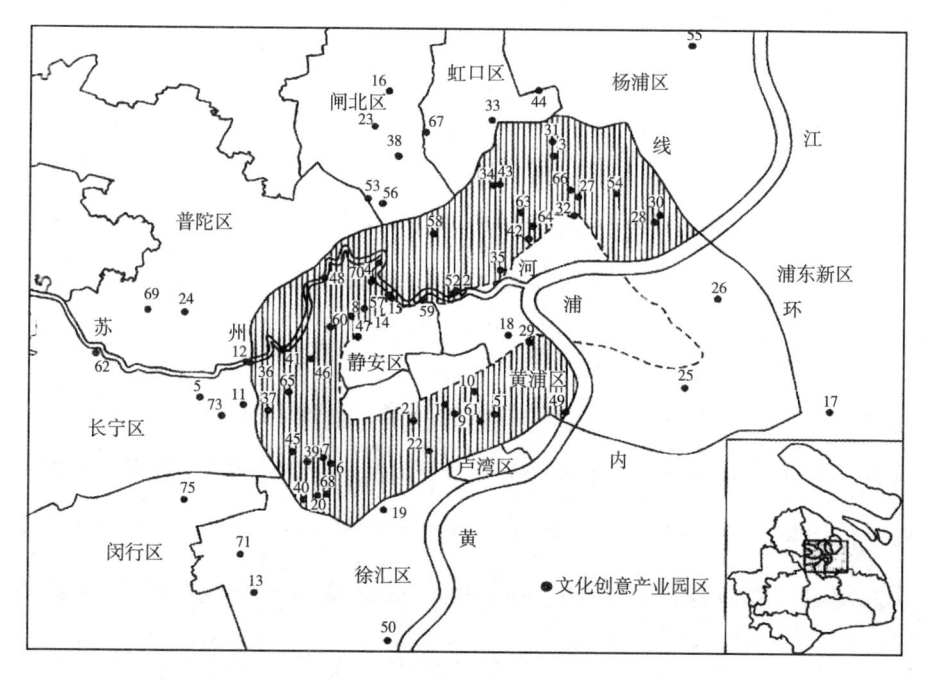

图 3-1 黄浦江和内环地带文化创意产业带示意图

2. 苏州河沿岸的横轴状集聚

沿苏州河由西往东顺流而下，集中了一大批创意产业园区，它们都是由上海市经委授牌的。该文化创意产业带跨越长宁、普陀、静安、闸北、虹口5个区（见图3-2）。

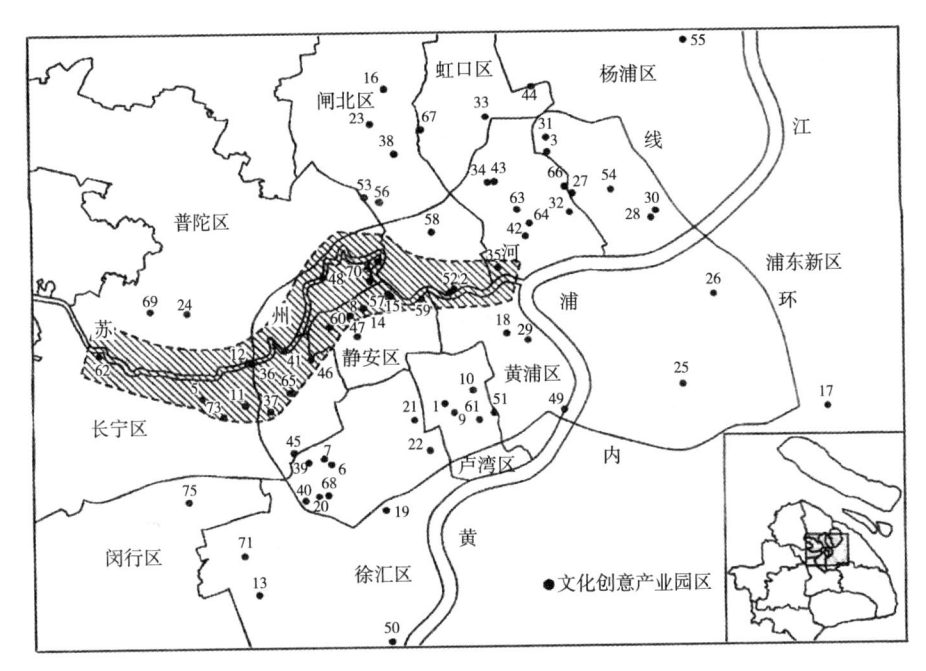

图3-2 苏州河沿岸文化创意产业带示意图

苏州河两岸是中国近代工业的发源地，是中国近代工业发展的缩影，反映了民族工业的兴盛。不同于黄浦江边官僚买办云集的特点，苏州河沿岸分布着生产生活所必需的工厂，水上运输的船只，岸边囤仓的货栈，融合江浙地区农宅样式的民居，这些颇具上海地方色彩的人文景观，对创意人员来说特别具有启发意义。苏州河沿岸的文化创意产业带充分利用苏州河沿岸的老厂房、老仓库，建设以设计、动漫、游戏媒体、广告等为特色的创意产业，把仓库文化与河岸文化相融合。位于长宁区万航渡路上的亚洲电焊条厂老厂房原来是堆满垃圾的废墟,但香港艺术推广人林良看到后却觉得是个"宝",他将这里改造成建筑面积达12000平方米的周家桥创意中心。现在这里已经汇聚了设计、摄影、广告、多媒体、网络、会展等领域的38家创意产业机构。废墟的面貌焕然一新,为所在区域带来了新的活力。长宁区政府计划将周家桥一带打造成创意产业街。林良也把在苏州河沿岸开发创意园区作为自己的事业,现在他又开发了宜昌路苏州河畔的"E仓"。他和留美设计师、开发四行仓库的刘继东都曾被评为2005年度"上海创意产业十大领军人物"。

3. 大学园区的双圈状集聚

文化创意产业的发展依赖具有独立创新能力的高质量人才,因此上海一些创意产业以大学、科研机构为依托。例如,杨浦区的昂立创意设计园是依托同济大学土木工程专业的人才技术优势而集聚成的,位于徐汇区的天山软件园和乐山软件园则是借助上海交通大学而发展起来的,依托上海师范大学美术学院建立起来的设计工厂是国内首家产学研一体的创意产业园(见图3-3)。上述创意产业园区的创立为上海创意产业人才的培养提供了实践基地和平台。

(三)上海文化创意产业集聚的效应和启示

文化创意产业已发展成为上海市"十二五"规划中新的支柱产业。全国政协副主席厉无畏表示,综观全世界所有有影响力的大城市,无一例外都是文化创意产业发达的地区。这些地区以富有特色的文化创意产业闻名世界,其国际大都市地位之所以能够建立起来,和文化创意产业的发展密切相关。要不断优化产业布局,促进产业升级,

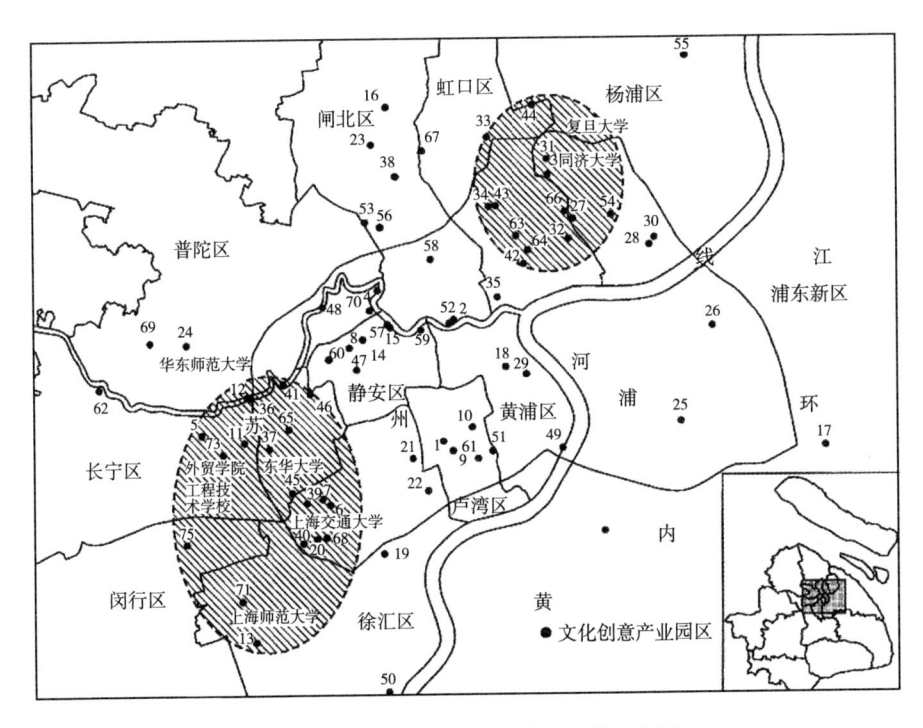

图 3-3　大学园区文化创意产业带示意图

图 3-1 至图 3-3 中数字注释：

1. 田子坊
2. 创意仓库
3. 昂立创意设计园
4. M50
5. 天山软件园
6. 乐山软件园
7. 虹桥软件园
8. 传媒文化园
9. 8 号桥
10. 卓维 700
11. 时尚产业园
12. 周家桥
13. 设计工厂
14. 同乐坊
15. 静安现代产业园
16. 工业设计园
17. 张江文化科技创意产业基地
18. 旅游纪念品产业发展中心
19. 2577 创意大院
20. 尚建园
21. 尚街 LOFT
22. X2 数码徐汇
23. 合金工厂
24. 天地园
25. 逸飞创意街
26. 车博会
27. 海上海
28. 东纺谷
29. 旅游纪念品设计大厦
30. 创意联盟
31. 建筑设计工场
32. 通利园
33. 智慧桥
34. 空间 188
35. 德邻公寓
36. 创邑·河

37. 创邑·源	38. JD 制造	39. 数娱大厦
40. 西岸创意园	41. 湖丝栈	42. 老场坊 1933
43. 绿地阳光园	44. 优族 173 号	45. 新十钢
46. 华联创意广场	47. 98 创意园	48. E 仓
49. 外马路仓库	50. 汇丰创意园	51. 智造局
54. 老四行仓库	53. 新慧谷	54. 梅地亚 1895
55. 中环滨江 128	56. 名仕街	57. 3 乐空间
58. 孔雀园	59. 南苏河	60. 静安创意空间
61. SOHO 丽园	62. 时尚品牌会所	63. 物华园
64. 建桥 69	65. 聚为园	66. 新兴港
67. 彩虹雨	68. 文定生活	69. 金沙谷
70. 长寿苏河	71. SVA 越界	72. 第一视觉创意广场
73. 原弓艺术仓库	74. 临港国际传媒产业园	75. 古北鑫桥

把上海建设成为开放度高、带动性强、充满活力的文化创意产业之都，成为创意人才的集聚之地，成为创意和文化的交流中心，成为文化创意产业交易服务的重要平台。

1. 示范引导效应

目前国际上对文化创意产业的分类指标或统计口径尚无严格界定，各国、各地区依据自身的社会经济发展水平确立不同的行业划分标准。上海现阶段的文化创意产业发展，主要立足于为城市功能转型、产业结构升级服务。基于此，上海根据产业的共同特征，与文化创意产业的相关度，并结合上海的经济发展目标，确定了一些重点发展行业。"十二五"期间，上海围绕建设全球"设计之都"的目标，推动了以"大设计"产业为核心的文化创意产业发展。以文化创意产业集聚区为载体，吸引国际高端要素集聚，完善文化创意公共服务平台，打造文化创意产业的特色和品牌，培育 20 家具有自主知识产权和国际影响力的创意龙头企业,吸引 100 个领军人物和创业团队,建成 100 个左右具有不同特色、形态和功能的创意产业集聚区。具体产业目标见表 3-1。

表 3-1 上海文化创意产业建设目标

产　　业	重点发展内容
工业设计产业	家纺和服装服饰设计、家具设计、玩具设计、交通工具设计、通信工具设计、雕塑工艺品设计、旅游纪念品设计等。创建一批国家级和市级工业设计基地,建设一批工业设计孵化平台、公共技术服务平台、设计中介服务平台等公共平台
建筑设计产业	面向地标性建设设计、城市景观和绿化设计、市内装饰设计、高档社区规划设计、现代商业街区规划设计、市政工程规划设计等领域,培育发展规划咨询、概念设计等产业链高端环节,开拓和进军国际、国内高端建筑设计市场
动漫网络产业	动漫网络游戏原创、制造、营销、播出、衍生品开发、体验娱乐、版权保护转让等,努力将上海打造成中国的"动漫高地"
黄金珠宝及工艺品设计产业	建设中国黄金珠宝饰品行业设计研发基地、展示发布平台、展示交易中心,建成有国际影响力的、亚太地区最大的黄金珠宝城
广告设计产业	打造中国广告总部基地,集聚广告业优秀企业和广告设计人才,设计高质量的广告产品,力争将上海打造成为亚太广告创意科技的领先高地以及全球广告创意设计产业的集聚中心

作为国内最早推进文化创意产业发展的城市,上海发展文化创意产业的先发优势和品牌效应已经初步显现。8 号桥、M50、田子坊、创意仓库等一批创意产业园区成为全国工业旅游示范点。"上海国际创意产业活动周"已成为业内的重要活动,在国际上的知名度逐年提高。国内外知名企业和机构纷纷入驻上海,空间集聚逐步形成。

2. **产业驱动效应**

上海文化创意产业集聚的产业驱动效应表现在以下 3 个方面。一是加速了都市型工业的转型,政府大力推进文化创意产业的发展,提升了都市工业的产业结构和能级,推动了都市型工业园向创意产业园的转变。二是推动了区域经济的特色发展，各区的创意产业发展与区域产业特点基本吻合。比如，"数字长宁"以数字技术、时尚设计为特点，"知识杨浦"以软件设计、工业设计为优势。三是带动了周边经济发展。创意产业园区（集聚区）的房屋产权不变、房屋建筑结构不变、土地性质不变，带来了老区产业结构、就业结构、企业形态和企业文化的变化。一方面缓解了政府改造旧城资金不足的问题，另一方面提高了地域的经济效益。例如，田子坊创意产业园区的开发，吸引了创意资本的注入，使居民获得了租金，增加了非工资收入，同时改善了居住环境。

3. 扩张辐射效应

上海众多的创意产业园中有一部分已经发挥良好的品牌效应和空间效益，并表现出由单一性的创意产业向综合性创意产业过渡的扩张辐射效应。例如，虹口区老场坊1933的开发，带动了周边1.1平方公里历史风貌区的发展，在盘活老厂房资源的同时，促进了区域内业态的转变和能级的提升。卢湾区8号桥、田子坊的集聚效应，已经将建国中路、泰康路的卢湾区中部地带联结成创意时尚块。点—面—块的空间拓展，实现了创意产业空间的扩张与辐射。上海创意产业公共平台分为媒介平台、展会平台、服务平台等类型。媒介平台是依托网络实现数字化、信息化的公共平台；展会平台是推广创意产业园区的重要载体；服务平台是由上海创意产业中心与政府各有关职能部门共同营建的服务机构。例如，田子坊创意产业园区内的23家企业成立了上海首家知识产权联盟。再如，上海先后设立了上海戏剧学院创意学院、复旦大学上海视觉艺术学院，培养紧缺的创意产业人才，并在上海交通大学、同济大学等高校建立创意产业人才培训基地，推动文化产业"产学研"联动。

淮海西路"红坊"创意园之一（摄于 2011 年 1 月）

淮海西路"红坊"创意园之二（摄于 2011 年 1 月）

第三章　加快文化产业发展方式转变的经验借鉴

淮海西路"红坊"创意园之三（摄于 2011 年 1 月）

老场坊 1933 创意园（虹口区溧阳路）之一（摄于 2011 年 1 月）

老场坊 1933 创意园（虹口区溧阳路）之二（摄于 2011 年 1 月）

老场坊 1933 创意园（虹口区溧阳路）之三（摄于 2011 年 1 月）

第三章 加快文化产业发展方式转变的经验借鉴

老场坊1933创意园（虹口区溧阳路）之四（摄于2011年1月）

| 第四章 |

湖南文化产业发展方式转变的对策建议

一 核心在观念：慎用计划模式，关注创意实践

转变发展方式，首先需要转变文化产业的经营观念。须知，文化产业能否做大做强应是市场选择，而不是取决于政府的意愿，我们必须摒弃所谓国有、民营的偏见，打破垄断、鼓励竞争应是文化产业政策的基本导向。采取做大做强国有文化企业的简单思路，结果往往并不利于文化产业的创新与发展，中国广播影视集团从成立到撤销，就是一例。

众所周知，美国以文化输出大国的领先优势，形成了"三片文化"打天下的局面——硅谷的芯片、好莱坞的大片、麦当劳的薯片。"三片文化"的有效输出，显然不是美国政府事先计划好的，美国之所以实现了科技文化、娱乐文化、餐饮文化在全球市场的扩张，根本在于科技创新、文化创意和规模效益的作用得到了充分的发挥。仅一部好莱坞大片就可获得上亿甚至十几亿美元的直接产值，而在其整条

产业链中，效益更是可观。麦当劳在全球市场的连锁扩张，硅谷对全球高科技产业的引领带动，都值得我们认真消化。

文化产业的创意实践，首先是科技的创新，其次是市场运作的创新，它们对提高市场占有率都有可能发挥极其重要的作用。北大方正集团以王选领军的科技攻关团队，以计算机汉字应用软件的科技创新成果，解决了汉字计算机应用的世界性难题，从而确保了汉文化以汉字为传播基石的文化根脉，也形成了企业占领市场的核心竞争力。李宁体育文化品牌的成功，是因为整合了奥运冠军、体育明星的优势资源，把中国体育文化品牌升华为世界名牌，在这里，市场运作的创新具有决定作用。

文化产业必须要有自己的创意，创意来自基层、来自民间、来自市场。相比较而言，中国电影的上座率不高，问题就在于生硬地模仿他国，缺少"中国创意"，而"中国创意"必须自下而上，从"中国消费"抓起。政府扶持文化产业的作用在哪里？应在文化市场失灵领域，重点关注、引导群众的创意实践。

（一）撒切尔夫人所谓中国文化产业不可能领跑世界的启示

早些年，中国制造业在探讨中国制造的发展前景时，曾广泛地引用撒切尔夫人的一句话来说明中国制造业面临的困境。撒切尔夫人认为，中国不可能成为真正领跑世界的工业强国，因为中国没有那种可以用来推进自己的权力，进而削弱西方国家的具有"传染性"的学说。抛开撒切尔夫人作为一位西方政治家对中国复兴的担忧不谈，撒切尔夫人倒是一针见血地指出了中国制造业所面临的困境，即我们只是提供产品，产品中没有包含特有的文化理念，而没有文化理念的产品，不可能成为真正具有世界意义的、可以为全球消费者所认同和识别的产品，也就不可能影响消费者的消费理念，不能使产品真正地融入人们的意识甚至价值观念中，因此也就不具备真正意义上的世界竞争力。

撒切尔夫人的这一观点不仅指出了中国制造业面临的问题，对这里所要探讨的文化产业发展方式转变也具有重要的借鉴意义。文化产业的核心是文化，是文化创意。一个国家、一个地区向市场提供的文化必须是可识别的、有着独特文化价值的。就湖南文化产业而言，在文化产业发展过程中，我们必须思考这样一个问题：我们的文化中有多少是独具特色、是能够为广大消费者所识别并具有唯一性而不能被人复制的？

如果我们的文化产业不能发展到这种程度，那么我们提供的依然只是一种文化形式，一种不具备文化内涵的产品。的确，中国的传统是制造产品，而并不是创造产品，即使在今天，情况也是如此。湖南作为全国文化产业发展的先行者与文化强省战略的率先倡导者，能否在"十三五"期间继续领先，关键就看能否抓住文化产业发展的良好机遇，紧紧抓住文化创意这个"牛鼻子"。

(二) 创意——传统文化产业与新兴文化产业的不同

文化产业既可以说是一个新兴的产业，也可以说是一个传统的产业，新兴与传统的分界焦点在于是否靠创意推动文化产业发展。从历史角度来看，文化产业是伴随着人们文化生活需要而逐渐发展起来的一个产业,是历史相当悠久的一个传统产业。但就文化产业在国民经济结构中的地位和作用而言,就文化产业的创意特征而言,文化产业又是一个新兴产业,其在国民经济中的结构性作用,在国民经济发展中的支柱性作用是在近些年才逐步呈现的,特别是科学技术向文化产业的融入及各国政府对文化产业的重视和大力推动,使文化产业呈现创意性、异质性等新的发展特征。

传统文化产业与新兴文化产业的区别,具体来说表现在以下几个方面。

就文化产品的生产而言,传统文化产业的生产主要依赖于经验传授,经验的积累是文化产品生产的重要保障,如传统的皮影戏表演主要靠演出者的经验积累;而新兴文化产业的生产则主要依赖于技术,技术的提升和革新是文化产品生产的关键,如在现代动漫产品生产过程中,先进技术应用成为动漫产品生产数量增加和质量提升的关键因素。

就生产的组织方式而言,传统文化产业的内部组织方式主要以家庭为单位、以血缘为纽带,是一种封闭的生产方式,因而其表现的内容往往相对单一;而新兴文化产业的生产组织方式是一种基于现代企业制度而确立起来的开放式的生产方式,是在社会化的大背景下进行生产和销售,因而其表现的内容往往相当丰富。

就文化产品的内涵而言,传统文化产业与新兴文化产业的不同在于前者使文化图式化、类型化,后者则将产品创意作为新兴文化产业的核心,要求有自己的思想,要求文化产品不断创新,异质性、区域性、先导性、审美化是新兴文化产业的基本属性。撒切尔夫人的话中值得我们认真反省的地方,是传统文化产业与新兴文化产业不同的根本所在!

面对传统文化产业与新兴文化产业的区别,首先要求我们加大对传统文化产业的改造力度,特别是针对科技在文化产品生产中的地位不断上升的情况,需要我们加大文化产业相关技术的研发力度,为文化产业的发展提供技术支撑;其次要求我们走以创意促发展的新路,转变文化产业发展方式,抢占文化产业发展的制高点,真正实现文化产品生产从以经验生产为主向以文化创意和技术生产为主的转型。

(三) 发展文化产业必须改变文化艺术评价标准

就艺术评价而言,目前主要有两个标准,一是官方评判标准,二是西方世界通过国际拍卖这一手段强力拉动的市场标准。前几年,很多人信奉的标准就是谁的商品价格卖得高,谁就是榜样。而相关职能机构一厢情愿的行为,却又在拉大中国文化与世界文化的距离。其中的原因就在于以上两个标准往往是不协调甚至是错位的。

如何将市场标准与官方标准统一起来?近些年中国文化产品生产的误区往往就是作品的价值与市场错位,或者说对以人为本和文化多样性的重视不够。注重以人为本、注重文化的多样性才是发展文化产业的真正重点和难点。

例如,某诗人获得鲁迅文学奖曾引起社会公众的热议,其问题正在于对文化艺术评价的标准不一。该诗人是以另类诗歌获奖的,而其诗作的形态在古今中外都不是什么新鲜事物,但往往都是短命的。该诗人的获奖，并没能证明其另类诗作的艺术价值和艺术前途。再如，2006年底和2007年初，上海美术馆和中国美术馆分别举办了一场题为"精神与品格"的中国油画展，该画展是从学术研究的角度提出和组织的，目的是促进中国油画向更高的艺术境界发展，其中所展出的一些作品也许并不符合市场评判标准。

以上只是问题的一个方面，另一方面，目前我们的绘画创作正逐步转化为商品制造，一些艺术家在金钱的诱惑下，快速地让自己丧失了真正的艺术自由。实际上，中国艺术品前些年的市场价格普遍偏高，而一旦我国艺术品真正进入国际市场，就会被挤掉"水分"而大幅减价，由此导致的问题可能更加严重。

习近平总书记2014年10月15日发表的《在文艺工作座谈会上的讲话》指出："我国社会正处在思想大活跃、观念大碰撞、文化大交融的时代，出现了不少问题。其中比较突出的一个问题就是一些人价值观缺失。"习近平总书记又指出，一部好的作品，"应该是把社会效益放在首位，同时也应该是社会效益和经济效益相统一的作品……文艺不能当市场的奴隶，不要沾满了铜臭气。优秀的文艺作品，最好是既能在思想上、艺术上取得成功，又能在市场上受到欢迎。要坚守文艺的审美理想、保持文艺的独立价值，合理设置反映市场接受程度的发行量、收视率、点击率、票房收入等量化指标，既不能忽视和否定这些指标，又不能把这些指标绝对化，被市场牵着鼻子走"。[①] 可见，文学艺术、文化产业如何处理政府引导和市场选择的关系，的确值得

---

① 转引自陈玉福、梁胜明《中国的马克思主义文艺理论的新发展》，《文艺报》第2版，2015年10月15日。

我们认真反省。必须正确制定文化艺术作品的评价标准，它是发展文化产业不能忽视的一个重要因素。

二 强化发展主题：以我为主，超越自我

《文化部"十二五"时期文化产业倍增计划》指出："'十二五'期间，文化部门管理的文化产业增加值年平均现价增长速度高于20%，2015年比2010年至少翻一番，实现倍增。文化原创能力进一步提高，文化产品和服务更加丰富，文化产业成为满足人民多样化精神文化需求、提高人民生活幸福指数的重要途径。文化产业就业容量大、形式灵活的优点得到充分发挥，成为吸纳就业效果显著的产业之一。文化消费保持快速增长态势，占城乡居民消费的比重不断提高，成为国家扩大内需的重要组成部分。"① 回顾"十二五"时期文化产业的发展，全国各地虽不平衡，但确有一种异军突起、发展迅猛之势。毋庸置疑，下一步，我们仍将以实现跨越式发展为主题，以加快转变发展方式为主线，以发展特色文化产业为重点，推进文化科技创新，实施重大文化产业项目带动战略，全面提升文化产业创新能力和核心竞争力。

（一）"济河焚舟"，创新发展

一方面，文化具有前瞻性、引领性、融合性、带动性、创造性，

---

① 文产发〔2012〕7号。

而文化产业中大多数是中小企业，明显缺乏研发能力，市场整体后劲不足；另一方面，文化本身又是一种生产力、竞争力、核心力、发展力，在当下不进则退、慢进也是退的竞争态势下，一个企业、一个品牌，稍有不慎必遭淘汰。因而，发展文化产业必须不断创新，必须要有"壮士断腕""济河焚舟"的勇气。

要创新发展，就必须在打破思想壁垒的基础上打破体制机制壁垒，正视问题和差距，从纵向比较的自足自满心态中解放出来，从不敢正视问题和差距的怯懦中解放出来，从思维定式中解放出来。以国际视野、国内领先的文化心态谋划文化产业发展，突破常规，打破界限，整合现有文化资源，提高资源利用效率，以政府为主导，发展多种所有制的文化企业，为文化产业的发展创造良好条件。例如，北京市早在2011年12月就成立了五大文化联盟：首都剧院联盟、首都博物馆联盟、首都出版发行联盟、首都影院联盟、首都影视产业联盟。五大联盟的成立，有效地统筹了首都文化资源，增强了文化资源效能，提升了首都文化产业的竞争力。仅从首都博物馆联盟来说，该联盟将国家级博物馆、市属博物馆、行业博物馆和民办博物馆共160余家联合在一起，整体资源优势得到极大提升，每年举办各类展览500场以上，年接待观众量达4000万人次。

就湖南而言，坚持创新发展，就是要在设计湖南文化产业的发展战略、发展思路、发展模式与内容时体现湖湘特有的历史文化底蕴，既要发掘湖南的地域特色，即位于我国中部地区的区位特征，也要体现两千余年积淀下来的"惟楚有才""敢为人先"的湖湘文化底蕴。通过将湖湘特色融入文化产品，使湖南文化产业打上独特的湖湘烙印，防范竞争对手的恶意复制与模仿。

(二)"腾笼换鸟，凤凰涅槃"

先说一个"腾笼换鸟"的成功案例。阿拉伯联合酋长国的迪拜，正以它高速的发展让世界惊叹，归纳其成功原因，不外乎超前规划、永不满足、善转方式。迪拜的石油资源丰富，但石油资源最终会消耗殆尽，于是其产生了以石油资源置换文化资源的创意——迪拜拥有世界上第一家七星级酒店（帆船酒店）、世界最高的摩天大楼（哈利法塔）、全球最大的购物中心（迪拜购物中心）、世界最大的室内滑雪场（迪拜滑雪场）。如此等等，凸显出迪拜高端、奢华、时尚、尊贵的文化环境，形成了享誉世界的高端文化品牌。迪拜以资源置换和产业转型的经典文化创意，实现了华丽转身。

2014年3月，习近平总书记在谈到全面深化改革、促进结构调整时，再次强调"腾笼换鸟，凤凰涅槃"。当然，腾笼不是空笼，要先立后破，还要研究"新鸟"进笼、"老鸟"去哪儿的问题。"腾笼换鸟"比喻的正是转变经济发展方式，以求获得新生，这对文化产业的发展尤其重要。

湖南卫视2012年曾遭遇发展瓶颈，长期排全国省级卫视收视第一的地位被取代，而且排名一度跌至十名开外。随后，湖南相关部门召开了关于品牌创新的研讨会，通过研讨达成了共识：一方面，节目制作应坚持"快乐中国，青春向上"的湖南卫视品牌定位；另一方面，一定要突出内容创新，要去伪存真，用真文化、真思想、真情感、真问题来感人、动人、惊人。接下来，湖南卫视迅速开展创新行动，

《百变大咖秀》等一大批新创节目诞生，经典节目也通过微创新不断优化。特别是，湖南卫视捕捉到韩国MBC电视台2011年推出的顶级歌手竞赛真人秀《我是歌手》很符合自身定位，便买下了《我是歌手》的版权，随即进行再创造。节目仍用原名《我是歌手》，在遵循原版"顶级歌手生存战"的基础上，放大"对音乐的真诚"。2013年1月18日晚，《我是歌手》第一期播出后迅速成为社会焦点。《我是歌手》以高品质的音乐和真实的情感打动了观众，在节目播出的3个月里，腾讯微博、新浪微博上相关话题的讨论总量超过1亿条，视频网站的点击量超过10亿次。继《我是歌手》之后，湖南卫视又从MBC另一档火爆节目《爸爸，我们去哪儿》中获得创意，并由湖南卫视有着丰富的新闻和户外真人秀制作经验的谢涤葵团队负责改编。2013年10月，《爸爸去哪儿》开播，立刻从众多相似的综艺节目中脱颖而出，这不仅是因为节目戳中了观众的"萌点"，更是因为节目以综艺的方式探讨了父爱、童年、家庭教育等深层次的社会问题。节目不断打破同时段收视纪录——最高单期份额达20.37%，网络视频点击量突破20亿次，网络上相关话题讨论持续升温，在新浪微博娱乐类榜单中排名第一。

《我是歌手》《爸爸去哪儿》两档节目不仅成为"现象级"节目，让湖南卫视重获省级卫视收视第一的位置，更重要的是，它们的高点击量、高话题率让湖南广电更加重视优质节目产生的影响力，并开始挖掘优质节目产生的内因。实际上，这其中的成功秘诀就是要善于"腾笼换鸟，凤凰涅槃"。

应该说，湖南文化产业历经十余年发展，已经形成自己独特的发展体系、发展模式，积累了独特的发展经验，这一点已经为我国文化产业界甚至社会公众所公认，其积累的经验正为不少地方文化企业所模仿。这一方面要求湖南文化产业实现发展方式的转变，以使湖南文化产业很难被模仿和复制；另一方面也要看到，模仿与复制正是对湖南文化产业发展方式和发展特色的肯定。因此，湖南文化产业要在肯定自身特色的基础上不断突破自我，寻求对自我的超越。

三 突出发展方式的若干转变

（一）由下而上的转变——遵循发展的市场导向

湖南文化产业的发展必须以市场为导向，坚持市场导向需要把握以下两个方面的内容：第一，要以文化产业的市场发展趋势为导向，紧跟市场发展步伐，把握市场发展的脉搏，并根据市场的发展变化调整产业结构和实现产业发展方式的转变；第二，要以居民的文化消费需求为导向，加快湖南文化产业发展方式的转变和产业结构的调整。

当前，我国文化产业发展存在供需脱节的现象。一方面是文化企业产能过剩，另一方面是民众的有效需求得不到满足。以农村地区的文化产品供给为例，农村地区文化产品的供给量总体上是持续上升的。"十一五"以来，我国加大了对农村文化建设的投入力度，截至2014年底，文化共享工程已建成3.55万个分中心、支中心和乡镇（街道）基层服务点，70万个村（社区）基层服务点，基本建立了覆盖城乡的六级公共数字文化服务网络。① 量的提高说明了我国农村文化建设所取得的成就，也说明了农村地区文化产品的供给状况有所改善，但在看到这些成绩的同时，还必须看到由于各地农村居民的文化需求存在差异，这种近乎计划供给的模式不可避免地会产生有效供给不足的问题。

笔者长期追踪农村文化建设与农民文化消费状况，在调研中发现，当前农民对政府主导下的"文化下乡"等一系列文化惠民工程有较高满意度，认为这一举措体现了党和政府对农民文化生活的关注，丰富了农民的文化生活。但也有不少农村居民表示，"文化下乡"活动与农村的实际情况存在脱节的现象，如活动主要集中在集镇，表演时间不能适应农时，表演内容有时不合农民口味，接待费用较高等，有的农民直接指出，感觉很多节目不是给农民看的。农民的这一观点肯定了我国推行的文化发展成果共享工程取得了很好的成效，关注到了农民的文化需求，但同时也反映出提供的文化产品与农村居民的实际需要还存在一定的差距，也就是说农村文化产品的有效供给不足。针对这一现状，需要根据民众的文化需求调整文化产业结构，由上而下的政府直接干预并不是文化产业发展的科学模式，应该由下而上，实现文化产业发展方式的转型。

(二) 由内向外的转变——坚持人本发展要素

马克思和恩格斯在《共产党宣言》中曾说过，每个人的自由发展

---

① 《"十二五"时期公共文化服务体系建设成就硕果累累》，《中国文化报》2015 年 11 月 6 日。

是一切人的自由发展的前提和条件。可见，要实现人的全面发展，就需要充分尊重人的价值，充分肯定人的作用，把人的生存和发展作为根本目的，作为一切现代化步骤的出发点和最后归宿。文化产业的发展也不例外。

首先，从现实情况来看，一个非常突出的现象呈现在我们眼前：中国的现代化进程正逐步改变过去文化主题相对集中和单一的局面，文化作品更多地成为一种"产品"供人们消费。随着经济社会的不断发展，文化产品和文化消费迅猛增长，文化产业的发展对现代人的意义越来越突出。在新的历史条件下，坚持弘扬主旋律文化固然重要，但是更多的同样有利于人的全面发展的非主旋律文化产品也会成为人们精神文化生活的必需品。与此同时，我国政府所倡导的和谐社会的理论和实践也表明：我们并不谋求同全世界对抗，并不奉行文化孤立主义，并不排斥一切非由我创的价值观念。在我国的文化软实力不断提升的过程中，首先要包容不同的意见和观点，然后相互撞击、相互吸纳、相互融合，在融合中实现发展和升华。对于人类共同遵循的一些价值理念，我们应该辩证地看待和处置，既然其中一些价值理念在理论维度上与社会主义核心价值体系具有一定的共性，那么我们就要大胆吸收，借鉴其中的合理成分，从而推动社会主义核心价值体系的建设。社会主义核心价值体系作为科学的价值理念体系，只有在实践中才能不断走向成熟，走向完善。

其次，随着综合国力的增强和人民生活水平的提高，进入21世纪的中国已不可避免地融入国际休闲文化的大背景之中。如何看待和理解"休闲"，进而驾驭"休闲"，已经成为与人的全面发展有着内在深刻联系的重要话题。席勒在《审美教育书简》中曾经明确指出："只有当人是完全意义上的人，它才游戏；只有当人游戏时，它才完全是人。"马克思则进一步明确指出："个人的充分发展又作为最大的生产力反作用于劳动生产力。"[①] 随着生产力的发展，可供人们自由支配的闲暇时间增多，如何更好地满足人们在闲暇时的精神需要，如何利用闲暇创造财富，成为一个重大课题。包括娱乐、游戏、媒体、创意等在内的文化产业，恰恰是服务于休闲需求、推动休闲经济的主力军。文化产业，从某种意义上说，是捕捉满意和制造快乐的产业，它不断创造和挖掘各种观念和价值。文化产业在发展中通过观念价值的实现，使消费者的精神需求得到满足，产生愉悦感和快乐感。而这一切，对于提升国民的幸福感，促进评价指标从以物为本的GDP（国内生产总值）、GNP（国民生产总值）向以人为本的GNH（Gross National Happiness，国民幸福总值）转变，有着十分重要的意义。[②]

最后，随着人本精神贯彻于文化产业发展的方方面面，加上经济发展的全球化浪潮势不可当，文化产业的发展在内涵上出现了某些趋同因素。但是，需要明确指出的是，借鉴和学习世界上其他国家和地区的文化产业经验，绝不等于囫囵吞枣、全盘照搬，因为民族性和地域性是永远存在的。正如鲁迅先生所说："现在的文学也一样，有地方色彩的，倒容易成为世界的，即为别国所注意。打到世界上去，即于中国之活动有利。"[③] 这里虽然说的是文学，但同样适用于文化产业

---

① 《马克思恩格斯全集》（第46卷下册），人民出版社，1975，第225页。
② 厉无畏、王慧敏：《创意产业新论》，东方出版中心，2009，第95页。
③ 《鲁迅全集》（第12卷），人民文学出版社，1981，第391页。

的发展。民族性和地域性是文化产业发展中富有生命力的源泉所在,民族文化和地域风情是历史或地理资源,应该被用来创造和建构具有鲜明特色的文化产业的重要语境。民族性和地域性文化的魅力在于:其一,它体现了人与自然的奇妙关系,这种奇妙的关系寄寓在不同文化的差异之中;其二,它体现了独特的民族人物形象和艺术形式,这种形象和形式是民族和地域文化所特有的身份标志,应对这种身份标志加以甄别,去伪存真,扬长避短,彰显文化的活力;其三,民族性与人性的同根同源,决定了对人性的把握和对民族性、地域性的开掘存在一种良性互动的关系,人性和民族性、地域性相得益彰。正是基于以上认识,从以人为本的基本原则出发,在文化产业的发展过程中,应该努力挖掘那些既能促进人的全面发展又能实现资源转化和价值提升的"亮点",只有把握住这些"亮点",真正实现民族和地方文化资源的创造性转化,才能对经济增长模式的转变产生实质性的影响。

结合湖南文化产业的发展实际来看,湖南文化产业要想向外拓展,就要在坚持人本发展要素的前提下,打上湖湘文化鲜明的烙印,关键是要将湖南的区域地貌特征、历史文化资源融入湖南文化产业的发展过程之中。具体包括以下两个方面。

一是将湖南的区域地貌特征融入湖南文化产业的发展之中,打造体现湖南特有的区域地貌特征的文化产业精品。湖南有着独特的地貌特征:烟波浩渺的洞庭湖、流域广袤的三湘四水、瑰丽奇伟的张家界、葱郁苍翠的南岳衡山……这些都是湖南文化产业发展不可多得的区域地貌资源,如何将这些特有的区域地貌资源融入湖南文化产业的各类产品的研发、设计、创作之中,使湖南文化产业的产品打上鲜明的潇湘地貌特征,是一个值得进一步思考的问题。

二是进一步开发和利用湖湘历史文化资源,打造湖南文化产业的精品力作。湖南不仅有着独特的区域地貌特色,更有着特色鲜明、积淀丰厚的历史文化资源。从历史人物来看,有远古的炎帝、湘妃,古代的屈原、贾谊、周敦颐、王夫之,近代的魏源、曾国藩、黄兴、蔡锷、宋教仁,现当代的毛泽东、刘少奇、彭德怀、贺龙、罗荣桓等;从历史文化名城和名镇名村来看,名城有长沙、岳阳、凤凰、衡阳、永州,名镇名村有里耶、靖港、寨市、张谷英、上甘棠、龙溪等;从民间的艺术资源来看,有湘绣、湘西歌舞、手工艺品、常德丝弦、宝庆竹刻、江永女书、滩头木版年画等;从民间传说来看,有舜帝南巡、白沙古井、关公战长沙、刘海砍樵、嘉山孟姜女、苏仙和王仙等。所有这些都是湖南特有的历史文化资源,这些历史文化资源虽然已经部分地融入湖南的文化产业发展,但仍然存在较大的拓展和利用空间。在正确处理文化事业与文化产业关系的前提下,应不断促进历史文化资源向文化产业形态转变。在此过程中应充分考虑到,历史文化资源的开发是一项涉及范围较广的系统工程,不仅要规划先行,从长计议,统筹开发,还要树立融合开发观,加大资源整合力度,实行多元文化和多种功能的融合,打造完整的产业链,创造并实现更大的市场价值。为此,要努力形成政府、企业、百姓等各方利益主体齐心协力推进发展的格局。①

---

① 厉无畏:《历史文化资源的开发利用与创意转化》,《学习与探索》2010年第4期。

(三) 由表及里的转变——提炼文化创意求发展

从学术角度看,创意产业、文化产业和内容产业的概念具有许多交叉和重叠之处,但它们都从属于广义上的知识产权产业,尤其是创意产业属于知识服务型行业,它以"创意"融入和渗透进其他产业,表现为更具广泛性。英国学者查尔斯·兰德利指出,文化的重要性在于它是创意的平台与资源,文化提供创意所需要的素材,创意是实践观念与思维的力量……文化是创意源源不断的温床。[①] 内容产业是与数字内容信息生产和多媒体技术服务相关的行业总称,可以视为创意产业的物质载体。有了文化内涵,有了创意,内容产业才能吸引眼球,赢得市场。文化、创意和内容产业之间相互渗透,共同构成一个互动的系统。在这个系统中,文化的个性内涵显得尤为重要,它是创意制胜的灵魂。在文化创意产品的设计、生产和营销等各个环节中,独具特色的文化个性内涵始终贯穿其中。个性化的元素是创意产业的核心,正是由于其内容的独创性、个性化,由此形成的原创性产品才具有独立自主的知识产权,不易被他人所操控。从创意产业的特有规律来看,无论是有形的如影视剧本、绘画作品等,还是无形的如专利、商标、品牌等,这些知识产权的符码在创意产业链的各个部分以其个性化的标志和创意性的转化不断赢得更大的增值空间。正是这一系列的创意,才把信息、情感、品位、观念、技术、资金和营销网络

---

① 〔英〕查尔斯·兰德利:《创意城市:如何打造都市创意生活圈》,杨幼兰译,清华大学出版社,2009,第247页。

结合起来,形成强大的创意产业。① 在这个过程中,个性化的文化内涵起到了画龙点睛的作用。

由此可见,无论是从提升文化创意的内涵着眼,还是从保护知识产权的角度分析,摒弃一味的形式模仿,强调个性内涵就显得尤为必要。在这方面,长沙市具有很多成功案例。

打造湖湘文化的精品历史街区
——以长沙市开福区潮宗街为例

历史文化街区是一座城市发展历程的见证,承载着城市文化变迁的重要信息,体现出鲜明的地域文化色彩,是不同时期城市文化的集中体现。放眼国内的许多文化名城,都有一条或多条能够体现其鲜明地域特色和历史变迁的历史文化街区,如北京的国子监街、烟袋斜街,上海的多伦路、武康路,苏州的平江路、山塘街,青岛的八大关,杭州的清河坊,南京的夫子庙,福州的三坊七巷……这些城市打造历史街区的经验有值得借鉴和学习之处,但是这种借鉴和学习绝不是"依葫芦画瓢",而是从长沙的历史文化特色和城市经济发展实际出发,合理设计,精心策划。从湖南实际来看,长沙作为国务院首批颁布的24座中国历史文化名城之一,同时也是快速崛起的中部中心城市之一,应该在保护既有历史街区建筑和文物的基础上,打造一片既能充分彰显地域特色、秉承历史文脉,又具有较大商贸旅游价值的文化街区,在最大限度地保留历史风貌的同时,带动周边地区文化商贸活动的繁荣,同时完善城市功能。

---

① 厉无畏、王慧敏:《创意产业新论》,东方出版中心,2009,第13页。

从历史和现实来看，位于长沙开福区的潮宗街最有可能成为这类街区的遴选对象。潮宗街因紧邻原长沙老城西北城门潮宗门而得名，宋代为古长沙城外拓区域，属商业繁荣之地，明代为藩王府。在近现代史上，更是形成了中山亭、时务学堂、湘雅医学院旧址、九如里民国名人公馆群、文化书社遗址、八路军驻湘通讯处旧址、基督教堂、抗日防空洞、韩国临时政府主席金九故居、民国旅社戏楼等重要的人文遗迹。韩国临时政府主席金九故居自修复完成后，每天都吸引了许多韩国游客前去参观，成为长沙加强国际交流的重要载体。创办于湖南维新运动期间，影响了半部中国历史的时务学堂也在国际社会中拥有极大的影响力。

保护与开发并举，全面提升潮宗街历史文化街区的品位与档次具有重要的战略意义，也是一项规模宏大的文化创意工程，其意义有以下三点。

第一，将潮宗街历史街区建设成为具有国际影响力的历史文化名街，不仅是对湖湘文化与长沙历史的延续和继承，而且可借此修复重建时务学堂、潮宗门等重要历史建筑，为长沙扩大城市影响力提供硬件配套。

第二，建设潮宗街历史文化名街是提升长沙城市品质的重要举措。目前，长沙已经开发出的太平街、化龙池等以酒吧为主的历史街区仍难以支撑长沙历史文化名城的地位。充分挖掘、利用潮宗街历史街区深厚的文化内涵，修复重建重要的人文古迹，将长沙的历史在这里浓缩展现，对提升城市品位，提高长沙的吸引力和外向力具有重要的意义。

第三，建设潮宗街历史文化名街是完善长沙城市功能的应有之举。建设潮宗街历史文化名街，发展具有长沙特色的商贸旅游业是发展第三产业的大手笔，进而可打造全国知名的商贸品牌。潮宗街历史文化名街项目建成后将面向全国招商，从而吸引更多的人流、物流、资金流和信息流，对完善长沙的城市功能具有重要意义。

在潮宗街的开发与建设中，可以考虑将长沙最具代表性的一些"中华老字号"，如火宫殿、玉楼东、九芝堂、杨裕兴、又一村、凯旋门、老杨明远、甘长顺等，以加盟连锁店的形式集中地呈现在这一街区，让游客在游览、观赏、感悟之余，能全面地领略具有浓郁湖湘特色的商业文化。此外，结合湖南建设"两型"社会的契机，在历史街区的保护和营建中，植入现代科技元素，在建筑设计、景观构造上不断追求低碳、环保也可以成为潮宗街古典商业街区的一个重要的发展方向。

（四）由一个增长极向多个增长极的转变——兼顾整体发展布局

从湖南文化产业的发展现状来看，就内部门类而言，各门类之间发展不均衡；就区域结构而言，湖南文化产业存在区域结构不均衡的现象。前者具体表现为：文化产业核心层产出能力较弱，尤其是文化产业的生产力发展水平不高，文化产品的科技含量有待进一步提升；产业链不够完善，与核心层相关的衍生产品开发力度不够，产业辐射力有限。后者具体表现为：湖南文化产业主要集中在以长沙为中心的长株潭城市群，尤其是长沙的文化产业增加值占50%以上，其余地州市除了张家界由于旅游业的带动而文化产业增加值所占比例略高以外，均低于全省平均水平。文化产业结构的非均衡发展在文化产业的初始阶段是必要的，对于树立湖南文化产业的形象是必需的，但产业结构理论告诉我们，非均衡的发展战略只有在一定限度才是合理的，一旦突破了这个限度就会制约整个产业的发展。

要改变这种现状，就要优化结构模式，主要可以从以下三个方面着力。

第一，加大文化与科技的融合力度，以科技提升湖南文化产业核心层的产出能力。科技在文化产业中的运用，不仅可以促进产业的融合，也能改变生产、销售模式，优化传统产业结构，尤其是新媒体技术的应用，能够使文化产业与更多的行业相融合，这种融合突破了传统产业的界限，将技术、文化、制造、服务融为一体，有利于产业链的延伸和新型产业群的生成，大大拓展了经济发展空间，产生裂变效应。[①] 从湖南实际来看，在立足内容的基础上不断抢占新媒体制高点，应该成为文化产业中传统优势项目进一步努力的方向。从广播电视行业来看，在时下的地方广播电视改革热潮中，融入新媒体正在成为最主流的战略。例如，湖南快乐阳光互动娱乐传媒有限公司分成互联网事业部、手机新媒体事业部、节目版权营销和国际频道4个业务板块，其中前3个都是在传统电视与新媒体的联动中寻找盈利空间。从出版行业来看，在中南出版传媒集团A股上市以后的新一轮发展中，除了募集资金外，还将投资一些新的以互联网、数字技术、物联网、云计算为技术基础的新媒体平台或媒体产品。

---

① 厉无畏、王慧敏：《创意产业新论》，东方出版中心，2009，第100页。

第二,加大文化产业的品牌建设,让湖南的文化产业真正走向品牌带动的新阶段。文化产业的发展,品牌塑造很重要,细数国内外知名的文化产业,无不有一个叫得响的文化品牌。文化品牌不仅是文化产品的外部标志,更是文化产品内涵的高度浓缩。一个知名的文化品牌,使人联想到的绝不只是一个商标、一个标志,更是其代表的独特的文化内涵。湖南文化产业经过多年发展,已经涌现出了一系列国内知名的文化品牌,如《超级女声》《快乐男声》《快乐大本营》《越策越开心》《乡村发现》《天天向上》等。这些文化品牌的出现对于提升湖南文化产业的整体形象和整体竞争力有着相当重要的作用。我们在欣喜于湖南文化产业在文化品牌建设方面所取得成就的同时,也要注意到湖南文化产业的知名品牌不是多了,而是少了,特别是还缺乏国际知名的文化品牌。因此,湖南文化产业依然需要加强文化品牌建设,打造一批国际知名的文化品牌,带动湖南文化产业又好又快地全面发展。

打造知名的湖南文化产业品牌,需要做好如下工作。首先,提升文化品牌的影响力。一个真正有影响力的品牌,其影响力应该是呈辐射状的,也就是说,知名的文化品牌,其所凝结和代表的不只是该文化产品,还应该融入人们生活的方方面面。当年蓝猫能够打造成知名的文化品牌,就是因为成功地融入了人们的生活,蓝猫提供的不只是动画片,更提供知识和教育,在其品牌扩张的过程中,还影响人们生活的方方面面。对一个知名品牌来说,它所代表的不只是产品,它还培养人才,提供服务。这样的品牌才能真正做到知名,做到为人们所熟知和接受。其次,提升文化品牌的可识别性。文化品牌必须具备可识别性,也就是独特性,并在具有独特性的基础上形成一定范围的垄断，只有这样才有可能真正形成知名的文化品牌。例如，快乐购凭借薄利多销的特征，从商业的本质出发，向市场的需求靠近，把被传统电视直销颠倒了的价值观扭转回来，为电视购物正名。它从电视百货、连锁经营起步，定位为媒体零售、电子商务，逐渐成长为国内新一代家庭购物行业领军者。

打造湖南文化的名牌是湖南文化产业发展的一个长期战略。只有当湖南创造出一批有自主知识产权，有湖湘文化特色的名牌文化产品，并被国际文化市场认可，拥有越来越多的国内外文化消费者时，湖南文化产业才能真正地实现多个增长极的全面可持续发展。

第三，从湖南文化产业发展的区域差异和区域比较优势出发，向研发设计、品牌服务两端延伸产业链，提升文化产品的附加值。同时因地制宜，合理布局文化产业价值链中的生产制造环节，拉动相关产业发展，加大与文化产业发展相关的职业教育投入，带动相对后进地区的经济发展。

结合湖南的实际来看，应继续实施区域带动战略，努力把长沙建成全国性文化产业中心城市之一，抓住天心区文化产业园上升为国家级文化产业园的有利契机，瞄准更高的目标，走文化创意产业之路，积极实施"走出去"战略，形成具有地方特色的文化产业集群。在不断夯实出版、广播电视、动漫、演艺等优势产业的基础上，不断开拓新领域，进一步加大文化产业研发设计和销售服务的力度，提升产品的附加值。根据相关研究者的分析，从文化产业的特点出发，进一步优化湖南的文化产业布局，政府还应加大对湘西等教育落后地区的教育投资，尤其是要加大对职业教育领域的投资，提高落后地区的劳动生产率，优化区域效应。采取措施鼓励落后地区保护专利，吸引高新技术企业入驻并鼓励当地人创业，增强技术溢出效应和集聚效应，切实改善湘西等落后地区的物流系统，强化政府改革，降低交易成本。①通过以上一系列举措，全面优化湖南文化产业发展的区域布局。

（五）由自由式到可持续的转变——加大创新人才培养力度

随着生活水平的提高，人们对精神生活即文化消费的需求与日俱增，湖南省的文化产业得到飞速发展。然而，综观湖南省文化产业发展现状，其中不乏大量雷同产品或经验团队，产业发展不能跃上新的高度，大多仍处于自发式发展阶段。为什么会出现上述现象？究其原因，是人才储备问题。中国文化部党组成员丁伟在出席国家文化产业培训基地揭牌仪式的讲话中明确指出：文化产业人才的匮乏，已成为严重制约我国文化产业发展的一个瓶颈。

湖南省的文化产业人才培养工作起步较晚，且培养规模相当有限，到目前为止，全省仅有湖南师范大学、湘潭大学、湖南涉外经济学院等少数院校设置了文化产业管理本科专业，仅有湘潭大学、湖南工业大学、湖南文理学院、湖南涉外经济学院等少数院校设置了动画或动漫设计与制作专业，且以上院校的上述专业招生规模都比较小。对高层次文化产业人才的培养，湖南才刚刚起步。对目前市场上急需的网游专业人才的培养，湖南甚至还没有起步。

文化产业要飞速发展，不仅需要经费投入，更需要创新人才，人

---

① 罗能生等：《湖南文化产业结构优化研究》，《财经理论与实践》2009年第5期。

才才是可持续发展的关键,文化产业不断创新的"牛鼻子"就是创新人才的创意,只有当创新人才达到一定数量的时候,文化产业才会真正快速发展。

由此可见,湖南省文化产业的发展,取决于创新人才的多少,人才匮乏已成为湖南省文化产业发展的最大障碍。

如何培养文化产业创新人才?据调查,目前湖南省文化产业从业人员大多是从其他行业转型而来,热情有余而专业性不足。大多数高等院校没有设置文化产业相关专业,即使有相关课程,也远远不能满足市场需求。同时,文化产业高端人才的培养需要一个周期和过程,作为职业培训机构,最大的价值是为文化企业培养大批量的实战型人才,而这些具有基础的技术型人才,要到企业中经过多年的锻炼之后,才能成为真正的优秀人才。因此,培养创新型高端文化产业人才,需要不断拓宽人才培训渠道,在政府的积极引导下,高校、文化企业、培训机构携手,共同破解当前的难题。

(六)由精神活动向产业活动的转变——关注精神寄托研究

精神内容要转变为产品,必须与一定的物质载体结合,表现为某种物化的成果,这就形成了通常所说的精神产品,即所谓的"小文化"。这一概念所指的文化产品包括哲学、宗教、文艺作品、社会科学理论、自然科学理论和技术成果等。

我们把人类所有产品所包含的精神内容称为"泛精神产品",而将以抽象意识形态存在的创意和思想称为"纯精神产品"。通常意义上的文化产品,即创意和思想通过某种物质载体和媒介所物化的成果，我们称之为"准精神产品"，也就是纯精神产品物化的过程。

然而，文化创意活动不仅仅停留在此阶段。以智力成果存在的准精神产品能够被接受和理解，被应用到产品的生产中去，在思想和技术扩散的过程中，产生很多新的产品。这种创意扩散过程，是向人类产品注入精神内容的过程，实际上就是准精神产品向泛精神产品的过渡。

文化产业由精神活动向产业活动的转变，其实质是由物质经济向文化经济的提升。文化经济属于第三产业范畴，文化经济是以文化观念、文化创意、精神产品的生产和服务为主体的产业。文化经济是相对于物质经济而言的。物质经济是指以物质资料的生产和消费为核心的经济形态，它是人类社会在低级发展阶段的产物。文化经济则是人类社会发展到高级阶段，人们在物质需要得到满足以后，精神生活需要日益增长的产物。文化经济以精神形态的产品生产和服务为主。随着社会的不断发展和进步，在社会经济生活的某个层次和水平上，物质生产和消费逐渐退居次要地位，精神产品的生产和消费日益占据主导地位。

远古时代精神生产与物质生产交织为一体的情况，在经历了巨大的历史轮回之后，在当今再次出现。关于这一点，美国学者詹姆逊提出"两个融合"论：一是文化与经济、精神生产与物质生产的融合；二是精英文化与大众文化、高雅艺术与通俗艺术的融合。"至于文化，说到底后现代性已经具有文化消融于经济和经济消融于文化的特征。因此，一方面，商品生产现在是一种文化现象……你购买商品不仅是因为它的直接价值和功能，更是因为它的形象。"① 美国最庞大的娱乐产业如百老汇，最赢利的电影产业如好莱坞，对全球尤其是对欧洲的渗透与兼并，已经使文化变成了经济。最后作者给出了一个清晰明确的结论：精神生产与物质生产、文化与经济的相融"是后现代的基本特征和全球化的基本构成"。②

文化产业是借鉴工业产业模式提出的概念，从本质上理解就是文化产品和服务能够形成与工业产品类似的投入产出模式，改变传统文化业态没有成熟商业模式、没有品牌经营意识的特征，形成成熟的产业模式或产业链。《魅力湘西》的诞生，是民族文化试水产业化的一次成功尝试。以湘西浓郁的土家族、苗族风情打底，将三大古谜赶尸、放蛊、硬气功等新、奇、怪的元素纳入其中，湘西古老的原生态艺术与现代舞台的声、光、电技术实现了完美融合。

成都文化旅游集团的董事长尹建华提出了"三态合一"的理念，即文态、形态和业态。文态，指的是文化遗产的文脉精神；形态，指的是文化遗产的实物体现或景观显现；业态，指的是消费业态。对于三态要综合考虑，要掌握三态间的协调转化，让文态、形态承载文化遗产的灵魂和整体景观，让业态作为一种生活方式的遗产情韵植入现代生活的消费内容。

应该充分挖掘非物质文化遗产的学术含量以及潜在的市场价值，

---

① F. 詹姆逊：《论全球化的影响》，载王逢振主编《2001 年度新译西方文论选》，漓江出版社，2002。
② F. 詹姆逊：《论全球化的影响》，载王逢振主编《2001 年度新译西方文论选》，漓江出版社，2002。

进行非物质文化遗产的文化产业培育,把传统的文化瑰宝推向市场,并转化为相关的文化产品,形成文化品牌效应。

一言以蔽之,文化产业的发展必须关注精神寄托研究,研究如何由精神活动向产业活动转变,研究其中最优的中介究竟应该是什么。

(七)由常规文化产业向创意文化产业的转变——秉承特色就是发展

创意是什么?英国创意产业之父约翰·霍金斯说:"创意是存在,是自我状态表达,是推动一个人和一个集体经济地位提升的动力。"① 未来学家阿尔文·托夫勒曾在其"未来三部曲"② 中预言:资本的时代已经过去,创意时代已经来临,谁占领了创意的制高点谁就能控制全球!主宰 21 世纪商业命脉的将是创意!创意!

什么是文化创意产业?创意产业的概念最早出现在 1998 年出台的《英国创意产业路径文件》中,该文件明确提出:"所谓创意产业,就是指那些从个人的创造力、技能和天分中获取发展动力的企业,以及那些通过对知识产权的开发可创造潜在财富和就业机会的活动。"③ 依据 David Thirsby 1997 年的说法,创意产业具有三大特色:第一,文化创意产业活动会在生产过程中运用某种形式的"创意";第二,文化创意产业活动被视为和象征意义的产生与沟通有关;第三,文化创意

---

① 〔英〕约翰·霍金斯:《创意经济:如何点石成金》,洪庆福、孙薇薇、刘茂玲译,上海三联书店,2006。
② 指《未来的冲击》《第三次浪潮》《权力的转移》。
③ http://www.culture.gov.uk/lobal/publications/archive_1998/Creative_Industries_Mapping_Document_1998.htm。

产业的产品至少有可能是某种形式的"智能财产权"。

传统文化产业的统计数据和成功案例,经常被用来解释文化创意产业的重要意义,这就造成文化产业就是文化创意产业,甚至等同于创意产业的错觉。其实,文化产业不同于文化创意产业,更不等于创意产业。

文化产业是现代的,创意产业是后现代的;文化产业是工业经济,创意产业是知识经济;文化产业是全球标准化,创意产业是全球多样化。迪士尼乐园经常被当作文化产业的典型案例,它是全球标准化的——无论乐园建在世界上哪个地方,它的管理模式和风格都是完全一样的。但是,创意产业显然不同。同样是全球化,由于具有后现代性,创意产业讲究地方风格和文化个性。以创意旅游为例,全球各地不同的地缘特点、民族个性、地方风俗、文化传统等,是创意旅游不可或缺的前提和资源。文化产业在网下生产、销售,创意产业在网上生产、销售。虽然文化产业具有非物质性,但是它的生产、销售过程具有高度的物质性。它的传播需要依靠纸质媒体、影院、电台或电视。这一切限制,都因为文化产业是在互联网诞生之前发展成熟的。相反,创意产业则是伴随着互联网的成长而诞生的。人们将互联网称为第四媒体,它不同于依靠视觉的第一媒体——报刊,不同于依靠听觉的第二媒体——电台,不同于具有视听功能的第三媒体——电视。互联网是多媒体的,具有传统媒体没有的互动性,作者与读者的界限模糊甚至消失。互联网是虚拟的、数码的、开放的,而传统媒体是物质的、模拟的、封闭的。文化产业是机械复制,创意产业是数码复制;文化产业是集中生产,创意产业是分散生产;文化产业是大众消费,创意产业是分众消费。

创意从哪儿来?霍金斯说:"我觉得,从无聊中来。循规蹈矩的重复记忆,让人们觉得枯燥乏味。为了让生活变得有趣,我们产生了想象。创意的关键就在于抓住想象,让它逻辑化。现实与想象找到结合点,创意就产生了。通过创意来表达自己,人们会觉得成功、满足。如果每个人都有创意,不仅能获得商业成功,社会也会更加繁荣丰富。创意也如同产品的生产过程,从创意最初灵感的产生,到控制创意,让创意形成系统化的方案,再应用到产业,最后进行商业化,进入我们市场的需求中去。"[①] 就湖南出版业而言,如果想由文化产业升级为文化创意产业,不仅要出版数码产品,更重要的是要将整个创作、生产、销售、库存、回款流程放到互联网上,否则永远只能是文化产业。这对湖南出版业来说,困难是非常大的,因为这涉及非常复杂的流程重组和企业再造。

四 文化产业发展方式转型的具体对策

(一)政府对策

1. 为文化产业发展营造良好的政策环境

文化产业的发展离不开政府的支持,对于一个新兴产业而言,政府不仅要在其初始发展阶段提供资金支持,更重要的是要提供发展引

[①] 〔英〕约翰·霍金斯:《创意经济:如何点石成金》,洪庆福、孙薇薇、刘茂玲译,上海三联书店,2006。

导和政策保护，以帮助产业发展壮大。从世界文化产业的发展情况来看，每一个做大做强的文化企业、文化品牌都离不开政府的支持。

美国政府为保护米老鼠版权修改相关法规

长期以来，米老鼠受到世界各国少年儿童和各类消费者的欢迎，同时也承受着各国学者尤其是非西方国家学者的指控。在70多年的时间里，它被逐步描绘塑造成美国流行文化、娱乐产业和经济帝国主义的象征。一只简单的卡通老鼠难道能包含这么多的寓意？西方社会学家阿尔费雷德·艾克斯和托马斯·齐勒在他们的著作《全球化和美国世纪》中指出，从20世纪30年代开始，好莱坞的作品占据了全球电影市场70%的放映时间。这一现象使许多人总结道，美国电影是一个国家所能获得的最不露声色、最有效率的宣传工具。也许正像《理解迪士尼》一书作者瓦斯科所说："米老鼠象征了文化、政治和经济的错综复杂的关系，米老鼠对美国乃至全球文化的影响反映了电影、卡通以及其他大众娱乐形式的崛起以及流行文化的力量。"由世界贸易组织秘书处编的《世界贸易组织概要·WTO协议》中有关部分讲道："想法与知识越来越成为贸易的重要组成部分。电影、音乐录音、书籍、计算机软件和在线服务之所以被买进卖出，是因为它们所包含的信息和创造力，而不是因为制造它们的塑料、金属或纸张。创造者可以被授予权利防止他人使用其发明、设计或其他创造，这些权利就是'知识产权'。"世界各国对这些权利的保护程度是有很大差异的。2003年1月15日，美国联邦最高法院以7票对2票的结果，驳回了网络出版商埃里克·埃及德对1998年《松尼·波诺著作权期限延长法案》提出的质疑。根据该判决，美国个人著作权保护期从著作人终身加 50 年延长为著作人终身加 70 年；如果是公司拥有版权，保护期从 75 年延长到 95 年。在这一判决中，拥有众多著名形象的好莱坞和迪士尼等娱乐、媒体集团是受益最大的。认为判决正确的一些学者想向世界推销"知识产权致富"这样一个美国观点："发展源自对知识产权的完全保护，我们相信，财产意味着进步，财产更多进步更多。"认为判决错误的学者认为："数字信息时代下知识产权保护应该是以促进创新为目的。因为，知识产权是一种不同一般的产权，让知识产权的所有者获得完全控制从来就不是知识产权保护的目的。其次，人类的创造通常是在其他东西的基础上进行的，创造者怎么可以独揽'功绩'。再者，如果人们每次重用'知识'都需要向初始知识产权所有者付费，那么世界上也就不会有更多、更快的创新和发展了。"其实，这些专家学者可能没有想到美国最高法院的判决保护的不仅是好莱坞、迪士尼等少数公司的利益，更是美国的国家利益。因为迪士尼和其他很多娱乐、媒体集团的影视作品每年给美国带来超过 5000 亿美元的利润。事实上，美国每一次修改版权保护法，延长作品保护期都是因为米老鼠的版权即将到期。仅在 20 世纪，美国国会就曾 11 次延长知识产权的保护期限，由 1970 年宪法中规定的 14 年延长至现在的个人著作权 50 年，企业著作权 75 年。由于这项判决，米老鼠等系列产品的生命周期在所谓"美国知识产权法律"的保护下，又可以延长 20 年。迪士尼不仅可以得到滚滚的财富，更为重要的是米老鼠这一国家的文化象征又可以在它手中停留 20 年，其经济效益和社会效益都是巨大而不可估量的。

迪士尼的成功除了其经营有方之外，还在于美国政府为了推动本国文化企业发展而创造的条件，针对版权保护到期后迪士尼有可能丧失对相关文化产品形象的专享，美国政府适时地修改相关法律，确保迪士尼能够继续拥有相关文化产品（米老鼠、唐老鸭等卡通形象）的知识产权，从而保障了迪士尼公司的持续发展。

湖南文化产业发展已经取得了一定的成效，"文化湘军"已经成为我国文化产业发展中的一枝奇葩，"文化湘军"所形成的文化产业经营模式、管理经验已经作为一种成熟的文化产业经营之道为业内同行所熟知，在全国取得了很好的反响。同时，"文化湘军"所开创的文化产业经营管理模式及相关文化产品因为缺乏相关法律的保护而被其他竞争对手所复制、模仿，对湖南文化企业的发展造成了很大的冲击。

面对竞争对手的恶意竞争，一般的企业很难有精力和资本捍卫自己的权益（在我国企业的经营实践中，企业在面临竞争对手的恶意竞争时，如果由企业出面维权，其结果往往是赢了官司，丢了市场），因此需要政府出面为企业的发展提供政策保障，并通过制定地方性法规的方式保障文化企业的合法权益。

政府保护文化企业对抗竞争对手的恶意竞争，可以通过两种手段来实现：一是通过制定地方性法规为文化企业的发展提供政策支持；二是积极组织本地的全国人大代表、政协委员向立法机关提出立法建议，由立法机关制定具有全国性效力的法律文件，通过制定规范性的法律文件来规范文化市场的竞争。

2. 为文化企业提供人才始终是重中之重

文化产业是一个人才高度集中的产业，但在产业发展的初始阶段，由于各方面因素的制约，企业往往很难在人才的市场竞争中占据优势地位，很难靠企业实现人力资本的积累。这就要求政府采取一定的措施，为企业的发展提供人力资本支持，为企业输送人才，特别是在制定人才发展战略时，适度向文化产业倾斜。

1993年斯皮尔伯格与大卫·葛芬及杰弗里·卡赞伯格组建"梦工厂"时，注册资本并不多，但是美国评论界认为，"公司资本的市值至少有1亿美元，因为大导演的才华、创意和名声是巨大的无形资产，而且通过智能资源，可以有效地组合其他的有形资源，并且最终可以获得好的投资回报"。而许多大型银行和投资公司确实争先恐后地向"梦工厂"提供贷款，因为它们看好其巨大的投资前景。在国内也是如此，《集结号》及《夜宴》之所以能获得金融支持，正是因为冯小刚所具有的品牌价值。

在提升文化产业竞争力时拥有大量的各类文化产业人才，将成为夺取文化产业发展制高点的关键因素。要把湖南省拥有的文化资源优势转变为文化产业发展比较优势，需要培养和吸引优秀人才，完善人才激励机制，增加人才选拔途径，创造优秀人才脱颖而出的环境。

一是加大人力资本投资。政府要建设立体的多元化文化产业人才培养体系，为文化产业的可持续发展积蓄人力资源。在这方面，韩国政府的做法值得借鉴。韩国对文化产业人才的培养是建立在总体规划基础上的，他们通过产、学、研联手，成立CT产业人才培养委员会，负责文化产业人才培养计划的制定、协调等。韩国对文化产业相关教育机构的资质是会严格审查的，他们设立教育机构认证委员会，对文化产业相关教育机构实行认证制，对优秀者给予奖励和资金支持。韩国的文化产业振兴院建立文化产业专门人才数据库，吸收各界人才。韩国培养文化产业人才的方式是多元的，既有传统的院校培养模式，也重视利用网络及其他方式进行培养。不但委托院校和企业开展文化产业从业人员资格培训，而且还重视与外国的交流与合作，选派人员出国研修，培养具有世界水准的专业人才。除了借鉴韩国的策略外，还需拓宽人才开发的思路。人才的培养和发现仅仅依赖学历教育、在职培训和交流是不够的，许多文化产业的人才因其突出的个性，可能游离于学历教育之外，并且没有固定工作单位。针对文化产业人才的群体特征，应该广开途径，打破学历、资历和身份限制，通过各种方式发现和集聚人才。

　　二是推进收入分配制度改革，通过实行经营者岗位的年薪制、关键岗位的技术和管理津贴制，以及独立核算单位和某些项目的承包制等灵活多样的市场化的收入分配方式，逐步拉开收入分配差距，形成激励机制与约束机制相结合的收入分配制度，使具有技术、管理和营销等方面才能的各类高级人才的收入与其贡献相适应。

　　三是实施引得进、留得住、用得活的人才政策，吸引和聘用海外高级人才参加湖南的文化产业建设，提高文化产业经营、管理人员的素质。完善文化产业人才引进政策，开辟"绿色通道"，为人才施展才能创造良好的工作环境、生活环境，增强对文化产业人才的吸引力。

3. 为文化产业营造一种开放包容的发展环境

开放包容的发展环境对文化产业的发展起着至关重要的作用，无论是文献资料还是实地调研都揭示了这样一个道理，即开放的文化发展环境能够很好地推动文化产业的发展。

深圳的包容文化造就深圳文化的繁荣

深圳可以说是一个没有"历史"的城市，是一个没有自己文化底蕴的城市，深圳的文化产业之所以能够挤进中国文化产业发展的前沿地带，除了政府的扶植和文化企业自身的努力外，另一个重要因素就是深圳包容的文化环境，"来了就是深圳人"体现的就是这样一种海纳百川的包容气势。

深圳是一座移民城市，在城市发展的过程中形成了城市的特质——多元宽容的城市心态。深圳市民来自五湖四海，在这里都可以按照自己喜欢的方式安排生活，不会受到太多的干扰。这种心态已经成为城市集体意识，也已经转化为城市的公共文明行为。

"来了就是深圳人"虽然是一句简单的宣传标语，却能引起强烈的共鸣。

是的，不管你是含着眼泪还是怀揣着梦想，来到深圳就都是深圳人。在深圳，英雄不问出处，深圳对所有来寻梦的、有准备的人都一视同仁，给予无限的机会。只要实干，深圳就是起飞的地点！

从诞生那天起，深圳的血管里就奔流着多元、包容的血液。有人说，深圳就像一个展示各地文化的大舞台，像一个汇聚各方文化的

"蓄水池"。是的，没错！在深圳，人们不仅能够感受到岭南文化的传承，也能感受到中原文化以及其他区域文化的浸润，更能感受到海外先进文化的气息。犹如大陆板块的碰撞造出鬼斧神工的山脉，从五湖四海带来的各地文化在这里荟萃、融合，慢慢形成一种独特的文化气息。

在深圳，人们不仅能够吃到正宗的粤菜、潮菜、湘菜、川菜、东北菜，也能品尝到法国大菜、美国快餐、日本料理、南洋小吃，林林总总，五花八门，让人回味无穷。

在深圳，你可以与本地人说粤语，也可以说自己的家乡话。在深圳的交际场上，语言从来都不会构成障碍。无论你是四川人、湖南人，还是河南人、东北人，只要会说普通话，都能在这里畅行无阻。

在深圳，你可以有与他人不一样的生活习惯和生活方式，也可以很好地保护自己的隐私，大家只会淡然处之，不会打听，不会干预，更不会因此产生矛盾和歧视。

如此多元的存在，正是因为深圳有着海纳百川的胸怀，对各种先进文化、进步观念和生活方式充分地尊重和接纳。

深圳的包容，让人如沐春风、如鱼得水。深圳让人感觉不到自己是"外乡人"——不同民族、不同语言、不同习俗、不同信仰、不同文化背景的人在这里相聚，大家相互包容、彼此尊重、和谐相处，每个人都可以找到适合自己生存发展的土壤。有网友感慨，好像哪里的人都可以在深圳随心所欲地生活，而且只要自己努力，就可以生活得很好！

深圳的包容，还体现在允许失败、宽容失败。2006年3月14日深圳市人大常委会通过的《深圳经济特区改革创新促进条例》中，有这样一条规定：改革措施发生失误，未达到预期的效果，或者造成一定的损失，只要改革创新的方案制定和实施符合程序规定，个人和单位没有牟取私利，也没有与其他单位或者个人恶意串通的，可以免予追究有关人员的责任。

这一规定从法律上为鼓励改革、宽容失败提供了保障。以法规来"豁免"改革失败，正体现了深圳城市人文精神中鼓励创新、宽容失败的特质。

关爱，也是深圳最突出的城市特质之一。每一个在深圳生活创业的人，都能感受到这座年轻城市给他们带来的阵阵暖意。深圳，为他们提供公平的机会；深圳，让更多的人分享到社会发展的成果。

多元宽容不排外。这样的城市性格充满着强大的吸引力。多年来，无数怀揣梦想的人来到深圳，被她所吸引，然后深深扎根于这片热土。他们把美好的青春献给了深圳，他们也从深圳收获甜美的果实。

"来了就是深圳人"，深圳有海纳百川的胸怀，深圳也热情地张开双臂，欢迎有梦想、有魄力的人扎根于此，并在这片热土上茁壮成长。

多元文化助好莱坞打开多国市场

好莱坞是美国文化的象征，也是美国文化产业的代表，好莱坞的成功与其包容的文化发展战略是分不开的。

在全球化的今天，随着民族意识的觉醒和加强，许多国家开始意识到"美国文化帝国"的侵略性,并开始进行不同程度的抵制,而这种抵制所依赖的便是各国的本土文化,如英国和韩国都曾发生过抵制美国电影的运动。虽然遭受抵制,但好莱坞还是成功地走向了世界。好莱坞成功的秘诀之一就是包容其他国家的演员在好莱坞发展,以打开其他国家的市场。桑德拉·希洛克精通德语,极受德语市场的观众和媒体的欢迎;佩妮洛普·克鲁兹接拍的美国电影越来越多,因为她在西班牙语系国家有很大的号召力;来自澳大利亚的拉塞尔·克洛则借《角斗士》的出色表演而成为澳洲人心目中的英雄;华人影星李连杰、成龙、杨紫琼、周润发等加盟好莱坞,则为其带来了更广阔的华人电影市场。好莱坞不仅包容了来自不同国家的演员,也为代表不同文化背景和体现不同文化风格的导演们提供了机会。各国导演的加入,使好莱坞成为名副其实的"电影王国"。近年来,为好莱坞创造了多个票房奇迹的华人导演,不但为好莱坞电影进军华语世界打下了基础,而且成为好莱坞继续称霸的中坚力量。1999年,凭借《黑客帝国》打进好莱坞的中国香港武术指导袁和平,此后相继负责《霹雳娇娃》和《杀了比尔》的武打设计。华纳公司再度投资一亿美元拍摄《黑客帝国2》正是看中了袁和平;以《卧虎藏龙》一片为哥伦比亚公司创下奥斯卡最佳外语片全球票房纪录的导演李安则倍受公司重视,被邀担任亚洲分公司的制片顾问,负责华语电影的企划工作;而"吴氏暴力美学"的创始人中国香港导演吴宇森加盟好莱坞后,其成绩也相当骄人,其指导的《终极标靶》、《变脸》和《碟中碟2》都取得了不错的票房收入。来自世界各地的电影精英们不断为好莱坞输入新的生命力,这也是好莱坞长盛不衰的一个重要原因。为了吸引更多有才华的电影创作人员，好莱坞宁愿放下美国式的"傲慢与偏见"，提供各种优惠条件。对此，吴宇森曾深有感触地说："在好莱坞有一个好处，只要你曾经拍过一部卖座的电影，奠定了基础，他们就会永远记得你。即使你以后拍几部片子都不卖座，也有机会继续拍影片。而在香港，只要你拍一部电影让老板赔了钱，就绝对不会有第二个片商来找你拍片。"

深圳文化产业的发展得益于深圳的开放与包容，好莱坞电影的长盛不衰也是得益于好莱坞的开放与包容。

营造一个开放与包容的文化发展环境对文化产业的发展具有相当重要的作用，这种作用主要表现在以下方面。

第一，可以为本地文化产业发展积聚人才。文化产业发展的关键是人才，这一点已经成为产业界的共识，湖南文化产业的发展虽然已经取得了令人瞩目的成就，但无论是湖南文化产业界还是政府部门都深感湖南文化产业人才不足。要改变湖南文化产业人才短缺的现状，除了要进行本土培养外，还应该积极引进人才。引进人才以推动本地文化产业发展有两个极为明显的优势。一是可以在短时间内解决本地人才短缺的问题。人才培养是一个长期的过程，一个产业不可能等到人才储备充足了才发展，因此对于急需人才的行业来说，引进人才无疑是解决产业发展人才短缺问题的最有效办法。二是可以为本地节约培养成本。人才的培养需要耗费大量的成本，而引进人才则无须支付培养成本，因此，即使花费一定的成本引进人才，对本地来说也是有利可图的。大量引进人才以降低本国人才培养成本，正是美国采用的发展战略之一，这也是美国经济持续发展的关键所在。

第二，可以借助多元文化展示打开相关市场。如果没有华人影星的加盟，没有中华文化内容的相关作品，好莱坞恐怕很难打开华人市场，至少不会如此轻松地打开华人市场。好莱坞电影中的中华文化因素的存在，使华人在欣赏电影时感觉到了好莱坞对自己文化的尊重，因此减少了抵触情绪，才使好莱坞电影在异域文化氛围中得以生存和发展。

湖湘文化所沉淀的深厚底蕴无疑是湖南文化产业发展的文化根基，但在文化产业竞争日益激烈的今天，湖南文化产业要实现突围，需要向深圳、向好莱坞学习，学习它们的包容精神，创造一种包容的文化发展环境，以推动湖南文化产业更上一层楼，推动湖南文化产业走向更广阔的市场。

创造一种包容的文化发展环境，需要在坚持本土的基础上超越本土。坚持本土是为了体现湖南文化产业的湖湘特色，使湖南文化产业不可或者不易为竞争对手所复制、模仿；超越本土，则是为湖南文化产业发展创造一种更宽松的环境，为湖南文化产业发展积淀丰厚的文化资源。

营造一种包容的文化产业发展环境，需要从以下几个方面努力。

首先，要营建一种开放、包容的社会发展环境。文化产业发展的关键是人才，大量引进人才是推动湖南文化产业发展的重要途径之一。要引进人才，使人才为我所用，不仅需要从待遇上加以重视，更需要为人才的发展创造一种开放、包容的环境。当今世界，许多国家都效仿美国，在全球吸纳人才，但很少有国家能够像美国那样成功，一个重要的原因就是没有美国那种相对宽松、包容的社会环境。

创造一个开放、包容的文化产业发展环境，就是要为不同文化背景的人才提供一个发展的平台。文化产业的发展，特别是文化创意产业的发展，不仅需要文化产业人才的不断创新，更需要不同文化的融合，在文化的交流与碰撞中实现文化创意产业的辉煌。而文化的交融与碰撞，最核心的就是人本身观念的碰撞，将各种不同文化背景的人才聚集，让他们的思维在交流中碰撞，是推动文化创意产业发展的重要途径。

其次，为多元文化提供一个展示的平台。创造一种包容的文化环境，不仅需要引进不同文化背景的人才，还需要为多元文化提供一个展示的平台。好莱坞发展的经验证明，多元文化的共存，不仅不会削弱本土文化的发展，相反，还能够有效地促进本土文化的发展。多元文化并存，既能够使不同的文化体系在共存中反思自身文化发展所面临的问题，也能够使不同文化在比较中学习其他文化的长处，以弥补自身的不足，因此多元文化和谐共存对任何一种文化来说都是有益的。

最后，将湖南打造成南北、东西、中外文化汇集的中心。为文化产业发展营造一种开放、包容的文化环境，需要湖南对自身的文化产业发展定位进行调整。

4. "放水养鱼"与湖南文化产业发展方式的转变

2009年9月26日，国务院通过了《文化产业振兴规划》，该规划指出，当前和今后一个时期内，我国要扩大文化消费。要不断适应当前城乡居民消费结构的新变化和审美的新需求，创新文化产品和服务，增强文化消费意识，培育新的消费热点。消费意识和消费热点的培育，关键是要拓展文化消费市场，也就是要采取措施增强民众的文化消费意愿，提升其消费水平。

深圳市南山区"放水养鱼"，以政府资助培育文化产业土壤

2010年初，深圳市南山区区委宣传部、区文化局联合颁布了《南山区文化艺术活动资助实施细则》（以下简称《实施细则》），对南山区内非政府组织举办的公开让公众参与的公益文化艺术活动给予资助，凡注册（驻）于南山区，并在南山区开展演出、展览、创作、艺术推广、文化交流等文化活动的团体、机构，均可申请政府资助，资助金额从1.5万元到20万元不等。其中，将对有创意和具有开拓性的本土文化艺术活动以及提升南山区文化形象、提高本土民众艺术水平的艺术活动给予重点资助。通过资助，"放水养鱼"，给一批有发展潜力、代表本土文艺水准的机构和组织注入新的活力。《实施细则》颁布以来，已受理了50多个资助申请。此外，南山区文化局与雅图公司合作，由区财政扶持300万元，以政府补贴、企业经营、限制票价、服务大众的原则，在中低收入群体集中的工业区、住宅区建设10家低价社区数字影院（平均票价为10元左右），深受群众欢迎。政府以较少的资助，吸引社会资源参与设施建设，既解决了中低收入人群看电影难的问题，同时也缓解了南山区文化设施少、南北分布不平衡的问题。

湖南文化产业要做大做强，不仅取决于文化产业自身，更取决于市场为湖南文化产业所提供的生存机会。从国内外文化消费市场的发展来看，正是消费市场的发展为文化产业的发展创造了机遇。湖南文化产业也正是因为抓住了这个机会，才使自己走在全国文化产业发展的前列。但随着文化市场竞争日益激烈，湖南文化产业不仅需要直面竞争，积极开拓新的文化消费市场，更需要巩固和占领本地文化消费市场，特别是要培育本地文化消费市场，也就是向深圳学习，实施"放水养鱼"战略。

实施"放水养鱼"战略，培育本土文化消费市场，是推动湖南文化产业发展的又一重要途径。从湖南省文化消费市场的发展情况来看，湖南文化消费市场的"水"还比较浅，还不足以托起湖南文化产业这条"大船"。

表4-1 2012年湖南居民人均消费支出的全国排名情况

单位：元

	项目	全国	湖南	湖南在全国的排名
城镇居民	消费性支出	16674.32	14608.95	16
	文教娱乐支出	2033.50	1737.64	12
	文化娱乐用品支出	451.88	330.26	22
	文化娱乐服务支出	762.00	620.18	13
农村居民文教娱乐用品及服务		445.49	400.22	15

资料来源：《中国统计年鉴》（2013年）。

从表4-1的数据来看，湖南省居民的文化消费水平低于全国平均水平，这与湖南文化产业大省的身份极不相符。若湖南城乡居民文化消费水平能达到全国平均水平，则湖南省文化产业总产值还有相当大的上升空间，这也从一个侧面反映出湖南省居民文化消费的潜力还相当大。

培育文化消费市场，为文化产业的发展奠定市场基础，是湖南文化产业提升发展水平的重要路径之一。在湖南文化产业面临的市场竞争日益激烈的今天，能否培育好本省的文化消费市场，扩大湖南文化产业发展的内需，对湖南文化产业发展起着至关重要的作用。

培育湖南文化消费市场，扩大湖南文化消费的内需，需要政府牵头，抓好农村图书室建设，为"出版湘军"提供市场支撑。"出版湘军"所取得的成就使其在我国出版市场占有重要一席，但随着竞争的日趋激烈，出版湘军也面临市场风险。有效规避这一风险的办法，除了提高出版物的档次和品质，继续拓展外围市场外，更需要在省内培育消费市场，特别是在现阶段，可以利用农村图书室建设的机会为"出版湘军"提供一个良好的发展机遇。

当前湖南省农村图书室建设已经取得了较好的成绩，村级图书室的布点工作已经基本完成，表4-2反映了该省慈利县农村图书室建设的基本情况。

表4-2 湖南省慈利县2010年农家书屋工程实施表

编号	书屋所在地	书屋选址	书屋面积（平方米）	村人口数（人）	编号	书屋所在地	书屋选址	书屋面积（平方米）	村人口数（人）
1	零阳镇七楸村	村部	30	1500	9	岩泊渡镇失马村	村部	30	1485
2	零阳镇金花村	村部	30	1540	10	岩泊渡镇居委会	村部	30	2100
3	零阳镇南洋村	村部	30	1351	11	岩泊渡镇田坪村	村部	30	1100
4	零阳镇七相坪村	村部	30	1200	12	岩泊渡镇田峪村	村部	30	590
5	零阳镇青山村	村部	30	1400	13	岩泊渡镇岩市村	村部	30	2100
6	零阳镇双安	村部	30	8870	14	岩泊渡镇和平村	村部	30	1078
7	零阳镇白云居	村部	30	1630	15	岩泊渡镇马公渡	村部	30	1020
8	零阳镇北岗村	村部	30	4800	16	岩泊渡镇中心村	村部	30	1014

续表

编号	书屋所在地	书屋选址	书屋面积（平方米）	村人口数（人）	编号	书屋所在地	书屋选址	书屋面积（平方米）	村人口数（人）
17	南山坪乡大沙村	村部	30	378	45	洞溪乡公坪村	村部	30	767
18	南山坪乡广阳村	村部	30	582	46	洞溪乡炭棚村	村部	30	628
19	南山坪乡犀牛村	村部	30	734	47	高桥镇四坪村	村部	30	1015
20	宜冲桥乡毛坪村	村部	30	645	48	高桥镇阳坪村	村部	30	1400
21	宜冲桥乡大峪村	村部	30	743	49	高桥镇才树村	村部	30	1400
22	宜冲桥乡长岭村	村部	30	2050	50	高桥镇秋木山村	村部	30	1300
23	宜冲桥乡宜冲村	村部	30	950	51	高桥镇杜树垭村	村部	30	1011
24	阳和乡朱家嘴村	村部	30	1200	52	龙潭河铁树潭	村部	30	1105
25	阳和乡夹石村	村部	30	1400	53	龙潭河镇田湾村	村部	30	628
26	阳和乡双年村	村部	30	1200	54	龙潭河镇潘坪村	村部	30	942
27	阳和乡凤鱼村	村部	30	1102	55	龙潭河镇银马池	村部	30	648
28	甘堰乡月台村	村部	30	987	56	金坪乡金坪村	村部	30	1204
29	甘堰乡西铺村	村部	30	1235	57	金坪乡云潮村	村部	30	1240
30	甘堰乡余溪村	村部	30	868	58	金坪乡优富村	村部	30	1220
31	甘堰乡川石村	村部	30	1157	59	景龙桥乡景泉村	村部	30	975
32	许家坊咸水村	村部	30	1158	60	景龙桥乡大清村	村部	30	800
33	许家坊南庄村	村部	30	995	61	景龙桥乡杨垭村	村部	30	1658
34	许家坊阳坪村	村部	30	1450	62	景龙桥乡景龙村	村部	30	813
35	许家坊汉水村	村部	30	1395	63	二坊坪乡盛德村	村部	30	1800
36	许家坊新建村	村部	30	1145	64	二坊坪乡双联村	村部	30	850
37	金岩乡三元村	村部	30	927	65	二坊坪乡东升村	村部	30	700
38	金岩乡保健村	村部	30	1010	66	二坊坪乡新建村	村部	30	900
39	金岩乡金盆村	村部	30	1128	67	零溪镇河塌村	村部	30	674
40	溪口镇和岩村	村部	30	949	68	零溪镇拣花村	村部	30	2560
41	溪口镇坪坦村	村部	31	686	69	零溪镇墨园居委会	村部	30	2598
42	溪口镇樟树村	村部	30	515	70	零溪镇两岔溪村	村部	30	1258
43	溪口镇渡坦村	村部	30	1451	71	零溪镇大庄村	村部	30	1672
44	洞溪乡张三溪村	村部	30	1024	72	零溪镇黄莲村	村部	30	1240

续表

编号	书屋所在地	书屋选址	书屋面积（平方米）	村人口数（人）	编号	书屋所在地	书屋选址	书屋面积（平方米）	村人口数（人）
73	零溪镇星旗村	村部	31	1250	102	三岔溪村村部	村部	30	270
74	朝阳乡双垭村	村部	30	1102	103	国太桥乡白合村	村部	80	456
75	朝阳乡四坪村	村部	30	1136	104	国太桥乡居委会	村部	40	1085
76	朝阳乡岩坪村	村部	30	985	105	国太桥乡邻矿村	村部	80	825
77	朝阳乡万福村	村部	30	1100	106	国太桥乡道街村	村部	80	865
78	广福桥镇狮岩村	村部	30	982	107	赵家铺村	村部	30	1245
79	广福桥镇三丝村	村部	30	1201	108	杉木桥镇中溶村	村部	30	1072
80	广福桥镇关建村	村部	30	1420	109	杉木桥镇杨家塔村	村部	30	1037
81	广福桥镇建设村	村部	30	1302	110	杉木桥镇居委会	村部	30	379
82	广福桥镇居委会	村部	30	1200	111	三合乡三合口村	村部	30	1201
83	苗市镇东凤村	村部	30	1350	112	三合口乡造化村	村部	30	1140
84	苗市镇保安村	村部	30	1100	113	象市镇李子村	村部	30	1520
85	苗市镇居委会	村部	30	1800	114	象市镇高潮村	村部	30	1420
86	苗市镇大兴村	村部	30	1200	115	象市镇走马村	村部	30	1620
87	苗市镇天星村	村部	30	900	116	江垭镇广济村	村部	30	600
88	杨柳铺乡康庄村	村部	30	2000	117	江垭镇莲坪村	村部	30	2000
89	杨柳铺乡杨柳村	村部	30	2000	118	江垭镇白堰村	村部	30	900
90	杨柳铺乡复兴村	村部	30	1500	119	江垭镇临江村	村部	30	1000
91	东岳观镇跑马村	村部	30	1050	120	江垭镇双潭村	村部	30	1200
92	东岳观镇三桥村	村部	30	1370	121	赵家岗乡天娥村	村部	30	1200
93	东岳观镇艮泉村	村部	30	1350	122	赵家岗乡双河村	村部	30	1164
94	东岳观镇北坪村	村部	30	1500	123	赵家岗乡新安村	村部	30	885
95	通津铺镇星峪村	村部	30	1500	124	三官寺乡三坪村	村部	30	1682
96	通津铺镇长峪铺村	村部	30	1400	125	三官寺乡新庄村	村部	30	1200
97	通津铺镇泗坪村	村部	30	1049	126	高峰乡双垭村	村部	30	620
98	后溪峪居委会	村部	30	1100	127	高峰乡高华村	村部	30	780
99	通津居委会	村部	30	2804	128	高峰乡双元村	村部	30	655
100	庄塌乡新车村村部	村部	30	575	129	高峰乡渣角村	村部	30	762
101	庄塌乡肖塔村村部	村部	30	530					

从表4-2可以看到，由于新农村建设的推进，农村村部或者村活动中心已经纷纷建立起来，各村也在村部为图书室留有了一席之地。但目前农村图书室建设面临两个难题。

难题之一是农村图书室缺乏专人值守，开放时间无法保证。本课题组成员在农村调研时，发现很多农家书屋在公示的开放时间根本没有开放，导致不少农村图书室形同虚设。解决这一难题，一是可以为农家书屋设立专职管理人员；二是鼓励农村有闲暇时间的老人，特别是退休后住在农村的教师或者政府工作人员义务充当农村书屋的管理员。慈利县永安村张家秀老人所办的农家书屋就是这样一个典范，但无论是以哪种方式来解决这一难题，都需要政府在其中发挥一定的作用。

课题组成员在慈利县二都岗村调研时所拍摄的农家书屋，这个时间本应该是开放时间，但农家书屋的大门紧闭

慈利县永安村张家秀老人自办的农家书屋

农村图书室建设的难题之二是图书室藏书的可读性问题。在调研中我们发现，很多村民没有进过图书室，但进过图书室的村民都有一个深刻的感受，那就是可读之书太少，特别是适合农村居民阅读的读物太少。

村民无书可读，是当前农村图书室建设面临的难题，但这一难题恰巧是出版湘军所面临的市场机会。从农村图书室建设与出版湘军的关联问题上我们可以得出这样的结论，政府应当通过加强基础文化设施建设，为湖南文化消费市场的培育搭建起一个平台，并以此带动文化消费市场的发展。

2010年7月拍摄于石门县雁池乡雁池村图书室。照片中这位找书的村民对政治人物传记、历史著作感兴趣，但图书室该类书籍太少，他已将该图书室自己感兴趣的图书读完

（二）企业对策

在政府为湖南文化产业发展创造一个良好外部环境的同时，企业也要抓住机会，实现自身发展方式的转型。文化企业应该结合自身的实际情况，在工作中注意从以下几个方面实现发展方式的转型。

1．"文化＋科技"战略是提升文化产业的必然选择

文化产业是文化和经济结合的产物，科技在文化产业发展中居先导地位。科技与文化的紧密结合，将极大地拓展文化产业的领域和范围，科技进步是促进文化产业实现跨越式大发展的关键因素之一。

文化产业主要通过提供文化产品来取得收益。高新科技在文化产品生产领域从内容到形式、从生产方式到传播方式的广泛应用，必将极大地促进文化产品生产的发展和创新。文化最需要创新，而科技是推动与实现创新最有效的工具。当前的政策环境和条件必将有助于加快科技与文化的融合，帮助与促进湖南文化产业科技实力的迎头赶上和持续快速发展。

案例："文化＋科技"成为 2010 年深圳文博会交易的最热门

2010 年深圳文博会科技型文化产业成交额达 403.76 亿元，比上年增长 61.76%，约占本届文博会总成交额 1088.56 亿元的四成。本届深圳文博会反映了文化产业发展的大趋势：科技型文化产业和文化产业核心层成交额极高，而动漫、影视和新媒体成为投资热点。资本正在向科技型文化项目集中，向富有创意的文化产品集中，这也是当今文化市场上最有希望和前景的部分。

腾讯、华强科技、雅图、中青宝、欢乐动漫、汉王科技、方正……一批科技型文化领军企业，在文博会上大放异彩。冷冰冰的科技与炽热的文化产业在文博会上交融碰撞。科技创新，为传统文化产业注入了强大的生命力，大大提升了文博会的品牌含金量。在科技的"磁化"下，文化产业有了全球认同的方向性——创新。

在文博会各个主展馆、分会场统计指标体系里面专门设了一个"文化＋科技"和"文化＋旅游"的统计指标和模块。据统计，本届文博会科技型文化产业成交额已经达到403.76亿元，增长61.76％；文化与旅游相结合产业成交额为104.55亿元，合同成交额为43.15亿元，可见"文化＋科技""文化＋旅游"的发展模式和发展特色已经逐步得到业界肯定。两者成交额相加接近整个文博会成交额的一半。

深圳本土一批"文化＋科技"的企业项目通过文博会平台实现了较大成交额。深圳华强文化科技集团自主研发的高科技主题公园单体项目"恐龙危机"和"飞越极限"与意大利公司完成签约，成交金额为2600万美元，加上其他项目，四天累计实现出口签约约3054.7万美元。该集团总经理李明表示，早在数十年前，在发达国家的文化产业中就已经难以分清楚谁是文化人、谁是科技人，而"文化＋科技"的新型业态最近几年才在我国迅速兴起，因此有着巨大的发展潜力和市场空间。深圳雅图公司研发生产了国内首台投影机，走出了一条以科技为载体、以文化为核心、文化加科技的发展模式，市场占有率目前已位居中国投影机品牌第一、全球第八。公司负责人谢敬介绍，本届文博会上，雅图依托正式运营的深圳文交所，与成都、郑州、宜昌、三亚等10个城市签署了雅图数字视频技术产业化投资项目合同，将在每个城市兴建10所雅图数字影院,总金额达40亿元。2010年初在创业板上市的深圳网游企业中青宝的产品经理杨嘉杰告诉记者,"有多家城市的文化产业园区想邀请我们企业'走出去'发展,还有手表企业希望把他们的产品放在我们的网络游戏中来推广"。

华强科技文化集团的高科技数字电影

以科技促进文化产业的发展已经成为文化产业界的共识,或者说已经成为文化产业发展的一种新的模式,特别是对于电影产业的发展来说,高科技更是功不可没。湖南文化产业的发展也需要借助科技的力量,实现文化与科技的融合。在具体的发展战略上,湖南文化产业界可以采取如下措施来实现文化与科技的融合。

一是借助科技拓展湖南文化产业的内涵,特别是借助科技的力量对传统文化产业进行改造升级。当前由科技带动的新兴文化业态为产业的全面发展注入了新生力量。以互联网、数字化等传播科技为依托形成的数字内容产业成为文化产业发展的重要领域，以生产和传播数字内容为主的新兴文化产业包括网络电视、网络游戏、网络商务、网络教育等，受到广大消费者的青睐。

二是借助科技的力量，推动湖南文化产业结构调整。科技催生的数字内容产业打破了传统媒体之间的技术界限和鸿沟，使过去由不同媒介传输的不同形态的数据、文本、声音等信息都能无差别地转换为数字形式，在同一平台上相互包容、渗透和整合。同时，以文化创意为核心、多元业态共同发展的产业链在科技的助推下正逐渐成形，并构成了以文化创意、影视制作、出版发行、印刷复制、广告、演艺娱乐、文化会展等为主体的现代文化产业结构。在"三网融合"过程中，专业运营商、虚拟运营商将依靠高科技手段进行竞争，一展风采。

三是借助科技的力量强化和提升文化产业的安全保障能力。文化产业的安全保障能力事关文化建设的推进与成果，科技可以从技术层面发挥具有针对性的积极防御作用。应对当前网络化、信息化环境下文化产业版权保护出现的新情况和新问题，最有效的工具和方法无疑是科技手段尤其是高新技术手段。

四是借助科技的力量提升湖南文化产业的传播力和影响力，提升湖南文化产业的竞争力。大部分欧美国家之所以发达，一个重要的前提就是本国科技水平的不断进步和提升。在科技的进步及其拉动作用下，电影等文化产品正显示出越来越强的传播力和影响力。

五是借助科技的力量提升文化产品的附加值，提升文化产品和服务的市场价值，增强湖南文化产业的市场竞争力。当前，计算机、互联网和通信技术等在文化产业中已开始普遍运用，这一方面增强了文化的传播力，提高了文化产品的附加值；另一方面也推动提升了文化产业的发展速度和规模，促使文化产业进入规模化、工业化发展的时代。

2. 产业链问题与文化产业发展方式转型

2010年深圳第六届文博会上不仅科技抢眼，文化产业核心层的交易也是一大亮点。第六届文博会上，文化产业核心层成交额达395.59亿元，八大文化产业项目成交259.54亿元，核心层内容中出版发行和版权服务成交14.93亿元，广播电影服务业成交41.42亿元，文化艺术服务业成交339.24亿元。投资规模超过亿元的项目有131个，签约总额达788.75亿元。频现的大单基本都是核心层内容，其中最大的是秦皇岛市文化局与北京山海经投资控股有限公司就中国·秦皇岛山海经文化产业示范基地项目签订的合作意向书，合同金额达100亿元；而贵州省代表团签下的总计56亿元的26个项目涉及文化艺术、影视创作、动漫制作、新闻出版等领域；河北省带来了文化创意产业园区等100多个文化产业项目，最终，中国承德鼎盛王朝文化产业园、文化创意产业示范基地等13个项目总签约额达到228.55亿元。依托深圳文交所，影视交易兴旺，电视剧《画皮》以版权质押的方式，引入华澳资本管理公司作为第三个投资方，成为中国内地首个通过文化产权交易所融资成功的影视剧。

文化产业核心层成交量放大，一方面说明了市场对自主创新的重视,对知识产权的尊重;但另一方面也说明了自主创新的艰难,说明了文化产业中文化创意产业发展的难度。文化产业核心层发展的艰难要求我们一方面必须重视文化创意产业的发展,尽可能多地获得自主知识产权以做大做强文化产业核心层;另一方面也要求我们必须高度重视文化产业核心层的辐射作用,重视文化产业核心层对文化产业外围层,特别是相关层的带动作用,通过延伸文化产业链条,实现文化产业核心层利益空间拓展的最大化。

案例:迪士尼的产品衍生之道

美国迪士尼公司是在文化产品衍生方面做得较好且有代表性的公司之一,如今迪士尼的文化产品已经在世界上占有一席之地,迪士尼的文化产业链已经发展得相当成熟,已为迪士尼创造出了巨大的利润。

米老鼠已经扩展到众多领域,如食品、玩具、服装、文具等领域。如今迪士尼在不断生产动画片的同时,也在不断将这些文化产品进行衍生,1955年迪士尼公司于美国洛杉矶建立了第一家迪士尼乐园,此后奥兰多、巴黎、东京以及香港迪士尼乐园也陆续建成。迪士尼乐园与其他主题公园最大的不同就是迪士尼的品牌基础、鲜明的主题与独特的卡通资源。

迪士尼乐园里面每一个游乐设施都是基于迪士尼有影响力的动画片或者电影设计的。整个公园的建设都以迪士尼的动画或电影为基调,它的理念就是让人们进入了迪士尼乐园就如同进入了童话世界,进入了迪士尼的动画片中。每一个迪士尼乐园都有一个标志性的建筑物——某一位公主的城堡，公园中的任何设施都是仿造动画片里的样子做成的。每当迪士尼推出一部成功的大片，迪士尼乐园里就会出现相应的游乐设施。比如在奥兰多迪士尼乐园的魔法王国中，有"小飞象""灰姑娘的旋转木马""白雪公主""阿拉丁的魔毯""玩具总动员""星际宝贝""小熊维尼历险""小飞侠"等游乐设施。乐园中包含了几乎所有迪士尼成功的动画片。《加勒比海盗》是迪士尼一部创造了票房奇迹的电影。影片成功之后，迪士尼乐园中马上出现了相应的游乐设施——"加勒比海盗"。整个游乐区域都是按照《加勒比海盗》电影中的场景设计的，以水为依托，游客坐在船上，观赏两边《加勒比海盗》电影中的模拟场景，仿佛进入电影的情节之中。

每当一部新电影或动画片成功后，与之相关的周边产品会立即出现在迪士尼乐园或者商场里的迪士尼店铺中。动画人物玩偶是最具代表性、最传统的一种周边产品。迪士尼在每一个游乐设施旁都会设置一家店铺，以"加勒比海盗"为例，走出"加勒比海盗"游乐区，游客会进入一家商店，商店里卖的东西都是与该影片、该游乐设施相关的产品，如《加勒比海盗》里人物的服装、宝物、帽子、鞋子，以及相关的T恤、DVD、玩具等应有尽有。对电影喜爱并且在玩的过程中有愉快体验的人都会在店里带一些纪念品回去。

迪士尼乐园会定期举办各种不同类型的主题活动，比如"公主与海盗的化装派对"，游客们需要购买比普通门票贵一些的门票入场，同时装扮成动画片中的公主或者海盗的样子在公园里参加各种各样的娱乐活动。门票仅是一部分收入，而这些特殊的服饰是迪士尼更大的卖点，迪士尼的商店为游客提供各式各样的服装与道具，白雪公主的裙子、睡美人的裙子、《加勒比海盗》里杰克船长的衣服和帽子等，这些服装和道具与电影中的一模一样，一件公主的裙子或海盗的服装至少100美元，而这些公主与海盗的服装，几乎只有在迪士尼的商店中才能买到。迪士尼在这方面的产品衍生是非常巧妙的，由于这些服装在现实生活中根本不可能每天穿，而迪士尼还想在这些一辈子都少有机会穿的衣服上面"做文章"，于是创造了这些主题派对，也为人们创造了一次穿迪士尼昂贵服饰的机会。迪士尼不仅在门票上赚了一笔，在商品上更是大赚特赚。

在奥兰多迪士尼乐园，迪士尼几乎垄断了乐园周边所有的酒店和饭店，由于迪士尼的面积巨大、园区众多，一趟迪士尼的旅行至少要一周的时间，这一周之内的吃穿住行都会是在迪士尼的酒店里。迪士尼公司也推出了有迪士尼特色的航海线路，大大增加了其利润。

一件质量相同的T恤衫，在其他品牌的商店中如果卖10美元，在迪士尼乐园的商品店里就能卖到15美元，因为此时对于游客来说，这不仅仅是一件可以穿的衣服，而且承载着他们对电影的喜爱之情，是记录着乐园中美好回忆的纪念品。所以，此时游客对价格已经不那么敏感。迪士尼在以电影为依托的产业链中获得的收入远远超过了迪士尼电影票房收入。这些产业链中的收入构成了迪士尼收入的主要部分，成为迪士尼最主要但却最不容易被察觉的赢利部分。

迪士尼对其文化产品的衍生并不局限于周边产品和迪士尼乐园，其还会在成功的电影或动画片的基础上推出各种新的衍生文化产品进行再次销售。1992迪士尼公司推出了《狮子王》这部动画片，这是迪士尼历史上较为成功的动画片之一，它在全世界都获得了极高的票房，《狮子王》成功的一个原因就在于电影中有很多非常好听、非常经典的歌曲，迪士尼在《狮子王》"火"了后没有停留在原地，而是对其进行进一步开发，经过几年的时间，创造出了一部经典的音乐剧——《狮子王》，这部音乐剧以《狮子王》动画片中的歌曲为依托，以动画片中的故事情节为内容，以音乐剧的形式将《狮子王》重新演绎，这种新的形式也极为成功，自从推出以来，《狮子王》在纽约百老汇一直有着极高的票房，而且该音乐剧已经开始在世界范围内进行大规模的巡演，上海大剧院也在2006年引进《狮子王》音乐剧，并且取得了极大的成功。《狮子王》音乐剧使得《狮子王》动画片的生命力延续至今。继《狮子王》音乐剧取得成功后，迪士尼又推出了《小美人鱼》《歌舞青春》等电影相对应的歌舞剧，并且已经在全世界巡演，票房成绩都非常辉煌。这种类型的产品衍生使得一种文化产品的影响越来越广，产品的生命周期被延长了数倍，而且其给商家带来的额外价值是巨大的。

不仅迪士尼在努力实现产品链条的延伸，当前国内外成熟的文化企业在一个具有自主知识产权的文化产品开发出来以后，都极尽可能地做长相关产品的链条，而在这方面华强科技文化公司无疑是国内做得比较好的企业。

湖南文化产业的发展也需要尽可能地发挥文化产业核心层的辐射作用，做好文化产业核心层衍生产品的开发。

第一，在更多的领域开发文化产品。文化产业发展最艰难的环节是创意，是创新，因此一个创意产品完成以后必须最大限度地对该项产品的商业价值进行挖掘。

但在文化产业发展的实践中，我们常见到的是，一些优秀的文学艺术作品、创意产品出现以后，产权拥有者或者相关公司并未对其进行深度开发，因而未能最大限度地挖掘其商业价值。而一些成熟的文化企业一旦得到某种文化产品的知识产权以后，则是尽可能地挖掘其商业价值，在不同的领域对文化产品进行再创作、再加工，以尽可能多地占有市场，实现企业利润的最大化。多领域地对文化产品进行开发，实际上就是以不同的方式将文化产品的核心创意（或主题思想）进行表现和演绎。以中国古典名著《三国演义》为例，围绕《三国演义》进行开发的文化产品已经有图书、电影、电视剧、电脑游戏（单机版游戏和网络游戏）、漫画、影视基地等。国内外围绕《三国演义》进行的系列文化产品开发，就是对《三国演义》这部小说题材的多角度、多领域展示。

对于湖南文化产业而言，我们有许多拥有自主知识产权的文化产品，但我们对其进行开发的领域是比较狭窄的，没有能够深度挖掘其商业价值。因此，转换湖南文化产业发展方式，需要文化企业对拥有自主知识产权的文化产品实施跨行业、跨领域的合作，以拓展文化产品的价值。

第二，做好文化产品衍生产品的开发。对于已经取得一定市场影响力和市场知名度的文化产品来说，除了对其进行多领域的展示外，还需要做好其衍生产品的开发。迪士尼向我们展示了如何有效地进行衍生产品的开发，从动漫到主题公园，再到玩具、服饰、纪念品等，迪士尼打造了一个完整的产业链条，使公司创意层人员劳动的价值最大限度地得到了应用。日本文化产业的发展也是尽最大可能地做好产业链的开发，日本动漫产业的链条是从漫画杂志、漫画图书到动画（电视动画、电影动画、广播剧动画、舞台剧动画、手机动画、网络动画、数字动画等），再从动画到娱乐游戏软件（网络游戏）、符号形象商品和相关版权产业。

做好文化产品的产业链开发，也要注意做好科学的设计，不可贪大求全，一旦规模超出了自己的掌控能力，不仅不能起到产业链延伸的作用，还有可能导致整体产品开发的失败。在这一方面，湖南文化产业界已经有了深刻的教训，1999年，3000多集《蓝猫淘气三千问》的推出，开创了中国动漫全新的"知识动画"模式。《蓝猫淘气三千问》包括《幽默系列》《恐龙时代》《海洋世界》等七大系列，累计节目量7万多分钟。该片因此被上海吉尼斯大世界总部认定为"世界最长动画片"，并获得包括年度优秀动画片奖、金童奖等在内的40多项国家级奖项。

蓝猫系列作品开创了中国动画节目的收视奇迹。《蓝猫淘气三千问》曾在中央电视台、金鹰卡通等全国近1000家电视台持续播出，节目覆盖率达100%，每天固定保持8000万名以上的收视观众。与此同时，"蓝猫"代表中国动画"走出去"，成功将版权输出到东南亚、中东以及欧洲等36个国家和地区。

动画节目成功以后，公司也对"蓝猫"进行了产业链开发，并形成了"海量的荧屏播放—创造出品牌动漫形象—品牌带动衍生品授权—产业反哺节目制作"的"蓝猫模式"。这一产业链的成功运作使得"蓝猫"在短短几年内一跃成为国内知名品牌,产值一度达到20亿元,并于2004年2月被国家工商总局认定为"中国驰名商标"。到2004年,公司先后与十余个知名企业达成品牌合作,开发出横跨图书、音像、文具、玩具、服装、食品、日用品等十几个行业的系列衍生产品6600多个品种,在全国建立了4000多个"蓝猫"专卖店。但贪大求全的开发模式使"蓝猫"的产业链扩张太快、产业分布太广,理论和实践人才储备严重不足、物流管理和公司内部管理机制都跟不上等一系列制约因素最终导致了"蓝猫"品牌在市场上的昙花一现和其品牌形象的衰落。

3. "拿来主义"与文化产业发展方式转型

创新是文化产业发展的关键,但创新也是文化产业发展难度最大的一环。如何以最小的投入获得文化产品的创意?"拿来主义"也是文化产业发展过程中企业常用的一种初级创意模式。

案例:日本动漫中的"拿来主义"

"拿来主义"在日本文化产业界已经成为文化产业发展的一种模式。特别是在日本动漫产业的创作上,日本人很好地体现了"拿来主义"精神。我们以日本动漫界对中国古典名著《西游记》的开发为例来看看日本文化产业是如何坚持"拿来主义"精神的。

1941~1964年,中国的万氏四兄弟制作了《铁扇公主》《猪八戒吃西瓜》《大闹天宫》等一系列的《西游记》动画影片,在世界上取得了相当大的成功,使得当时的中国动画备受世界瞩目。日本现代动漫之父手冢治虫就是因为曾观看过《铁扇公主》而走入了动画行业。

1952 年，手冢参与了动画片《我的孙悟空》的制作，并于 1988 年中国行之后创作了动画片《孙悟空》。这是关于《西游记》动画较为早期的作品。

鸟山明的《龙珠》，在我国又被译为《七龙珠》，是一部和《西游记》关系密切的动画。《龙珠》系列动画有三部——《龙珠》、《龙珠 Z》以及《龙珠 GT》。动画以寻找散落于世界的龙珠为背景，讲述了孙悟空从小时候一直到结婚生子，有了自己的孩子、孙子，最后和龙珠一起离开这个世界的故事。不论是在日本，还是在中国，都有很多观众喜欢《龙珠》。

《龙珠》的主角虽然叫孙悟空，也长有尾巴（后来被剪掉了），但和《西游记》中的孙悟空却是差了十万八千里。这个孙悟空不是从石头里蹦出来的，而是来自外星球。不过，他也使用金箍棒，也会乘筋斗云。和《西游记》里唐僧师徒千辛万苦求取真经一样，《龙珠》里的孙悟空和美女科学家一起历经艰辛寻找龙珠。唐僧取得真经经历了九九八十一难，而孙悟空一行为了找到龙珠，也不停地和各路人马恶战。猪八戒的形象在《龙珠》里得到了保留，化身为小八戒，并且同样好色，同样抢了别人的女儿当新娘但又被孙悟空给骗了。牛魔王在《龙珠》里依然存在，也有一把芭蕉扇。不过，他的孩子不是红孩儿，而是女儿琪琪，而这个女儿最后嫁给了孙悟空。《龙珠》里很多人物情节都和《西游记》相似，除了上面提到的小八戒、牛魔王，还有一位和二郎神一样有着三只眼睛的天津饭，金角大王和银角大王二位也在《龙珠》里客串了一把。

另一部热血动画《火影忍者》里也有《西游记》的影子。主角鸣人最拿手的绝活——变身术、分身术，可以说都是从孙悟空的72变和拔毫毛中演绎而来的。而三代火影在战斗中，召唤出了猿魔，猿魔变化成伸缩自如的如意金箍棒，同时三代火影反背着金箍棒的样子都跟《西游记》中的孙悟空差不多。

另一部和《西游记》关系密切的动画是峰仓和也的《最游记》。这部动画最大限度地使用了《西游记》，但又对《西游记》进行了极大的改动。动画的主角依然是师徒四人，除了师傅的名字由唐僧改为三藏法师之外，其余四人没有改动，但动画背景变成了现代，三藏坐的不再是白龙马，而是白龙幻化的吉普车。但动画里人物性格、故事背景以及故事的进程，都和《西游记》大相径庭。《最游记》里，师傅四人不是为了取经而踏上征程，而是为了阻止妖怪牛魔王的复活。三藏也不是我们熟悉的翩翩佳公子，而是一个叼着烟、手持一把枪、脾气暴躁的帅哥，而且不再是只会等着别人救的师傅，他的本领好得不能再好。《西游记》里的大英雄孙悟空，在这里是一个贪吃的妖怪，整天叫嚷着"饿死了"，和我们熟知的孙大圣全然不同。孙悟空曾经因为发狂而被铁链囚禁，后来被三藏救下，从此跟随三藏。这个情节跟《西游记》里孙大圣囚困五行山后被唐僧解救十分相似。猪八戒和沙僧的变化也十分巨大，八戒温柔、善解人意，而且有着悲惨的过去（深爱的人是自己的姐姐，被妖怪抓去怀上了孩子，在八戒面前自杀），时常调节其余三人的矛盾；沙僧是人和妖的后代，无比好色，只要看见一个女的就想过去搭讪，还喜好打牌。这一个四人组，在西行路上，演绎了无数救赎人心灵的故事。

《西游记》在日本广受欢迎，很多本来与《西游记》毫无关系的动漫，也加入了"西游"因子。备受小朋友喜爱的《哆啦A梦》，讲述了一个未来机器人穿越时空来到现代的故事，几乎影响了好几代人。其后推出的名叫《大雄的平行西游记》的剧场版，便是以《西游记》为创作背景的。故事讲述了想当孙悟空的大雄借助哆啦A梦的机器假扮了一回，但由于机器没有关好，妖怪跑出来作怪，最后还统治了世界。为了保护世界，大雄他们再一次假扮孙悟空等角色，最终打败妖怪，还原了历史。同样的情况，在《蜡笔小新》里也出现过。

不只是日本在文化产业发展中奉行"拿来主义"，迪士尼公司近年来也对中国文化展开了"拿来主义"，《花木兰》就是其中一个典型的案例。

诸如迪士尼这样的大公司也需要奉行"拿来主义"，充分说明了文化产业创新的艰难，文化创意产业发展的艰难。因此，对于湖南文化产业发展来说，我们也需要奉行"拿来主义"精神，对于不同文化背景下的文化产品，只要不侵犯知识产权，都可以拿来为我所用，这是文化产业创意积累的初级形式。

4. 增强文化产业的"可参观性"

无论是湖南文化产业结构的调整，还是湖南文化产业整体形象的提升和品牌形象的塑造，都需要我们加大对湖南文化产业的展示力度，提升湖南文化产业的"可参观性"。

所谓"可参观性"，也就是通过把"别处"转移到此地的方式将文化产品或者文化资源以物（主要为建筑陈列）或者表演的方式向观众展示，以打造文化景点或者提升文化资源和文化产品的影响力。深圳和长沙的世界之窗、云南民族村以及迪士尼乐园、方特主题主园就是文化"可参观性"的典型代表。

实现湖南文化产业发展方式转变需要强化湖南文化产业的"可参观性"生产，这种"可参观性"的生产主要是将湖南现有的文化资源（包括传统文化资源、民族文化资源以及文化企业的产品）加以集中展示，以帮助民众全方位地了解湖南文化资源与文化产业发展所取得的成就，在打造新的文化旅游资源和文化品牌的同时提升湖南文化产业的知名度。

"可参观的文化"——云南民族村彝族文化的展示

第五章

湖南文化产业发展方式转变的个案设计

一 高校为文化产业提供人才支撑的个案设计
——以历史学专业与文化产业对接为例

（一）人才资本是文化产业发展最重要的资本

文化产业要素聚积的中心在创意。文化产业需要创意阶层、城市环境、社会资本与政府、企业的共同协力推动；同时，城市资本、制度资本、人力资本、文化资本与社会资本构成了文化产业的基本结构。然而，对于知名文化品牌的培育，财力大小只是一个必要条件，关键还是要靠文化企业的自主创新能力，特别是要看它能否满足公众需求和符合文化市场现实，有效组织经营。

创意的核心在于人才。文化产业中文化和智慧高度集中，人才是文化创意的关键，尤其是文化企业家；在提升文化产业竞争力时拥有大量的各类文化产业人才，将成为夺取文化产业发展制高点的决胜因素。比如 1993 年斯皮尔伯格与大卫·葛芬及杰弗里·卡赞伯格组建

"梦工厂"时注册资本并不多,但是美国评论界认为"公司资本的市值至少有1亿多美元,因为大导演的才华、创意和名声是巨大的无形资产,而且通过智能资源,可以有效组合其他的有形资源,并且最终获得好的投资回报"。而许多大型银行和投资公司确实争先恐后地向"梦工厂"提供贷款,因为他们看好其巨大的投资前景。在国内也是如此,《集结号》及《夜宴》之所以能获得金融支持,正是因为冯小刚所具有的品牌价值。

人才培养必须有基地,基地又必须依托高校。文化创意包括四种类型,即技术创新型、文化智力型、文化技术型、技术组织型等,显然这些创意均离不开大学的智力与技术支撑。如在文化产业相对发达的韩国,其多元立体化的文化产业人才培养方式的核心就是通过产、学、研联手,依托院校、网络及其他教育机构进行培养,但其人才培养的主阵地仍然是高等院校。

当然,高校教学改革也决不能游离于当前文化产业中心话题之外。如中国传媒大学不仅开设有"创意导向"专业,而且课程还设置有"媒体创意""国际文化贸易""文化产业管理"等,据悉该专业所培养人才的市场需求非常旺盛。

2004年10月联合国教科文组织提出建设创意城市网络目标。这个网络涵盖文学之都、电影之都、音乐之都、民间手工艺之都、设计之都、媒体艺术之都和美食之都7大类。目前被联合国教科文组织命名的设计之都有7个,其中中国深圳、上海被列入。[①] 深圳是当代中

---

① 2010年2月,中国深圳、上海被联合国教科文组织命名为"设计之都"。参见曾军、陈鸣、朱洪举《创意城市文化创造世界》,格致出版社、上海人民出版社,2010,第117~124页。

国设计先驱，其成绩的取得有赖于一批有影响力的大学，其中，深圳大学是我国最早开设设计课程的高校，此外，深圳市以软件设计和怡景国家动漫画产业基地尤为著名。上海作为设计之都，得益于综合效应：历史悠久、产业发达、研究实力雄厚等。2004年12月，上海首批"原创设计大师工作室"正式授牌，共11家，其中有2家与高校直接相关，同济大学设计创意学院在世界上尤为著名；2009年，由同济大学、清华大学、香港理工大学和米兰理工大学等共同成立"社会创新和可持续设计联盟（中国）"，影响较大。目前被联合国教科文组织命名的美食之都有2个，中国成都已被列入。① 在中国美食文化史上，成都创办了最早的酿酒工厂、最早的茶文化中心，当前正致力于建设"美食之都"的六大基地和一个高地，同样大都与高等学校有关。

从目前全国来看，高等学校文化产业学科建设起步晚、经验少，发展路径与建设思路差别较大。比如，文化产业管理专业的设置大多依托汉语言文学、历史学、艺术学、传播学等学科，在人才培养上也更多体现出了上述学科的特点。目前，湖南师范大学、湘潭大学、吉首大学和湖南商学院已开办了文化产业管理专业，但经调查得知，上述院校的文化产业管理专业一方面招生规模较小，另一方面毕业生就业市场并不广阔。湖南文理学院2011年恰逢学科专业建设改造与调整，经过广泛调研、反复论证，湖南文理学院决定根据人才市场需求及经济社会发展需要，并结合地方特色，对原有历史学专业进行改造，在保持历史学学科特点的基础上，适当融入文艺学、新闻学等专

---

① 2010年2月，中国成都被联合国教科文组织命名为"美食之都"。参见曾军、陈鸣、朱洪举《创意城市文化创造世界》，格致出版社、上海人民出版社，2010，第125页。

业资源，设置区域历史与文化产业方向，旨在为湖南省乃至全国培养区域历史与文化产业管理及创意方面的高层次人才。

(二) 历史学：区域历史与文化产业方向人才培养方案

1. 培养目标与培养要求

该专业方向的培养目标是：培养具有比较全面的历史学知识和文化产业管理知识，了解区域历史发展状况，具备文化管理、开发、研究能力，具有现代历史意识、现代化文化管理理念的人才。

该专业方向的培养要求：一是要求学生热爱社会主义祖国，热爱祖国的历史与文化，拥护中国共产党领导；掌握马列主义、毛泽东思想、邓小平理论的基本原理和"三个代表"重要思想、科学发展观的精神实质，达到国家规定的大学生英语、计算机、体育合格标准，拥有健康的体魄以及良好的心理素质、社会公德和职业道德。二是要求学生具备人文精神、科学精神和较高的文化素养，具有现代化观念，特别是现代文化观念；较好地掌握历史学和文化产业方面的基础知识、基本技能；树立辩证唯物主义和历史唯物主义世界观，掌握历史学科的基本理论、基础知识和基本研究方法；了解文化以及文化管理的最新理论和发展动态；对有关的社会科学、人文科学和自然科学的理论和知识有一定的掌握和了解，具备适应人文社科领域业务工作的基本知识和能力；初步具备在文化事业单位等从事实际工作和开拓创新的能力。

2. 课程设置

主要课程：中国古代史、中国近现代史、世界古代史、世界近现代史、湖湘历史文化史略、管理学原理、经济学原理、艺术美学、文化资源概论、文化创意与策划、文化产业概论、人力资源开发与管理、文化政策与法规、文化项目策划与管理。

特色课程：常德历史文化、湖湘文化通论、非物质文化遗产保护。

课程结构分类统计与毕业学分情况见表5-1。

表5-1 课程结构分类统计与毕业学分

课程类别	学分比例(%)	修读形式	课程内容（模块）或要求	理论学分	实践学分	学分
学校及大类专业课程平台（公共基础课程）	29	必修	公共基础课程	25.5	14	39.5
		选修	文化素质教育与知识拓展：①课程修读。选修自科类2学分、公共艺术限选2学分 ②创新学分和技能学分	8	—	8
学科基础互通课程平台（学科基础课程）	53.2	必修	学科基础课程	23	—	23
专业共性课程平台（专业课程、专业方向课程）		必修	专业课程、专业基础课程	33	1	34
			专业集中实践	—	30	30
专业方向课程	12.9	必修	专业方向课程	19	1.5	20.5
专业个性课程平台	4.9	选修	专业任选课程（按要求修满规定学分）	10	—	10
合 计	100	—	—	118.5	46.5	165

3. 实践教学环节

集中实践：军事训练、专业考察、地方历史文化考察、文化产业考察、专业见习、毕业实习、毕业论文与答辩。

4. 学期教学安排（见表5-2、表5-3）

表5-2 课程教学安排

课程类别	课程编号	课程名称	教学时数 理论	教学时数 实践	教学时数 课外	学分	周学时	开课学期	考核方式
公共基础课程平台（必修）	10000001	思想道德修养与法律基础	28	16	—	2.5	2	1-秋	考查
	10000003	马克思主义基本原理	40	16	—	3	3	2-秋	考试
	10000004	毛泽东思想和中国特色社会主义理论体系概论	48	32	—	4.5	4	2-春	考试
	10000005	形势与政策	16	16	96	2	—		考查
	10000006	大学英语（一）	48	18	13	4	4	1-秋	考试
	10000007	大学英语（二）	40	18	16	3.5	5	1-春	考试
	10000008	大学英语（三）	48	18	16	4	4	2-秋	考试
	10000009	大学英语（四）	40	18	16	3.5	5	2-春	考试
	10000010	计算机文化基础	30	30	13	2.5	4	1-秋	考试
	10000011	计算机技术基础	28	28	17	2.5	4	1-春	考试
	10000013	文艺鉴赏学	28	—	—	1.5	2	1-秋	考查
	10000014	大学体育与健康（一）	28		10	1	2	1-秋	考查
	10000015	大学体育与健康（二）	26		10	1	2	1-春	考查
	10000016	大学体育与健康（三）	26		10	1	2	2-秋	考查
	10000017	大学体育与健康（四）	26		10	1	2	2-春	考查
	10000018	大学生就业指导	12	14	12	0.5	—	1-秋 3-春	考查
	10000019	大学生心理教育	12	—	12	0.5	—		考查
	10000020	军事理论	10		22	0.5	—	1-秋	考查
	10000021	军事训练	—	2周	—	1	—	1-夏	考查
		小 计	534	224+2周	273	39.5	—	—	—

续表

课程类别	课程编号	课程名称	教学时数			学分	周学时	开课学期	考核方式
			理论	实践	课外				
学科基础课程平台（必修）	10043001	中国近现代史	54	—	—	3	4	1-秋	考试
	10043002	中国古代史	54	—	—	3	4	1-春	考试
	10043003	湖湘历史文化史略	54	—	—	3	3	1-春	考试
	10043004	世界古代史	54	—	—	3	4	1-秋	考试
	10043005	世界近现代史	54	—	—	3	4	1-春	考查
	10043006	管理学原理	54	—	—	3	3	2-春	考试
	10043007	艺术美学	36	—	—	2	3	2-春	考查
	10043008	经济学原理	54	—	—	3	3	3-秋	考查
		小　计	414	—	—	23	28	—	—
专业共性课程平台（必修）	10043009	中国历史文选	54	—	—	3	4	1-秋	考试
	10043010	文化产业概论	54	—	—	3	3	1-春	考试
	10043011	中国古代文化史	54	—	—	3	3	2-秋	考查
	10043012	中国历史地理	54	—	—	3	3	2-秋	考试
	10043013	常德历史文化	32	—	—	2	2	2-秋	考查
	10043014	史学方法论	54	—	—	3	3	2-秋	考查
	10043015	公共财务	54	—	—	3	3	2-秋	考查
	10043016	应用文写作	28	16	—	3	3	2-春	考试
	10043017	文化创意与策划	54	—	—	3	3	3-秋	考查
	10043018	民俗学与区域文化	28	16	—	3	3	3-秋	考查
	10043019	地方史研究与编纂	54	—	—	3	3	4-秋	考试
	10043020	湖湘文化通论	36	—	—	2	2	4-秋	考查
		小　计	556	32	—	34	35	—	—
专业方向课程									
专业个性课程平台（选修）	10043021	非物质文化遗产保护	32	—	16	2	2	2-秋	考查
	10043022	文化政策与法规	36	—	—	2	2	2-春	考查
	10043023	社会调查策划与实践	36	18	—	2.5	3	3-秋	考试
	10043024	人力资源开发与管理	54	—	—	3	3	3-秋	考试
	10043025	文化资源概论	54	—	—	3	3	3-春	考试

续表

课程类别	课程编号	课程名称	教学时数 理论	教学时数 实践	教学时数 课外	学分	周学时	开课学期	考核方式
专业个性课程平台（选修）	10043026	文化项目策划与管理	36	18	16	2.5	3	3-春	考试
	10043027	文化产业运营管理	54	—	—	3	3	3-春	考试
	10043028	管理信息系统	36	18	16	2.5	3	4-秋	考试
		小计	338	54	48	20.5	22	—	

专业任选课程

课程类别	课程编号	课程名称	教学时数 理论	教学时数 实践	教学时数 课外	学分	周学时	开课学期	考核方式
专业个性课程平台（选修）	10043029	现代办公技术与多媒体制作	32	—		2	2	3-秋	考查
	10043030	知识产权概论	32	—		2	2	3-秋	考查
	10043031	文化市场营销	32	16		2	2	3-秋	考查
	10043032	文化概论	32	—		2	2	3-春	考查
	10043033	考古与古玩鉴定	32	8		2	2	3-春	考查
	10043034	战后美国外交史	32	—		2	2	3-春	考查
	10043035	公关礼仪	32	16		2	2	4-秋	考查
	10043036	中外名著导读	32	—		2	2	4-秋	考查
		选修10个学分							

表5-3 集中实践教学安排

课程编号	课程名称	教学时数	学分	开课学期	考核方式	主要教学内容
10043037	专业考察（一）	2周	2	1-夏	考查	文化遗产考察
10043038	专业考察（二）	2周	2	2-夏	考查	文化事业管理考察
10043039	专业考察（三）	4周	4	3-夏	考查	文化产业企业考察
10043040	地方历史文化考察	2周	2	3-夏	考查	省内地方历史文化考察
10043041	专业见习	4周	4	4-秋	考查	在实习单位进行专业见习，撰写见习报告

续表

课程编号	课程名称	教学时数	学分	开课学期	考核方式	主要教学内容
10043042	毕业实习	4周	4	4-春	考查	在实习单位进行专业实习，撰写实习报告
10043043	毕业论文写作与答辩	12周	12	4-春	考查	开题2周；论文撰写9周；论文答辩1周
合计		30周	30	—	—	—

（三）湖南文理学院与地方文化产业对接的有益尝试

湖南文理学院是一所地方本科院校，学校在狠抓教学科研质量工程的同时，特别关注常德地方经济和文化建设，长期与地方政府保持对接，积极参与政府决策咨询和文化名城建设活动，最近几年在文化产业转型研究和文化产业成果转化等方面做出了一些有益的探讨。

1. 文化产业转型研究受到省级领导的高度重视

湖南文理学院于2010年承担了中共湖南省委宣传部重大委托课题"加快湖南文化产业发展方式转变对策研究"，课题组首席专家吸纳常德市人民政府和湖南文理学院文化政策和文化产业研究方面的专家学者，在开展大量实地调查和数据分析的基础上，形成了一份15万字左右的结题报告，于2012年9月完成研究并结题，取得优秀等级评价。时任省委书记的周强，省委常委、省委宣传部长许又声等领导进行了批示，成为近几年湖南省文化产业发展政策制定的重要依据之一。

2. 地方历史文化研究助推常德文化名城建设

一是以梁颂成教授、佘丹清教授、雷斌慧博士、李云安博士等为主要成员的地方历史文献研究团队,近年来先后推出了《清康熙安乡县志校注》(大众文艺出版社,2008)、《明万历桃源县志校注》(大众文艺出版社,2008)、《太阳山柳叶湖文化》(中南大学出版社,2009)、《德山善德文化》(中南大学出版社,2010)、《屈原与武陵文化》(中南大学出版社,2011)、《清光绪桃源县志校注》(中南大学出版社,2013)等,不仅极大地丰富了常德地方历史文献资料,而且为常德文化名城建设提供了有力的智力支持。例如,常德市人大代表、政协委员依据梁颂成教授的《屈原与武陵文化》,成功动议将市区的临江公园更名为"屈原公园";常德市人大代表、政协委员依据魏饴教授主持的刘禹锡研究会和刘梦初教授的《刘禹锡朗州诗文研究》等成果,成功动议在柳叶湖风景区兴建了刘禹锡塑像与司马楼;澧县荆河戏保护中心于2012年根据周星林教授的《蒋翊武评传》创作了大型历史剧《蒋翊武》,参加湖南省第四届艺术节并获田汉新剧目奖;常德汉剧高腔保护中心依据周尚义教授等人出版的《孟姜女的传说》,于2015年创作了大型新编历史剧《孟姜女传奇》,参加湖南省第五届艺术节;等等。

二是以陈致远教授、朱清如副教授、周勇博士、罗运胜博士、张华博士等为主要成员的常德抗战文化研究团队,对侵华日军细菌战、常德会战的研究成果颇丰,在国内外产生了很大影响。2003年,以陈致远教授为首的历史专家团队,组建了国内第一个"侵华日军细菌战研究所",开始搜集日军在常德地区实施细菌战的罪行,并于2007年以"侵华日军细菌战罪行研究"获得国家社科基金项目支持,于2010年结题;2014年以"中国南方地区侵华日军细菌战研究(湖南及周边地区)"获得国家社科基金重大委托课题立项(14@ZH025)。该团队迄今成功举办了三次"侵华日军细菌战罪行研究国际学术研讨会",出版了《日本侵华细菌战》(中国社会科学出版社,2014)、《纪实:侵华日军常德细菌战》(中国社会科学出版社,2015)、《控诉:侵华日军常德细菌战受害调查》(中国社会科学出版社,2015)、《罪证:侵华日军常德细菌战史料集成》(中国社会科学出版社,2015)、《常德会战史研究》(湖南人民出版社,2014)等。

湖南常德是抗战时期全国唯一一座既经历细菌战又经历大会战的城市,她有着其他城市不可比拟的历史文化记忆。朱清如副教授的"常德抗战历史文化研究"(13JD41)获省社科基金立项、周勇博士的"常德会战与常德文化精神之构建"(14K067)获省教育厅创新平台开放基金立项。在这个团队的不懈努力下,常德市政协向省政协递交了"不忘历史,缅怀先烈,打造常德二战英雄城"的动议,此提案经湖南省政协呈递,成为2015年全国政协会议的"一号提案",在全国产生了很大影响。

三是以熊英教授、周星林教授为主要成员的地方历史名人研究团队,引领地方文化产业的研发。首先是熊英教授、周星林教授先后在本科生中开设了《常德历史名人与湖湘文化》《辛亥沅澧人物史话》《文化产业新论》等课程,在很大程度上引导了青年学子对地方历史文化的浓厚兴趣,同时也引起了地方政府对高校文化产业研究的高度关注。例如,历史专业学生在广泛参与社会调查基础上形成的《湘西土家织锦历史文化考》被列入"国家大学生创新创业训练计划",并与《赵必振与中国马克思主义的早期传播》分别获得第十一届"挑战杯"湖南省大学生课外学术科技作品竞赛二等奖、三等奖，赵必振的家乡常德市鼎城区石板滩镇意向与学校合作，签订联合开发红色旅游景区的协议；湖南省常德市市委宣传部对《兴建辛亥常德三杰纪念堂，打造常德旅游文化新品牌》的文案予以立项，并委托湖南文理学院文史学院1911影视工作室制作《辛亥三杰影视资料汇集》专题片。其次是熊英教授依托省级课题"宋教仁精神研究"，与宋教仁桃源研究会进行横向联合，出版了专著《宋教仁精神研究》，并成功举行了首发式暨海峡两岸学术研讨会，由此催生的32集电视连续剧《宋教仁》在北京立项。最后是周星林教授以《蒋翊武评传》为蓝本创作的电影剧本《辛亥元勋》由北京市广电局以国家重大历史题材电影立项，该片以魏饴教授为总监制，以佘丹清教授、夏子科教授为监制，引进拍摄资金1600多万元，于2014年顺利出品，并在湖南文理学院举行了首映，在潇湘国际院线公映，还入围了第23届中国金鸡百花电影节，获新片奖。

二 "一城一品"个案设计："常德·梦幻桃花源"创意构想

——常德市旅游演出产业品牌的策划与创意

[**内容摘要**]：一座城市的文化产业品牌对其形象树立、文化发展、经济建设、魅力辐射有着重要的作用。"常德·梦幻桃花源"就是立足湘西北历史文化名城——常德，在对国内演出产业品牌现状进行调研的背景下，分析常德市旅游演出品牌营造的可能性与可行性后，而精心策划的一台精美的文化大餐，是一次成功的旅游演出产业

品牌设计。晚会将展示常德丰富历史文化遗产中影响广泛的经典代表，以"先祖故园'城头山'"的中华文明起源为序，涵盖"善德篇""大义篇""爱情篇""民俗篇""寻梦篇"五大篇章，每一篇章的策划均融入了文化背景、品牌价值、编导创意。篇章呈现的内容经精心遴选、叙述的情节环环相扣、渲染的情绪步步提升、艺术价值无限延伸，使观众在历史与人生、爱情与梦想的艺术氛围中得到完美的体验与升华。"常德·梦幻桃花源"的个案设计意欲为湖南省再次打造一台旅游精品节目而建言献策、摇旗擂鼓。

本课题所界定的"一城一品"（也可称"一城多品"），指在文化产业的各个领域与行业中，每一个城市都围绕一个或多个文化产业努力打造自己的产业品牌，使这些文化产业品牌成为城市的名片和代言。文化产业品牌的建立不仅将促进城市的经济和文化建设，对城市的品牌辐射与魅力提升也发挥着重要作用。

在湖南强劲的文化产业领域，常德市目前能排在前列的仅印刷产业一项。因而，常德尚有一系列的文化产业需积极跟进和举力发展，同时，一些行业领域也有基础、有可能在省内成为该产业领域的精英。

在湖南多个演出类品牌名扬全国甚至远播海内外之时，课题组立足常德，认为常德市有必要、有机会、有可能跻身前列，特提出"常德·梦幻桃花源"演出产业品牌的策划案。

（一）演出产业品牌的概念、类型及其他

品牌的原意是有形产品的商标，后指高品质产品的名称或企业名；后来又从有形引申到无形，泛指某一领域的领先代表。例如，城市类品牌（园林城市、卫生城市等），教育类品牌（特色专业、精品课程等），演出类品牌（国家大剧院、中央交响乐团、中央电视台春节联欢晚会等）等，各行业、各类型、各角度、各年代都可以有品牌。

演出产业品牌，不同于演出品牌。其共性为都是有一定影响力的文艺产品，区别在于是否产生经济价值。演出品牌可以因为高雅艺术事业或节庆活动的需要由政府拨款或组委会投资，往往不产生或产生极少的门票收入，注重的是演出的社会、政治、文化意义；而演出产业品牌是在政府的引导下由文化企业运作的，注重投入的有效性，在追求艺术价值的同时最大化地追求门票产出的经济价值。2010年10月，文化部和国家旅游局共同组织评审并公布的35项"国家文化旅游重点项目名录——旅游演出类"，就是借助旅游目的地的游客市场而形成的演出产业品牌。

文艺演出产业的形态根据剧目的流动性或固定性分为两大类型：一类是以文化中心城市为主导的剧目流动性的剧场式"传统演出"，也可以称为"常规演出"；另一类是以旅游目的地为核心的剧目固定性的旅游文艺演出，简称为"旅游演出"。目前，国内的旅游演出往往依据演出的场所分为剧场类（如上海的"ERA-时空之旅"）、实景类（如广西的"印象·刘三姐"）、主题公园类（如深圳的"创世纪"）、巡演类（如云南的"云南映象"）等几种主要类型。

但人们对演出的分类，仍然习惯于从艺术门类来区分。据《北京演出市场调研报告》，传统演出按其艺术门类分为演唱会、音乐类

（音乐会、音乐剧、歌剧等）、话剧类、京剧类、地方戏曲（昆曲、昆剧、越剧等地方戏）、曲艺类（相声、评书等）、歌舞类（歌舞、舞剧等）、儿童类（儿童剧、木偶剧等）、杂技类和综艺类十大演出类型。旅游演出涉及杂技类、综艺类、歌舞类、京剧类和地方戏曲5大演出类型。从演出量来看，2008年北京全年共演出剧目近1600台，共计演出各种类型剧目13842场，其中旅游演出6076场，占43.9%。所有演出基本在81家演出场所举行。传统演出场次最多的是话剧类，共演出2664场，演出台数最多的是音乐类，共演出592台。旅游演出场次最多的是杂技类，共演出2217场，其次是京剧类，共演出1935场，占全年京剧演出总场次的81.2%。旅游演出平均票价要高于整体演出票价。

从该调研报告可以看出，北京作为文化中心，虽然传统演出品牌琳琅满目，但上演场次平均仅为4场，若由院团自筹排演经费则部分演出将难以为继；北京作为一线城市，演出业基本是传统类型和旅游类型各占半壁江山，演出收入与投资不对等，并非所有演出都可以形成产业化的规模经营。演出市场正经历着文化艺术与产业融合发展的考验。

尽管北京的演出业呈现出"艺术展示性有余，演出产业化不足"的特征，但近年来部分二、三线城市的演出业却依托旅游市场优势和地域文化特色等实现了演出品牌的塑造和艺术表演产业化的成功突围，走出了一条旅游和演出相结合的新路子。如湖南长沙的"梦幻之夜·又唱浏阳河"、张家界的"魅力湘西"和"天门狐仙·新刘海砍樵"就是城市演出业的优秀品牌和产业标杆，在地处中部的湖南长沙和张家界这样的二、三线城市，上演的这三台节目均入选首批35台国家级文化旅游演出产业重点名录，在全国范围内成为典范，其成功是湖湘文化的独具特色、地方政府的引导支持、演出节目的策划创意、市场空间的有效运作等多方因素的合力驱动。

就湖南的演出产业而言，尽管已经跻身全国前列，但仍有潜力可挖，如常德、衡山等既具有浓厚传统特色文化，又拥有大量客流的中心旅游城市和重点名胜景区的演出产业。

(二)"常德·梦幻桃花源"旅游演出产业品牌营造的可行性分析

综合分析演出产业案例的成功因素，主要包括地域历史文化、旅游资源、营销策划、演艺水平等多个方面，且需要政府引导、市场运作、观众人群等多方面的配合。几乎所有成功的旅游演出，都是抓住了游客的精神文化渴求和地域特色探奇的心理，找到了可以运作的无限量的流动观众群体。常德市也恰恰已经具备了打造旅游演出品牌的相关基础，只欠进一步开发运作。

1. 丰富历史文化的厚重积淀

常德市是一座历史悠久的文化古城，古称武陵。其历史可以追溯到6000多年前，境内已发现旧石器、新石器遗址500多处，其中15处为全国之最。常德历来文化昌盛，屈原、陶渊明、刘禹锡、范仲淹等文人先贤都曾在这里游历居住，留下了许多名篇佳作；钟相、杨幺、李自成等农民起义领袖在这里举事征战；贺龙、彭德怀、任弼时、王震等革命先辈在这里建功立业；宋教仁、蒋翊武、林伯渠、丁玲、翦伯赞等一批杰出人物在这里出生成长。一篇《桃花源记》，让常德拥有了"世外桃源""福地洞天"的美誉，常德因此拥有了一个美丽的名字——桃花源里的城市；一则"善卷让王"的典故，使"常德德山山有德"的民谣千古流传，常德因此被誉为中华民族道德文化发祥地；一个"刘海砍樵"的传说，把常德"爱神"追求幸福生活、美好爱情的壮举代代颂扬，常德因此成为一片多情的热土。不只这些，常德丝弦、常德高腔、澧水船工号子、澧州荆河戏、孟姜女传说、常德花鼓戏、赛龙舟七项国家级非物质文化遗产项目和其他十三项省级文化遗产项目也是常德极具特色的中华文化艺术瑰宝。

2. 优秀演出资源的长年积累

常德市重视文化艺术活动，在文艺演出方面已经积累了众多资源。常德市有汉剧院、歌舞团、丝弦艺术团等各类专职文艺演出团体十余家，专职演职人员数百人；有湖南文理学院音乐学院等设表演类专业的大中专院校三所，全日制在校大中专学生数千人。这些艺术院团和院校数十年如一日，积极投身演出艺术实践，构筑了一支不断充实、不断更新的人才梯队。他们曾代表国家出访欧洲演出"常德丝弦"，曾获得"五个一工程奖"和"梅花奖"等多项国家级大奖。近些年来，常德市用自己的演职力量承办了"中国·常德诗人节""中国·石门柑橘节""湖南省八运会"等若干重要节庆活动的开幕式大型文艺表演；此外，常德市的"桃花源剧场""百家大歌厅"每晚上演一台综艺晚会，湖南文理学院音乐厅每周上演一台新排音乐舞蹈晚会。这些大型活动和文艺晚会为常德积累了丰富的演出经验、积淀了一批集文化、艺术、娱乐、休闲于一体的优秀剧目。

3. 强劲旅游产业的重要支撑

湖南省旅游规划的两大重点"环洞庭湖旅游生态圈""长—常—张—凤凰旅游走廊"都把常德市列入其中,作为重要一站。其原因不仅是优越的地理位置,关键还在于常德丰富的旅游资源,如"桃花源""柳叶湖"等。据2010年湖南省旅游产业年度考核会议报道,经初步测算,2010年常德市旅游产业共接待国内外游客1453.7万人次,增长21.1%,其中接待入境游客15.5万人次,增长15%;实现旅游综合收入80.8亿元,增长27.8%,旅游收入占GDP的比重达到6%。常德市正在努力成为湖南省旅游产业的主力之一。2011年1月,常德市委、市政府下发1号文件《常德市关于进一步促进旅游产业发展的意见》,从加强政府主导、落实扶持政策、夯实产业基础、完善奖励机制四大方面来促进旅游产业发展,明确提出鼓励创建旅游品牌。"桃花源旅游综合开发"位列十大旅游重点开发项目之首;"柳叶湖低碳生态旅游城"项目已奠基启动,围绕"梦桃源"概念,打造集旅游、休闲、体验于一体的低碳生态旅游区,重点开发梦入桃花源、梦幻海洋、梦幻星空、梦幻花园、梦幻人生、梦醒大同、极美世界七大旅游板块。

4. 政府相关政策的强力支持

在文化产业方面,常德市作为湖南省文化体制改革4个试点城市之一,市委、市政府于2010年5月正式发布《关于加快文化产业发展的若干意见》和《常德市文化强市战略实施纲要(2010~2015年)》,明确提出要发展壮大文娱演艺业,建好常德大剧院,重点推出常德民间文化与地方特色相结合的文艺精品,将常德办成湘西北最大的演艺中心；要加快发展文化旅游业，实施文化精品工程，大力挖掘桃花源、常德诗墙、柳叶湖、壶瓶山等景点的文化底蕴，以丰富的文化内涵来增强景点吸引力。

近年来，常德市努力加快文化名城的建设步伐。市委、市政府先后确定了建设文化名城的总体目标、制定了文化名城建设工作规划、印发了《"十一五"期间文化名城建设工作实施方案》。明确的总体目标是：打造一批与张家界资源互补的旅游文化特色景点，使常德市成为地域性乃至全国性的文化、旅游、商务、会展中心；培育一批在全省乃至全国有影响的地方文化产业；推进教育、科技、体育、卫生事业长足发展，全面提升人文水平，为经济和社会发展提供不竭的动力。

此外，在交通方面，常德市系交通部确立的全国60个道路交通枢纽城市之一，配合湖南省"3+5"城市群重大交通设施布局，实现与周边城市1.5小时交通圈的目标，打通与成渝、武汉、长株潭三大经济圈的快速对接。目前，6条高速公路已渐次通车，长常城际铁路、黔常张高铁、常岳高铁、石长复线已经规划，桃花源机场进一步扩容。随着交通设施的完善，常德的交通流动与旅游人口将进一步大幅增加。

此外，丰富多样的城市品牌，也是文化演艺产业成功的基础之一。今天的常德堪称中国中等城市建设的典范，先后荣获中国优秀旅游城市、国家卫生城市、国家园林城市、中国首届魅力城市、国际花园城市、全国交通管理模范城市、国家环境保护模范城市、中华诗词之市等众多城市称号。

（三）"常德·梦幻桃花源"旅游演出产业品牌的策划与创意

历史底蕴是文化之根，生活积累是创作之源，民族特色是艺术之魂。常德作为中部地市级城市，所散发的魅力不在于它的高楼大厦与城市建设，而在于它深厚的历史根基和千秋百代的文化积淀。常德市打造旅游演出品牌，就是要让历史文化在现代文明中熠熠生辉并与之和谐共生，试图通过艺术表演的形式来探寻人类生活的本源和美好的追求。"常德·梦幻桃花源"整个演出创意包括序以及善德篇、大义篇、爱情篇、民俗篇、寻梦篇五个篇章，从人类文明的起源和诞生，到人生事业爱情的取向与追求，最后到寻梦理想的桃花仙境，剧目内容环环相扣，艺术境界节节攀高。整场演出将勾起观众的无边思绪、无穷回味，达到艺术审美追求、文化产业发展、地域城市宣传多赢的效果。

1. 序——先祖故园"城头山"

中华文明亿万载，澧州古城七千年。

——蒋纬国

①文化背景

1979年澧县考古工作者在澧县车溪乡南岳村发现一座古城，城址似圆形。1991年开始，湖南省考古研究所主持对城址进行多次发掘，使6000多年前的史前古城遗址呈现在人们眼前，直接将中华文明五千年再向前追溯了一千余年。

考古证实，城头山古城形成于大溪文化早期，占地面积 18.7 公顷，由护城河、城垣以及东、西、南、北 4 个城门组成。城内有作坊区、居住区、公共墓地、祭坛、道路和其他辅助设施。考古还发现了早于城址的大丘稻田、600 余座墓葬；出土各类珍贵文物 5000 多件，主要为陶器、石器和精美玉器；发现了至少 77 种植物，其中，稻米有粳稻和籼稻，米粒似经脱粒加工；还有大量湿生杂草类植物和 20 多种饲养和野生动物的骨骸。

②品牌价值

城头山古城是迄今全国发现的历史最久远的一座城，6000 多年前的史前古城文明历历在目，被称为"华夏第一城"。1992 年和 1997 年两次被评为年度"全国十大考古新发现"之一；1995 年 3 月，江泽民同志挥毫题字"城头山古文化遗址"；1996 年 11 月被国务院颁布为重点文物保护单位；1998 年国家拨款 500 万元作为遗址保护和筹建城址博物馆的经费；同年日本出资并派专家、学者参加了城址的发掘；2001 年被评为"中国二十世纪 100 项考古重大发现"之一；2005 年被国家确定为首批 20 个重点保护大遗址之一；同年 11 月，《城头山遗址》特种邮票小型张公开发行；同年，由中央电视台《见证·发现之旅》栏目组拍摄的大型电视纪录片《古城·古墓》（又名《解密城头山》，时长近 120 分钟），先后多次在中央电视台第一、第七、第十频道播出；2006 年 5 月，被共青团中央确定为全国第四批青少年教育基地。

2006 年总投资 3.4 亿元的城头山古文化遗址公园被列入开发规划并由国务院国资委立项，预计终期建成后，旅客年流量可达 80 万人次，年收入 2 亿元。

③编导创意（表演形式与内容：舞蹈《先祖的故园》；演员：30~40 人）

创意一："钻木取火""结绳记事"——远古先民的文明传说

传说燧人氏所建村庄的遗址就在现今湖南常德市澧县车溪乡南岳村一带。《太平御览》记载说："遂明国有大树名遂，屈盘万顷。后有圣人游明之外，至于其国，息此树下，有鸟啄树，粲然火出。圣人感焉，因用小枝钻火，号燧人氏。"据记载，燧人氏不仅发明了"钻木取火"，还发明了"结绳记事"，为禽兽命名，立传教之台，兴交易之道。

创意二："城墙与护城河"——"古城·古国"的文明见证

考古解剖城头山的城垣时，于城垣外坡又发现了大溪文化早期的壕沟，城头山城垣外围壕长 1000 多米，宽 10 米、深 3~4 米，比西安市半坡遗址围壕大得多。城墙和护城河的存在说明洞庭湖平原比史学界先前所定中华文明发源地的黄河流域更早一千多年出现了城市文明。

创意三："水稻田与陶窑"——中华"酒文化"的起源依据

城头山东城墙平行排列着三丘古稻田，并初步配套了灌溉设施，据考古确定距今已有 6000 余年，它的发现，确证了中华民族栽培稻谷的历史功勋；在古城遗址中部，已发掘出 8 座陶窑，其中一座为屈家岭文化时期的，如此完整的制陶遗址，在史前考古中是十分罕见的。粮食的规模生产和陶制酒具器皿的出土，为探寻中华"酒文化"的起源提供了充分而可靠的依据。

2. 第一篇章　善德篇——常德德山山有德

德山苍苍，德流汤汤，先生之名，善德积彰。

——引自（宋）开禧元年《善卷祠记》

尧舜德彰而身尊，善卷德积而名显。善在是，则尧舜之道在是，尧舜之道在是，则善亦在是。

——（汉）董仲舒

① 文化背景

善卷，又名善绻，德祖先贤，与尧舜齐名，曾在鼎城境内击壤而歌，开启民智。他不仅深受当地群众敬仰，并曾受到尧、舜和大禹的尊敬。《庄子·让王篇》记载帝舜曾欲禅让帝位于他；《吕氏春秋·下贤篇》记载尧被善卷的"德行达智"所感动，拜善卷为师；汉代刘安编著的《淮南子》中对善卷也有两处记载；民国时期钟毓龙先生据史料撰写的《上古神话演义》对禹遇善卷求教进行了详细的描述……这些都从不同的角度展现了善卷的美好德行。

在漫漫历史长河中，善卷的事迹及其意义已成为中华道德文化的源头之一。一代伟人毛泽东在《水调歌头·游泳》自注中引用的民谣"常德德山山有德"便源于此。

② 品牌价值

从战国时期的慎子、庄子、孟子、列子，到西汉的淮南王刘安、晋代的道教大师葛洪，从历代君主宋真宗、宋徽宗、乾隆等到新中国开国领袖毛泽东,善卷之名都曾出现在他们的笔下,其在纷繁多变的历史长河中时隐时现,其所开创的特有的善德文化精神,在一代代的流传与塑造中熠熠生辉。

数千年来,善德文化一脉相承,是湖湘文化的重要源头,是中国传统文化的精髓,也是当今公民道德建设的基础,而构建和谐社会更是离不开善德文化。在处于社会转型期的今天,物欲横流、精神失衡的现象屡见不鲜,在这一背景下,善德文化更显得难能可贵。2006年3月4日,胡锦涛同志提出了"八荣八耻"的道德规范,讲的就是善与德。我们紧紧抓住善德文化这个主题,加强常德历史文化名城建设,既能弘扬常德市悠久的历史文化,又可顺应文明时代的发展潮流,对于提高民众的道德水平和常德的美誉度,打造城市文化品牌、提升城市软实力,有着重要意义。

2010年2月7日,占地面积2000多亩,总投资5亿元,以善德文化为主题的集娱乐、休闲为一体的江南第一公园——江南善卷文化公园正式启动建设。2010年11月27日,高规格、高影响的"中国·常德鼎城善卷文化高峰论坛"学术研讨会在常德市举行,中国国民党荣誉主席吴伯雄先生为论坛题词:"百德善为先,一心卷之首""善卷故里"。台湾文化艺术界联合会理事主席、海峡两岸和谐文化交流协进会会长陆炳文先生等一批研究善卷文化的著名专家学者参加研讨。"善卷·德文化"已经引起了海内外华人的广泛关注。

③编导创意(表演形式与内容:音乐剧《善卷与先帝尧舜禹》;演员:10~20人)

近现代学者钟毓龙在他所著的《上古神话演义》一书中,用多章节专门讲述了善德的故事，如第 50 章"帝尧师事善卷，挥师灭除西夏"、第 147 章"善卷逃舜入深山，无择被迫跳涧渊"，叙述的就是"尧帝拜师于善卷""舜帝让王善卷拒"的历史故事。这些故事，正是可供演出编剧的优秀题材。

创意一：帝尧师事善卷

据传，公元前 2322 年，尧帝南巡，此时的湘黔一带民风彪悍，风俗怪异，为尚未开化的蛮荒之地，令尧帝深感忧虑。返途临近枉渚（今德山枉水一带），尧帝见当地百姓谦和有礼，淳朴勤劳，口中传唱谣曲均是善德之道。尧帝认为，此地的人们定有大德感化，便在枉山（今德山）停留下来，在山脚的几间草屋里，找到了开启当地民智、广布德行的善卷先生。

"尧不以帝见善绻，北面而问焉。尧，天子也；善绻，布衣也；何故礼之若此其甚也？善绻，得道之士也，得道之人，不可骄也。尧论其德行达智而弗若，故北面而问焉，此之谓至公。非至公其孰能礼贤？"

尧帝在枉渚竟盘桓三月之久，天天向善卷请教，其中最著名的是治理三苗的对策。尧帝不解当时三苗所推行的政治，虽有违圣训，但行效惊人。对于此，善卷讲了一段见解深刻的话："古人云：'五谷者，种之美者。苟不熟，不如荑稗'。"善卷称，古来君王，无不口口声声尊重圣贤，行圣贤之道，却又有谁躬行实践呢？这就是"五谷虽美而不熟"。三苗所为，虽有违圣道，但君臣上下，抱定宗旨，切实执行，效力还是很显著的，就如荑稗，味虽不美，但成熟后还是可以充饥的。

创意二：善卷逃舜入深山

"尧让许由，舜让善卷，皆辞为天子，而退为匹夫。"

传说，顺着尧走过的路线，南巡北归的舜帝来到了沅水流域，在相传黄帝藏书之所——大小酉山，舜帝受到了昔日蛮横无理的盘瓠子孙的礼遇。于是，在盘瓠子孙的带引下，又一代帝王邂逅了在此教化民众、弘扬善德的布衣善卷。

"舜以天下让善卷，善卷曰：'余立于宇宙之中，冬日衣皮毛，夏日衣葛绨。春耕种，形足以劳动；秋收敛，身足以休息。日出而作，日入而息，逍遥天地之间而心意自得。吾何以天下为哉！悲夫，子之不知余也！'遂不受。于是去而入深山，莫知其处。"

"善卷、许由得帝而不受，非虚辞让也，不以事害已。此皆就其利，辞其害，而天下称贤焉，则可以有之，彼非以兴名誉也。"《庄子·盗跖》赞道，知足而不侵犯，顺应自然而不贪求，是取其利避其害，是贤明所为，并不为求得名利。

善卷让王，从此传为佳话。而作为能保持独立人格、追求思想自由、不委曲求全、不依附权势，且具有一定才德学识的隐居者，善卷开启了中国历史上真正的隐士传统。

创意三：禹纳卷言收三苗

大禹又名文命，封崇伯。他受命治水，在治理震泽（在今江苏）之后，得知善卷从宜兴搬到海岛系三苗势力所迫。

禹知道三苗的势力范围离此不过几百里，自己治水正要经扬州而至荆州，于是问道："三苗如此无道，当然要加以讨伐，先生认为此役我能打胜吗？"出乎意料，善卷虽然有家难归，思家心切，但是并不同意大禹放弃治水而专事讨伐,认为治水是顺民心的大事,是当务之急。他建议,治水到了荆州,如果遇到三苗阻挠,此时出兵讨伐,师出有名,胜利才有把握。禹听了,连声称是。两人相谈甚欢,大禹被善卷的人品和学识所深深感动,诚恳地邀请善卷出来辅佐他治水。善卷道:"山野之性,无志功名久矣。况百岁衰龄,行将就木,哪里还能出面驰驱呢?但愿三苗早日授首,荆州早日治平。某得归返故乡,死正首丘,那就是受崇伯之赐了。"大禹采纳善卷的建议,在治水途中,收服了三苗。

3. 第二篇章　大义篇——九歌离骚忆屈原

屈子冤魂终古在,楚乡遗俗至今留。

——引自(明)边贡《午日观竞渡》

旨远辞高,同风雅并举;行廉志洁,与日月争光。

——董必武题词,置于武汉东湖行吟阁

路漫漫其修远兮,吾将上下而求索。

——引自(战国)屈原《离骚》

①文化背景

屈原名平,字灵均(约公元前340~前278年),是我国伟大的爱国主义诗人。祖籍常德汉寿县,战国楚人,曾任楚左徒、三闾大夫。学识渊博,主张"彰明法度,举贤授能,联齐抗秦"。在同反动贵族子兰、靳尚的斗争中遭谗去职，并于公元前287年被放逐，到公元前278年自沉汨罗江，前后历经9载。屈原的主要活动地点在沅、澧之滨，有屈原的诗《涉江》和《渔父》为证。屈原在《涉江》中吟道："朝发枉渚兮，夕宿辰阳……"这枉渚就是今德山边的枉水一带，而辰阳指的就是现今汉寿；而《渔父》所述"沧浪之水清兮可以濯吾缨，沧浪之水浊兮可以濯吾足"与《武陵县志》记载的武陵八景之一"沧浪秋水"相吻合。

②品牌价值

屈原是中国伟大的浪漫主义诗人之一，也是我国已知最早的著名诗人，是中国古代四大世界文化名人之一。他创立了"楚辞"这种文体，也开创了"香草美人"的传统。代表作品有《离骚》《九歌》等。

屈原的品学德行伴随当代学子成长，中学语文课本中选有屈原的《离骚》《湘夫人》等作品，另有《屈原列传》一文专门论述屈原。

屈原是我国家喻户晓并年年纪念的重要人物。农历五月初五，是中华民族的传统节日，俗称"端午节"，这一天必不可少的民俗活动"吃粽子""赛龙舟"，据说都是为了纪念屈原。

2006年6月，由湖南汨罗、湖北秭归等多地申报的以屈原故里端午习俗、汨罗江畔端午习俗为主题的"端午节"作为民俗项目被国务院列入第一批国家级非物质文化遗产项目名录。

赛龙舟，是与屈原有关的端午节主要习俗之一，现已成为盛传于世的大型体育竞技活动。2010年6月，由湖南、贵州、广东等多地申报的"赛龙舟"作为传统体育、游艺项目被国务院列入第三批国家级非物质文化遗产项目名录。2010年7月,赛龙舟成为第16届亚运会(广州)正式比赛项目。

屈原的历史地位还可从大型纪念话剧中窥见一斑。1942年,郭沫若创作了话剧《屈原》并在重庆首演,此后数十年来多次在我国和日本公演,每次上演均引起轰动。

③编导创意(表演形式:音乐剧《志士投江不复还》、舞剧《端午龙舟竞风流》;演员:5~20人)

创意一:志士投江不复还(小型音乐剧)

第一幕:楚怀王武关赴会被押至死。秦昭襄王写信骗楚怀王到武关(在今陕西丹凤县东南)相会,当面订立盟约。上朝计议时大夫屈原反对,果不出所料,楚怀王被押并逼迫割地未果,软禁咸阳一年多,吃尽苦头。他冒险逃出咸阳,又被秦兵追回,连气带病,客死秦国。

第二幕:屈大夫朝堂谏言被贬洞庭。楚国人因为楚怀王受秦国欺负至死,心生不平,屈原朝堂进言却被贬官流放。屈原抱着救国救民的志向、富国强民的心愿,反倒被奸臣排挤,心里无限愁怨。他到了洞庭湖区以后,经常在沅江一带一边走,一边唱着伤心的诗歌。附近的庄稼人知道他是一个爱国的大臣,都挺同情他。有一个经常在汨罗江上打鱼的渔父,很敬佩屈原的为人,但就是不喜欢他那副愁闷的样子。有一天,屈原在江边遇见了渔父。

第三幕:志士投江不复还。由于屈原不愿意随波逐流地活着,在公元前278年五月初五那天,他抱着一块大石头,跳入汨罗江里自杀了。附近的庄稼人听到这个消息,都划着小船去救屈原。可是一片汪洋之中，看不到屈原的影子。大伙儿在汨罗江上捞了半天，也没有找到屈原的尸体。渔父很难受，他对着江面，把竹筒子里的米撒了下去，算是献给屈原的。

尾声。到了第二年五月初五那一天，当地的百姓想起这是屈原投江一周年的日子，又划着船用竹筒子盛了米撒到水里去祭祀他。后来，人们把盛着米饭的竹筒子改为粽子，把划小船改为赛龙船。这种纪念屈原的活动渐渐成为一种风俗。人们把每年农历五月初五称为端午节，据说就是这样来的。

创意二：端午龙舟竞风流（舞剧）

赛龙舟热烈欢快的场面特别容易打动人心，极适合作为以舞蹈表现的题材。本处特附端午节赛龙舟现场描述记录，作为编创的参考。

南宋诗人陆游曾被龙舟盛况打动而赋诗："斗舸红旗满急湍，船窗睡起亦闲看。屈平乡国逢重五，不比常年角黍盘。"

4. 第三篇章　爱情篇——孟姜刘海不了情

夜半三更门半开，小姐等到月儿歪。山高路远无口信，哭断肝肠人未来。

——引自孟姜女墓甲骨文（郭沫若解）

秦皇安在哉，万里长城筑怨；姜女未亡也，千秋片石铭贞。

——引自山海关孟姜女庙楹联

洞庭湖畔望夫山，山上真魂碧汉间。边雪乍迷鸿雁影，楚云遥去虎狼关。

——引自（清）何璘《题嘉山姜女庙二首》

家住常德武陵境，丝瓜井畔刘家门。

——引自湖南花鼓戏《刘海砍樵》唱词

①文化背景

据清朝同治六年（1867年）版《孟姜山志》所录的晋代卓云《孟姜女列传》的记载，孟姜女（姜是姓氏，孟是排行）为秦黔中郡慈姑县（即今澧县）人，家住嘉山、澧水之东的孟姜垸。

孟姜女哭长城的故事。相传秦始皇时，劳役繁重，青年男女范杞梁、孟姜女新婚不到三天，范杞梁就被公差抓去修长城了。孟姜女哭得像泪人似的，苦苦地等待丈夫归来。半年过去了，范杞梁一点消息也没有。这时已是深秋季节，北风四起，芦花泛白，天气一天比一天冷了。孟姜女想起丈夫远在北方修长城，一定十分寒冷，就亲手缝制了寒衣，启程上路，要到万里长城去寻找范杞梁。一路上，孟姜女不知经历了多少艰难，吃了多少苦，才来到了长城脚下。谁知修长城的工人告诉她，范杞梁已经死了，尸骨被填进了城墙里。听到这个令人心碎的消息，孟姜女只觉得天昏地暗，一下子昏倒在地，醒来后，她伤心地痛哭起来，只哭得天愁地惨，日月无光。不知哭了多久，忽听得天摇地动般的一声巨响，长城崩塌了几十里，露出了数不清的尸骨。孟姜女咬破手指，把血滴在一具具的尸骨上，她心里暗暗祷告：如果是丈夫的尸骨，血就会渗进骨头，如果不是，血就会流向四方。

终于，孟姜女用这种方法找到了范杞梁的尸骨。她抱着这堆白骨，又伤心地痛哭起来。

刘海砍樵传说。位于常德柳叶湖西北五公里的花山，虽不高峻，却十分秀丽，绿草如茵，古木参天，特别是当杜鹃花开红遍满山时，显得十分妖娆，故名花山。相传刘海经常到此山砍柴，有一次在山腰间的古井边遇到一位绝色女子，俩人一见倾心，当即结为夫妻。他们相亲相爱，日子过得十分称心。转瞬百日将至，女子一改往日笑容，整天忧心忡忡，闷闷不乐。刘海盘问再三，她才告以实情。原来她是八百年狐狸修炼成仙，偷逃天庭变成人形与刘海结为夫妻。现百日已满，缘分已尽，她要离他而去。刘海一听，如霹雷轰顶，惊得目瞪口呆。在分离之际，夫妻抱成一团，泪如泉涌，难舍难分。正在这时，忽然狂风大作，地动山摇，原来是王母派天兵天将要将狐仙押回天庭。于是恩爱夫妻被拆散，在人间留下了一曲遗憾的悲歌！

②品牌价值

孟姜女的故事是中国古代四大爱情传奇之一，它以戏剧、歌谣、诗文、说唱等形式，千百年来一直广泛流传，可谓家喻户晓。最早的记载可上溯到《左传》，另有同名电视剧和越剧《孟姜女》，民歌《孟姜女哭长城》很多人会哼唱。

2008年6月，由湖南津市、河北秦皇岛市共同申报的"孟姜女的传说"作为民间文学项目被国务院列入第一批国家级非物质文化遗产扩展项目名录。2010年12月，《嘉山孟姜女》一书公开出版发行。

刘海砍樵传说在今天仍有深刻的现实意义，刘海和狐仙身上所体现出来的勤劳、正直、孝顺等美德和追求忠贞爱情、追求幸福生活的美好愿望，真实地展现了劳动人民对美和善的向往。传说中的人物形象丰满、个性鲜明，堪称湖南民间口头文学的精品。

1951年，刘海砍樵传说改编为花鼓戏，数十年来持续上演。2009年，湖南张家界天元山水旅游文化有限公司将该传说移植到天门山景区，以1.2亿元强力打造《天门狐仙·新刘海砍樵》山水实景演出，大获成功。刘海砍樵的传说在当代仍被不断创新改编、广泛传播，成为家喻户晓的传说故事和喜闻乐见的优秀剧目。

③编导创意（表演形式：音乐剧；演员：10~20人）

创意一："姜女蹈火"或"姜女跳海"

孟姜女寻夫，终到长城。得知范杞梁已死，便大哭不止，长城被哭倒五十里；同时大骂秦君而被差官捉去治罪。适逢阿房宫建成，秦君正选天下美女入宫。孟姜女押入咸阳，按律应该处死，但秦君见其艳丽绝伦，便逼她为妃，道："若愿为妃，可免一死。"

一说，孟姜女愤恨至极，怒骂不止，毫不畏惧，最后投入熊熊烈焰之中，是谓蹈火而亡。画家贺旭据此为中国常德诗墙创作了《姜女蹈火》的石刻画。

另一说，孟姜女假意答应了他，但要求秦始皇先办三件事：请和尚给范杞梁念四十九天经，然后把他好好埋葬；秦始皇要亲自率文武大臣哭祭范杞梁；埋葬范杞梁后，孟姜女要去游山玩水，三天以后才能成亲。秦始皇只得答应了孟姜女的要求。三件事办完以后，孟姜女把秦始皇痛骂了一顿，然后纵身跳进了波涛滚滚的大海。

创意二：刘海戏金蟾

关于刘海戏蟾的民间故事，有好多种说法，编创时可进行选择和适度创新。

其中有一则说，住在丝瓜井旁的青年刘海，每天上山打柴，有一次看见路旁有一只受伤的三足蟾蜍，便赶快上前为它包扎伤口。结果蟾变成了美丽的姑娘，并与刘海成婚生子，妻子能够口吐金钱和元宝。

又一则说，刘海捉金蟾，是令金蟾吐金，施济天下穷人。金蟾是传说中能吞吐金钱的灵物，把蟾与金钱联系起来，可能是蟾身布满类似金钱斑纹的缘故。刘海捉金蟾的方法是根据蟾的习性，以一串金钱引诱并钓住它，这就是所谓"刘海戏金蟾，步步钓金钱"说法的来源。

还有一则说，刘海斗金蟾，是因为鸡鹅巷小庙的金蟾为了成仙，夺了狐仙妻子胡秀英的宝珠，刘海为了抢回宝珠让妻子重现人形而大斗金蟾，最终使他们重新过上凡人夫妻的幸福生活。

5. 第四篇章　民俗篇——丝弦高腔荆河戏

沅有芷兮澧有兰，思公子兮未敢言。

——（战国）屈原《九歌·湘夫人》

①文化背景

"常德丝弦"因流传地域、用丝弦乐器伴奏而得名，具有鲜明的地方特色和乡土气息，艺术价值较高。传统表演形式为多人分持扬琴、鼓板、京胡、二胡、三弦和琵琶等围坐一圈，轮递说唱。唱腔、音乐丰富多彩，根据所用的唱腔体式可分为"牌子丝弦"和"板子丝弦"两类。常德丝弦拥有一百多个传统曲目，大部分取材于历史故事和民间传说，其中以《宝玉哭灵》《鲁智深醉打山门》《双下山》《王婆骂鸡》《昭君出塞》等最为著名。新中国成立后，又涌现出《新事多》《夸货郎》《风雪探亲人》等一批反映现实生活的新曲目。

"常德高腔"为常德汉剧高、昆、弹三大声腔之一。有三十余种基本腔和七十余种曲牌，演唱形式有滚唱、帮腔等，表演角色分为生、旦、净、丑四行。其唱腔与本地方言紧密结合，常德高腔特别重视表演基本功的训练，有一套富有表现力的动作程式，此外还从生活中提炼出一些特殊的表演范式，形成模拟飞禽走兽或其他动静物态的身法动作，这些穿插其中的精彩特技，使演出引人入胜。《祭头巾》《思凡》《两狼山》《双猴斗》《程咬金娶亲》等是常德高腔中的代表剧目，新中国成立后又出现了《芙蓉女》《紫苏传》等新编高腔戏，演出轰动一时。

"澧水船工号子"以反映澧水流域船工们苦难生活和劳动场面为主题，没有固定的唱本和唱词，也不需要专门从师，全凭先辈口授，代代相传。古代澧水沿岸人民大多以行船运货为生，船舶近千，桅杆林立，船工上万，每只大型木船上的纤夫不少于二十人。在逆水行船拉纤的过程中，为了集中力量、振奋精神、统一步调，自然而然出现了一种由地方小调转化而成的独特的劳动号子，这就是澧水船工号子。其大多因时、因地、因人即兴而起，脱口而出，虽然比较通俗，但豪气冲天，充满了艺术魅力。其句式分七字、五字两种，一般由一人领唱，众人合唱，气势磅礴，浑厚有力。

"荆河戏"是在湘西北及湖北荆州、沙市等地流行的一个戏曲声腔剧种，因流传于长江荆河段而得名。荆河戏的传统剧目较为丰富，保存下来的有五百多出，剧目基本出自元明杂剧传奇、章回小说、民间故事，代表性剧目包括《百子图》《楚宫抚琴》《大回荆州》《双驸马》《沙滩会》《翠屏山》《反武科》《秦雪梅》《三娘教子》《一捧雪》《四下河南》等。荆河戏的角色行当分生、小生、旦、老旦、花脸、丑六行，表演讲究内、外八块的功夫。"内八块"功夫指人物的喜、怒、哀、乐、惊、疑、痴、醉的内心情感，"外八块"功夫则指云手、站档、踢腿、放腰、片马、箭步、摆裆、下盘八种外部形体程式动作。荆河戏以武戏见长，尤以各种姿态的"拗军马""抖壳子"最具特色。荆河戏音乐南北交融，别具韵味。荆河戏唱腔响亮、气势宏大，演员用嗓根据行当不同而有所区别。伴奏乐器包括文、武两种场面，文场面有胡琴、月琴、三弦、唢呐、笛子等，武场面则包括堂鼓、大锣、小锣、马锣、头钹、二钹等。荆河戏历史悠久，至今仍保留有大量珍贵的原始曲牌、堂曲、打击乐谱等，在语言学、民俗学、民族音乐史等方面均具有很高的学术研究价值。

②品牌价值

2006年6月，由湖南常德申报的"澧水船工号子""常德丝弦""常德高腔""荆河戏"4个传统艺术分别作为民间音乐、曲艺、传统戏曲等表演类项目被国务院列入第一批国家级非物质文化遗产项目名录。之后，又有"常德花鼓戏"等3项入选。常德市入选名录数量位居地级市前列，表现出当地深厚的文化底蕴和艺术品牌价值。

③编导创意（表演形式：曲艺、戏曲、歌舞表演；演员：5～15人）

轮流上演常德丝弦、常德高腔、荆河戏的传统代表剧目和当代经典剧目；演出"澧水船工号子"时用歌队加伴舞，并制作大型场景道具；戏剧类节目的武生技巧表演是吸引眼球的亮点之一。

6. **第五篇章 寻梦篇——世外桃源千古梦**

我醉欲眠卿且去，明朝有意抱琴来。

——（唐）李白《山中与幽人对酌》

借问游方士，焉测尘嚣外。愿言蹑轻风，高举寻吾契。

——（晋）陶渊明《桃花源诗》

①文化背景

陶渊明（365~427），晋宋时期诗人、散文家。一名潜，字元亮，私谥靖节。浔阳柴桑（今江西九江西南）人。陶渊明诗沿袭魏晋诗歌的古朴作风而进入更加纯熟的境地，像一座里程碑标志着古朴诗歌所能达到的高度。陶渊明又是一位创新的先锋。他成功地将"自然"提升为一种美的境界，使诗歌与日常生活相结合，并开创了田园诗这种新题材。

《桃花源记》开头便道："晋太元中，武陵人，捕鱼为业，缘溪行，忘路之远近，忽逢桃花林。夹岸数百步，中无杂树，芳草鲜美，落英缤纷。渔人甚异之。复前行，欲穷其林。林尽水源，便得一山。山有小口，仿佛若有光。便舍船，从口入。"

陶渊明以此记为引，在使读者和自己确信了桃花源的存在及其状况后，继续以诗来尽情描写桃花源世界的安乐自足、无扰无忧，充分表达自己对现实的不满和对理想社会美好生活的向往。文章全用客观的记叙方法，虚构了一些人物和情节，而诗则直接表达了作者对桃花源这个美好淳朴的理想社会的向往，以记叙为主，融叙事、写景、抒情、议论于一炉。

②品牌价值

陶渊明的《桃花源记》，是我国古代散文中的典范之作，历来被选为中学语文教材，"世外桃源"的美好境界在每一个文化人的成长过程中都留下了深刻的印记，成为大家心中的一种梦幻与追求。由于该文的流传，后来就用"世外桃源"比喻理想中生活安乐的地方，或与外界隔绝、脱离现实斗争的梦想境界。在人类发展史上，"桃花源"曾被人们视为一定历史阶段的理想国度蓝图。

③编导创意（表演形式：舞剧《梦幻桃花源》；演员：30~40人）

依托舞美突出独具梦幻魅力的桃花源背景，依托角色展现陶公和渔翁的悠然自得，依托表演突出幸福惬意的美好生活。

全场晚会在《梦幻桃花源》背景诗情画意的映衬下，在勾起观众对美好生活的无限幻想与希望的思绪中，徐徐落下帷幕，留给观众以遐想的空间和美好的回忆……

结语

一个旅游演出品牌的成功打造，除了地域历史文化底蕴、旅游资源与产业发展、政府政策导向与重视程度等基础性因素外，重要的是要有一套优秀的策划与创意方案。本项"常德·梦幻桃花源"演出品牌的策划创意个案，即意欲为湖南省再次打造一台旅游精品节目而建言献策、摇旗擂鼓。

然而，成功尚需不断努力，后续环节将涉及这一工作中更加具体的操作层面。笔者以为，至少以下几个方面的问题需予以充分论证并逐一解决：一是招商一家资金雄厚的文化公司，积极推进演艺事业；二是聘请一位世界级的晚会导演，宏观把控演出定位；三是选定一个有特色的演出地点，量身定做舞台座席；四是组建一支专家级的创编队伍，在音乐、舞蹈、舞美等各环节协调创作各个篇章节目；五是培养一批热爱舞台的青年演员，促使其全力投身角色塑造；六是充分认识艺术表演的综合审美效果，灯光道具投入、科技手段运用、艺术氛围营造均不容忽视。此外，节目上演之后的营销策略也至关重要。

一台精品演艺节目的打造是文化、艺术、智慧、资金、决策、运作、胆识等多方面的有机结晶。可以预见，"常德·梦幻桃花源"演艺策划，如能认真实施，在不久的将来一定会在潮水般的海内外游客中赢得高度的艺术评价，成为湖湘大地上新的产业精英、文化品牌。

| 附录一 |

政策指南

一

习近平在文艺工作座谈会上的讲话

（2014 年 10 月 15 日）

今天，这里群英荟萃、少长咸集，既有德高望重的老作家、老艺术家，也有崭露头角的文艺新秀，有些同志过去就很熟悉，有些是初次见面。见到大家很高兴。

文艺事业是党和人民的重要事业，文艺战线是党和人民的重要战线。长期以来，广大文艺工作者致力于文艺创作、表演、研究、传播，在各自领域辛勤耕耘、服务人民，取得了显著成绩，作出了重要贡献。在大家共同努力下，我国文艺园地百花竞放、硕果累累，呈现出繁荣发展的生动景象。借此机会，我向大家表示衷心的感谢，向全国文艺工作者致以诚挚的问候！

今天召开这个座谈会，我早有考虑，直到现在才有机会，主要是想听听大家的意见和建议，同大家一起分析现状、交流思想，共商我国文艺繁荣发展大计。刚才，几位同志的发言都很好，有思想，有见地，听了很受启发。下面，我讲5个问题，同大家一起讨论。

第一个问题：实现中华民族伟大复兴需要中华文化繁荣兴盛

为什么要高度重视文艺和文艺工作？这个问题，首先要放在我国和世界发展大势中来审视。我说过，实现中华民族伟大复兴，是近代以来中国人民最伟大的梦想。今天，我们比历史上任何时期都更接近中华民族伟大复兴的目标，比历史上任何时期都更有信心、有能力实现这个目标。而实现这个目标，必须高度重视和充分发挥文艺和文艺工作者的重要作用。

文化是民族生存和发展的重要力量。人类社会每一次跃进，人类文明每一次升华，无不伴随着文化的历史性进步。中华民族有着5000多年的文明史，近代以前中国一直是世界强国之一。在几千年的历史流变中，中华民族从来不是一帆风顺的，遇到了无数艰难困苦，但我们都挺过来、走过来了，其中一个很重要的原因就是世世代代的中华儿女培育和发展了独具特色、博大精深的中华文化，为中华民族克服困难、生生不息提供了强大精神支撑。

德国哲学家雅斯贝尔斯在《历史的起源与目标》一书中写道，公元前800年至公元前200年是人类文明的"轴心时代"，是人类文明精神的重大突破时期，当时古代希腊、古代中国、古代印度等文明都产生了伟大的思想家，他们提出的思想原则塑造了不同文化传统，并一直影响着人类生活。这段话讲得很深刻，很有洞察力。古往今来，中华民族之所以在世界有地位、有影响，不是靠穷兵黩武，不是靠对外扩张，而是靠中华文化的强大感召力和吸引力。我们的先人早就认识到"远人不服，则修文德以来之"的道理。阐释中华民族禀赋、中华民族特点、中华民族精神，以德服人、以文化人是其中很重要的一个方面。

历史和现实都表明，人类文明是由世界各国各民族共同创造的。我出访所到之处，最陶醉的是各国各民族人民创造的文明成果。世界文明瑰宝比比皆是，这里我举几个国家、几个民族的例子。古希腊产生了对人类文明影响深远的神话、寓言、雕塑、建筑艺术，埃斯库罗斯、索福克勒斯、欧里庇得斯、阿里斯托芬的悲剧和喜剧是希腊艺术的经典之作。俄罗斯有普希金、果戈理、莱蒙托夫、屠格涅夫、陀思妥耶夫斯基、涅克拉索夫、车尔尼雪夫斯基、托尔斯泰、契诃夫、高尔基、肖洛霍夫、柴可夫斯基、里姆斯基－科萨科夫、拉赫玛尼诺夫、列宾等大师。法国有拉伯雷、拉封丹、莫里哀、司汤达、巴尔扎克、雨果、大仲马、小仲马、莫泊桑、罗曼·罗兰、萨特、加缪、米勒、马奈、德加、塞尚、莫奈、罗丹、柏辽兹、比才、德彪西等大师。英国有乔叟、弥尔顿、拜伦、雪莱、济慈、狄更斯、哈代、萧伯纳、透纳等大师。德国有莱辛、歌德、席勒、海涅、巴赫、贝多芬、舒曼、瓦格纳、勃拉姆斯等大师。美国有霍桑、朗费罗、斯托夫人、惠特曼、马克·吐温、德莱赛、杰克·伦敦、海明威等大师。我最近访问了印度，印度人民也是具有非凡文艺创造活力的，大约公元前1000年前后就形成了《梨俱吠陀》、《阿达婆吠陀》、《娑摩吠陀》、《夜柔吠陀》四种本集，法显、玄奘取经时，印度的诗歌、舞蹈、绘画、宗教建筑和雕塑就达到了很高的水平，泰戈尔更是产生了世界性的影响。我国就更多了，从老子、孔子、庄子、孟子、屈原、王羲之、李白、杜甫、苏轼、辛弃疾、关汉卿、曹雪芹，到"鲁郭茅巴老曹"（鲁迅、郭沫若、茅盾、巴金、老舍、曹禺），到聂耳、冼星海、梅兰芳、齐白石、徐悲鸿，从诗经、楚辞到汉赋、唐诗、宋词、元曲以及明清小说，从《格萨尔王传》、《玛纳斯》到《江格尔》史诗，从五四时期新文化运动、新中国成立到改革开放的今天，产生了灿若星辰的文艺大师，留下了浩如烟海的文艺精品，不仅为中华民族提供了丰厚滋养，而且为世界文明贡献了华彩篇章。

历史和现实都证明，中华民族有着强大的文化创造力。每到重大历史关头，文化都能感国运之变化、立时代之潮头、发时代之先声，为亿万人民、为伟大祖国鼓与呼。中华文化既坚守本根又不断与时俱进，使中华民族保持了坚定的民族自信和强大的修复能力，培育了共同的情感和价值、共同的理想和精神。

没有中华文化繁荣兴盛，就没有中华民族伟大复兴。一个民族的复兴需要强大的物质力量，也需要强大的精神力量。没有先进文化的积极引领，没有人民精神世界的极大丰富，没有民族精神力量的不断增强，一个国家、一个民族不可能屹立于世界民族之林。

文艺是时代前进的号角，最能代表一个时代的风貌，最能引领一个时代的风气。"文变染乎世情，兴废系乎时序。"在欧洲文艺复兴运动中，但丁、彼特拉克、薄伽丘、达·芬奇、拉斐尔、米开朗琪罗、蒙田、塞万提斯、莎士比亚等文艺巨人，发出了新时代的啼声，开启了人们的心灵。在谈到文艺复兴运动时，恩格斯说，这"是一个需要巨人而且产生了巨人——在思维能力、热情和性格方面，在多才多艺和学识渊博方面的巨人的时代"。在我国发展史上，包括文艺在内的文化发展同样与中华民族发展紧紧联系在一起。先秦时期，我国出现了百家争鸣的兴盛局面，开创了我国古代文化的一个鼎盛期。20世纪初，在五四新文化运动中，发端于文艺领域的创新风潮对社会变革产生了重大影响，成为全民族思想解放运动的重要引擎。

现在，全党全国各族人民正按照党的十八大确立的奋斗目标和党的十八届三中全会提出的改革任务，一步一步把中国特色社会主义事业向前推进。实现"两个一百年"奋斗目标、实现中华民族伟大复兴的中国梦是长期而艰巨的伟大事业。伟大事业需要伟大精神。实现这个伟大事业，文艺的作用不可替代，文艺工作者大有可为。广大文艺工作者要从这样的高度认识文艺的地位和作用，认识自己所担负的历史使命和责任。

鲁迅先生说，要改造国人的精神世界，首推文艺。举精神之旗、立精神支柱、建精神家园，都离不开文艺。当高楼大厦在我国大地上遍地林立时，中华民族精神的大厦也应该巍然耸立。我国作家艺术家应该成为时代风气的先觉者、先行者、先倡者，通过更多有筋骨、有道德、有温度的文艺作品，书写和记录人民的伟大实践、时代的进步要求，彰显信仰之美、崇高之美，弘扬中国精神、凝聚中国力量，鼓舞全国各族人民朝气蓬勃迈向未来。

第二个问题：创作无愧于时代的优秀作品

"文章合为时而著，歌诗合为事而作。"衡量一个时代的文艺成就最终要看作品。推动文艺繁荣发展，最根本的是要创作生产出无愧于我们这个伟大民族、伟大时代的优秀作品。没有优秀作品，其他事情搞得再热闹、再花哨，那也只是表面文章，是不能真正深入人民精神世界的，是不能触及人的灵魂、引起人民思想共鸣的。文艺工作者应该牢记，创作是自己的中心任务，作品是自己的立身之本，要静下心来、精益求精搞创作，把最好的精神食粮奉献给人民。

优秀文艺作品反映着一个国家、一个民族的文化创造能力和水平。吸引、引导、启迪人们必须有好的作品，推动中华文化走出去也必须有好的作品。所以，我们必须把创作生产优秀作品作为文艺工作的中心环节，努力创作生产更多传播当代中国价值观念、体现中华文化精神、反映中国人审美追求，思想性、艺术性、观赏性有机统一的优秀作品，形成"龙文百斛鼎，笔力可独扛"之势。优秀作品并不拘于一格、不形于一态、不定于一尊，既要有阳春白雪，也要有下里巴人，既要顶天立地，也要铺天盖地。只要有正能量、有感染力，能够温润心灵、启迪心智，传得开、留得下，为人民群众所喜爱，这就是优秀作品。

文艺深深融入人民生活，事业和生活、顺境和逆境、梦想和期望、爱和恨、存在和死亡，人类生活的一切方面，都可以在文艺作品中找到启迪。文艺对年轻人吸引力最大，影响也最大。我年轻时读了不少文学作品，涉猎了当时能找到的各种书籍，不仅其中许多精彩章节、隽永文字至今记忆犹新，而且从中悟出了不少生活真谛。文艺也是不同国家和民族相互了解和沟通的最好方式。去年3月，我访问俄罗斯，在同俄罗斯汉学家座谈时就说到，我读过很多俄罗斯作家的作品，如年轻时读了车尔尼雪夫斯基的《怎么办？》后，在我心中引起了很大的震动。今年3月访问法国期间，我谈了法国文艺对我的影响，因为我们党老一代领导人中很多到法国求过学，所以我年轻时对法国文艺抱有浓厚兴趣。在德国，我讲了自己读《浮士德》的故事。那时候，我在陕北农村插队，听说一个知青有《浮士德》这本书，就走了30里路去借这本书，后来他又走了30里路来取回这本书。我为什么要对外国人讲这些？就是因为文艺是世界语言，谈文艺，其实就是谈社会、谈人生，最容易相互理解、沟通心灵。

改革开放以来，我国文艺创作迎来了新的春天，产生了大量脍炙人口的优秀作品。同时，也不能否认，在文艺创作方面，也存在着有数量缺质量、有"高原"缺"高峰"的现象，存在着抄袭模仿、千篇一律的问题，存在着机械化生产、快餐式消费的问题。在有些作品中，有的调侃崇高、扭曲经典、颠覆历史，丑化人民群众和英雄人物；有的是非不分、善恶不辨、以丑为美，过度渲染社会阴暗面；有的搜奇猎艳、一味媚俗、低级趣味，把作品当作追逐利益的"摇钱树"，当作感官刺激的"摇头丸"；有的胡编乱写、粗制滥造、牵强附会，制造了一些文化"垃圾"；有的追求奢华、过度包装、炫富摆阔，形式大于内容；还有的热衷于所谓"为艺术而艺术"，只写一己悲欢、杯水风波，脱离大众、脱离现实。凡此种种都警示我们，文艺不能在市场经济大潮中迷失方向，不能在为什么人的问题上发生偏差，否则文艺就没有生命力。

我同几位艺术家交谈过，问当前文艺最突出的问题是什么，他们不约而同地说了两个字：浮躁。一些人觉得，为一部作品反复打磨，不能及时兑换成实用价值，或者说不能及时兑换成人民币，不值得，也不划算。这样的态度，不仅会误导创作，而且会使低俗作品大行其道，造成劣币驱逐良币现象。人类文艺发展史表明，急功近利，竭泽而渔，粗制滥造，不仅是对文艺的一种伤害，也是对社会精神生活的一种伤害。低俗不是通俗，欲望不代表希望，单纯感官娱乐不等于精神快乐。文艺要赢得人民认可，花拳绣腿不行，投机取巧不行，沽名钓誉不行，自我炒作不行，"大花轿，人抬人"也不行。

精品之所以"精"，就在于其思想精深、艺术精湛、制作精良。"充实之谓美，充实而有光辉之谓大。"古往今来，文艺巨制无不是厚积薄发的结晶，文艺魅力无不是内在充实的显现。凡是传世之作、千古名篇，必然是笃定恒心、倾注心血的作品。福楼拜说，写《包法利夫人》"有一页就写了5天"，"客店这一节也许得写3个月"。曹雪芹写《红楼梦》"披阅十载，增删五次"。正是有了这种孜孜以求、精益求精的精神，好的文艺作品才能打造出来。

"取法于上，仅得为中；取法于中，故为其下。"有容乃大、无欲则刚，淡泊明志、宁静致远。大凡伟大的作家艺术家，都有一个渐进、渐悟、渐成的过程。文艺工作者要志存高远，就要有"望尽天涯路"的追求，耐得住"昨夜西风凋碧树"的清冷和"独上高楼"的寂寞，即便是"衣带渐宽"也"终不悔"，即便是"人憔悴"也心甘情愿，最后达到"众里寻他千百度"，"蓦然回首，那人却在，灯火阑珊处"的领悟。

"诗文随世运，无日不趋新。"创新是文艺的生命。文艺创作中出现的一些问题，同创新能力不足很有关系。刘勰在《文心雕龙》中就多处讲到，作家诗人要随着时代生活创新，以自己的艺术个性进行创新。唐代书法家李邕说:"似我者俗,学我者死。"宋代诗人黄庭坚说:"随人作计终后人,自成一家始逼真。"文艺创作是观念和手段相结合、内容和形式相融合的深度创新,是各种艺术要素和技术要素的集成,是胸怀和创意的对接。要把创新精神贯穿文艺创作生产全过程,增强文艺原创能力。要坚持百花齐放、百家争鸣的方针,发扬学术民主、艺术民主,营造积极健康、宽松和谐的氛围,提倡不同观点和学派充分讨论,提倡体裁、题材、形式、手段充分发展,推动观念、内容、风格、流派切磋互鉴。我国少数民族能歌善舞,长期以来形成了多姿多彩的文艺成果,这是我国文艺的瑰宝,要保护好、发展好,让它们在祖国文艺百花园中绽放出更加绚丽的光彩。

繁荣文艺创作、推动文艺创新,必须有大批德艺双馨的文艺名家。要把文艺队伍建设摆在更加突出的重要位置,努力造就一批有影响的各领域文艺领军人物,建设一支宏大的文艺人才队伍。文艺是给人以价值引导、精神引领、审美启迪的,艺术家自身的思想水平、业务水平、道德水平是根本。文艺工作者要自觉坚守艺术理想,不断提高学养、涵养、修养,加强思想积累、知识储备、文化修养、艺术训练,努力做到"笼天地于形内,挫万物于笔端"。除了要有好的专业素养之外,还要有高尚的人格修为,有"铁肩担道义"的社会责任感。在发展社会主义市场经济条件下,还要处理好义利关系,认真严肃地考虑作品的社会效果,讲品位,重艺德,为历史存正气,为世人弘美德,为自身留清名,努力以高尚的职业操守、良好的社会形象、文质兼美的优秀作品赢得人民喜爱和欢迎。

互联网技术和新媒体改变了文艺形态,催生了一大批新的文艺类型，也带来文艺观念和文艺实践的深刻变化。由于文字数码化、书籍图像化、阅读网络化等发展，文艺乃至社会文化面临着重大变革。要适应形势发展，抓好网络文艺创作生产，加强正面引导力度。近些年来，民营文化工作室、民营文化经纪机构、网络文艺社群等新的文艺组织大量涌现，网络作家、签约作家、自由撰稿人、独立制片人、独立演员歌手、自由美术工作者等新的文艺群体十分活跃。这些人中很有可能产生文艺名家，古今中外很多文艺名家都是从社会和人民中产生的。我们要扩大工作覆盖面，延伸联系手臂，用全新的眼光看待他们，用全新的政策和方法团结、吸引他们，引导他们成为繁荣社会主义文艺的有生力量。

第三个问题：坚持以人民为中心的创作导向

社会主义文艺，从本质上讲，就是人民的文艺。毛泽东同志在延安文艺座谈会上指出："为什么人的问题，是一个根本的问题，原则的问题。"邓小平同志说："我们的文艺属于人民"，"人民是文艺工作者的母亲"。江泽民同志要求广大文艺工作者"在人民的历史创造中进行艺术的创造，在人民的进步中造就艺术的进步"。胡锦涛同志强调："只有把人民放在心中最高位置，永远同人民在一起，坚持以人民为中心的创作导向，艺术之树才能常青。"

人民既是历史的创造者，也是历史的见证者，既是历史的"剧中人"，也是历史的"剧作者"。文艺要反映好人民心声，就要坚持为人民服务、为社会主义服务这个根本方向。这是党对文艺战线提出的一项基本要求，也是决定我国文艺事业前途命运的关键。只有牢固树立马克思主义文艺观，真正做到了以人民为中心，文艺才能发挥最大正能量。以人民为中心，就是要把满足人民精神文化需求作为文艺和文艺工作的出发点和落脚点，把人民作为文艺表现的主体，把人民作为文艺审美的鉴赏家和评判者，把为人民服务作为文艺工作者的天职。

第一，人民需要文艺。人民的需求是多方面的。满足人民日益增长的物质需求，必须抓好经济社会建设，增加社会的物质财富。满足人民日益增长的精神文化需求，必须抓好文化建设，增加社会的精神文化财富。物质需求是第一位的，吃上饭是最主要的，所以说"民以食为天"。但是，这并不是说人民对精神文化生活的需求就是可有可无的，人类社会与动物界的最大区别就是人是有精神需求的，人民对精神文化生活的需求时时刻刻都存在。

随着人民生活水平不断提高，人民对包括文艺作品在内的文化产品的质量、品位、风格等的要求也更高了。文学、戏剧、电影、电视、音乐、舞蹈、美术、摄影、书法、曲艺、杂技以及民间文艺、群众文艺等各领域都要跟上时代发展、把握人民需求，以充沛的激情、生动的笔触、优美的旋律、感人的形象创作生产出人民喜闻乐见的优秀作品，让人民精神文化生活不断迈上新台阶。

还有，国际社会对中国的关注度越来越高，他们想了解中国，想知道中国人的世界观、人生观、价值观，想知道中国人对自然、对世界、对历史、对未来的看法，想知道中国人的喜怒哀乐，想知道中国历史传承、风俗习惯、民族特性，等等。这些光靠正规的新闻发布、官方介绍是远远不够的，靠外国民众来中国亲自了解、亲身感受是很有限的。而文艺是最好的交流方式，在这方面可以发挥不可替代的作用，一部小说，一篇散文，一首诗，一幅画，一张照片，一部电影，一部电视剧、一曲音乐，都能给外国人了解中国提供一个独特的视角，都能以各自的魅力去吸引人、感染人、打动人。京剧、民乐、书法、国画等都是我国文化瑰宝，都是外国人了解中国的重要途径。文艺工作者要讲好中国故事、传播好中国声音、阐发中国精神、展现中国风貌，让外国民众通过欣赏中国作家艺术家的作品来深化对中国的认识、增进对中国的了解。要向世界宣传推介我国优秀文化艺术，让国外民众在审美过程中感受魅力，加深对中华文化的认识和理解。

第二，文艺需要人民。人民是文艺创作的源头活水，一旦离开人民，文艺就会变成无根的浮萍、无病的呻吟、无魂的躯壳。列宁说："艺术是属于人民的。它必须在广大劳动群众的底层有其最深厚的根基。它必须为这些群众所了解和爱好。它必须结合这些群众的感情、思想和意志，并提高他们。它必须在群众中间唤起艺术家，并使他们得到发展。"人民生活中本来就存在着文学艺术原料的矿藏，人民生活是一切文学艺术取之不尽、用之不竭的创作源泉。

人民的需要是文艺存在的根本价值所在。能不能搞出优秀作品，最根本的决定于是否能为人民抒写、为人民抒情、为人民抒怀。一切轰动当时、传之后世的文艺作品，反映的都是时代要求和人民心声。我国久传不息的名篇佳作都充满着对人民命运的悲悯、对人民悲欢的关切，以精湛的艺术彰显了深厚的人民情怀。《古诗源》收集的反映远古狩猎活动的《弹歌》，《诗经》中反映农夫艰辛劳作的《七月》、反映士兵征战生活的《采薇》、反映青年爱情生活的《关雎》，探索宇宙奥秘的《天问》，反映游牧生活的《敕勒歌》，歌颂女性英姿的《木兰诗》等，都是从人民生活中产生的。屈原的"长太息以掩涕兮，哀民生之多艰",杜甫的"安得广厦千万间,大庇天下寒士俱欢颜""朱门酒肉臭,路有冻死骨",李绅的"谁知盘中餐,粒粒皆辛苦",郑板桥的"些小吾曹州县吏,一枝一叶总关情",等等,也都是深刻反映人民心声的作品和佳句。世界上最早的文学作品《吉尔伽美什》史诗,反映了两河流域上古人民探求自然规律和生死奥秘的心境和情感。《荷马史诗》赞美了人民勇敢、正义、无私、勤劳等品质。《神曲》、《十日谈》、《巨人传》等作品的主要内容是反对中世纪的禁欲主义、蒙昧主义,反映人民对精神解放的热切期待。因此,文艺只有植根现实生活、紧跟时代潮流,才能发展繁荣;只有顺应人民意愿、反映人民关切,才能充满活力。

人民不是抽象的符号,而是一个一个具体的人,有血有肉,有情感,有爱恨,有梦想,也有内心的冲突和挣扎。不能以自己的个人感受代替人民的感受,而是要虚心向人民学习、向生活学习,从人民的伟大实践和丰富多彩的生活中汲取营养,不断进行生活和艺术的积累,不断进行美的发现和美的创造。要始终把人民的冷暖、人民的幸福放在心中,把人民的喜怒哀乐倾注在自己的笔端,讴歌奋斗人生,刻画最美人物,坚定人们对美好生活的憧憬和信心。

说到这里,我就想起了一件事情。1982年,我到河北正定县去工作前夕,一些熟人来为我送行,其中就有八一厂的作家、编剧王愿坚。他对我说,你到农村去,要像柳青那样,深入到农民群众中去,同农民群众打成一片。柳青为了深入农民生活,1952年曾经任陕西长安县县委副书记,后来辞去了县委副书记职务、保留常委职务,并定居在那儿的皇甫村,蹲点14年,集中精力创作《创业史》。因为他对陕西关中农民生活有深入了解，所以笔下的人物才那样栩栩如生。柳青熟知乡亲们的喜怒哀乐，中央出台一项涉及农村农民的政策，他脑子里立即就能想象出农民群众是高兴还是不高兴。

第三，文艺要热爱人民。有没有感情，对谁有感情，决定着文艺创作的命运。如果不爱人民，那就谈不上为人民创作。鲁迅就对人民充满了热爱，表露他这一心迹最有名的诗句就是"横眉冷对千夫指，俯首甘为孺子牛"。我在河北正定工作时结识的作家贾大山，也是一位热爱人民的作家。他去世后，我写了一篇文章悼念他。他给我印象最深的就是忧国忧民情怀，"处江湖之远则忧其君"。文艺工作者要想有成就，就必须自觉与人民同呼吸、共命运、心连心，欢乐着人民的欢乐，忧患着人民的忧患，做人民的孺子牛。这是唯一正确的道路，也是作家艺术家最大的幸福。

热爱人民不是一句口号，要有深刻的理性认识和具体的实践行动。对人民，要爱得真挚、爱得彻底、爱得持久，就要深深懂得人民是历史创造者的道理，深入群众、深入生活，诚心诚意做人民的小学生。我讲要深入生活，有些同志人是下去了，但只是走马观花、蜻蜓点水，并没有带着心，并没有动真情。要解决好"为了谁、依靠谁、我是谁"这个问题，拆除"心"的围墙，不仅要"身入"，更要"心入"、"情入"。

文艺的一切创新，归根到底都直接或间接来源于人民。"世事洞明皆学问，人情练达即文章。"艺术可以放飞想象的翅膀，但一定要脚踩坚实的大地。文艺创作方法有一百条、一千条，但最根本、最关键、最牢靠的办法是扎根人民、扎根生活。曹雪芹如果没对当时的社会生活做过全景式的观察和显微镜式的剖析,就不可能完成《红楼梦》这种百科全书式巨著的写作。鲁迅如果不熟悉辛亥革命前后底层民众的处境和心情,就不可能塑造出祥林嫂、闰土、阿Q、孔乙己等那些栩栩如生的人物。

关在象牙塔里不会有持久的文艺灵感和创作激情。有一位苏联诗人形容作家坐在屋里挖空心思写不出东西的窘态是"把手指甲都绞出了水来"。我们要走进生活深处,在人民中体悟生活本质、吃透生活底蕴。只有把生活咀嚼透了,完全消化了,才能变成深刻的情节和动人的形象,创作出来的作品才能激荡人心。正所谓"闭门觅句非诗法,只是征行自有诗"。一切创作技巧和手段最终都是为内容服务的,都是为了更鲜明、更独特、更透彻地说人说事说理。背离了这个原则,技巧和手段就毫无价值了,甚至还会产生负面效应。

当然,生活中并非到处都是莺歌燕舞、花团锦簇,社会上还有许多不如人意之处、还存在一些丑恶现象。对这些现象不是不要反映,而是要解决好如何反映的问题。古人云,"乐而不淫,哀而不伤","发乎情,止乎礼义"。文艺创作如果只是单纯记述现状、原始展示丑恶,而没有对光明的歌颂、对理想的抒发、对道德的引导,就不能鼓舞人民前进。应该用现实主义精神和浪漫主义情怀观照现实生活,用光明驱散黑暗,用美善战胜丑恶,让人们看到美好、看到希望、看到梦想就在前方。

一部好的作品,应该是经得起人民评价、专家评价、市场检验的作品,应该是把社会效益放在首位,同时也应该是社会效益和经济效益相统一的作品。在发展社会主义市场经济的条件下,许多文化产品要通过市场实现价值,当然不能完全不考虑经济效益。然而,同社会效益相比,经济效益是第二位的,当两个效益、两种价值发生矛盾时,经济效益要服从社会效益,市场价值要服从社会价值。文艺不能当市场的奴隶,不要沾满了铜臭气。优秀的文艺作品,最好是既能在思想上、艺术上取得成功,又能在市场上受到欢迎。要坚守文艺的审美理想、保持文艺的独立价值,合理设置反映市场接受程度的发行量、收视率、点击率、票房收入等量化指标,既不能忽视和否定这些指标,又不能把这些指标绝对化,被市场牵着鼻子走。

有的同志说,天是世界的天,地是中国的地,只有眼睛向着人类最先进的方面注目,同时真诚直面当下中国人的生存现实,我们才能为人类提供中国经验,我们的文艺才能为世界贡献特殊的声响和色彩。说的是有道理的。中华民族5000多年的文明进步,近代以来中国人民争取民族独立、人民解放的浴血斗争,中国共产党领导人民进行的革命、建设、改革的伟大历程,古老中国的深刻变化和13亿中国人民极为丰富的生产生活,为文艺创作提供了极为肥沃的土壤,值得写的东西太多了。只要我们与人民同在,就一定能从祖国大地母亲那里获得无穷的力量。

第四个问题:中国精神是社会主义文艺的灵魂

这段时间,我集中强调了培育和践行社会主义核心价值观问题。今年2月,中央政治局专门就培育和弘扬社会主义核心价值观进行集体学习,我作了讲话,对全社会提了要求。五四青年节,我到北京大学去,对大学师生讲了这个问题。5月底,我在上海考察工作时,对领导干部弘扬和践行社会主义核心价值观提了要求。六一儿童节前夕，我在北京海淀区民族小学同师生们座谈时讲了这个问题。6月上旬，我在两院院士大会上对院士们也提了这方面要求。9月教师节前一天，我到北京师范大学同师生座谈，再次强调了这个问题。今天，我也要对文艺界提出这方面要求，因为文艺在培育和弘扬社会主义核心价值观方面具有独特作用。

每个时代都有每个时代的精神。我曾经讲过，实现中国梦必须走中国道路、弘扬中国精神、凝聚中国力量。核心价值观是一个民族赖以维系的精神纽带，是一个国家共同的思想道德基础。如果没有共同的核心价值观，一个民族、一个国家就会魂无定所、行无依归。为什么中华民族能够在几千年的历史长河中生生不息、薪火相传、顽强发展呢？很重要的一个原因就是中华民族有一脉相承的精神追求、精神特质、精神脉络。

改革开放以来，我国经济发展很快，人民生活水平提高也很快。同时，我国社会正处在思想大活跃、观念大碰撞、文化大交融的时代，出现了不少问题。其中比较突出的一个问题就是一些人价值观缺失，观念没有善恶，行为没有底线，什么违反党纪国法的事情都敢干，什么缺德的勾当都敢做，没有国家观念、集体观念、家庭观念，不讲对错，不问是非，不知美丑，不辨香臭，浑浑噩噩，穷奢极欲。现在社会上出现的种种问题病根都在这里。这方面的问题如果得不到有效解决，改革开放和社会主义现代化建设就难以顺利推进。

我们始终强调，两个文明都搞好才是中国特色社会主义。邓小平同志早就告诫我们：风气如果坏下去，经济搞成功又有什么意义？会在另一方面变质！因此，我们要在全社会大力弘扬和践行社会主义核心价值观，使之像空气一样无处不在、无时不有，成为全体人民的共同价值追求，成为我们生而为中国人的独特精神支柱，成为百姓日用而不觉的行为准则。要号召全社会行动起来，通过教育引导、舆论宣传、文化熏陶、实践养成、制度保障等，使社会主义核心价值观内化为人们的精神追求、外化为人们的自觉行动。

文艺是铸造灵魂的工程，文艺工作者是灵魂的工程师。好的文艺作品就应该像蓝天上的阳光、春季里的清风一样，能够启迪思想、温润心灵、陶冶人生，能够扫除颓废萎靡之风。"凡作传世之文者，必先有可以传世之心。"广大文艺工作者要高扬社会主义核心价值观的旗帜，充分认识肩上的责任，把社会主义核心价值观生动活泼、活灵活现地体现在文艺创作之中，用栩栩如生的作品形象告诉人们什么是应该肯定和赞扬的，什么是必须反对和否定的，做到春风化雨、润物无声。同时，文艺界知名人士很多，社会影响力不小，大家不仅要在文艺创作上追求卓越，而且要在思想道德修养上追求卓越，更应身体力行践行社会主义核心价值观，努力做到言为士则、行为世范。

在社会主义核心价值观中，最深层、最根本、最永恒的是爱国主义。爱国主义是常写常新的主题。拥有家国情怀的作品，最能感召中华儿女团结奋斗。范仲淹的"先天下之忧而忧，后天下之乐而乐"，陆游的"王师北定中原日，家祭无忘告乃翁"、"位卑未敢忘忧国"、"夜阑卧听风吹雨，铁马冰河入梦来"，文天祥的"人生自古谁无死，留取丹心照汗青"，林则徐的"苟利国家生死以，岂因祸福避趋之"，岳飞的《满江红》，方志敏的《可爱的中国》，等等，都以全部热情为祖国放歌抒怀。我们当代文艺更要把爱国主义作为文艺创作的主旋律，引导人民树立和坚持正确的历史观、民族观、国家观、文化观，增强做中国人的骨气和底气。

追求真善美是文艺的永恒价值。艺术的最高境界就是让人动心，让人们的灵魂经受洗礼，让人们发现自然的美、生活的美、心灵的美。一首短短的《游子吟》之所以流传千年，就在于它生动讴歌了伟大的母爱。苏东坡称赞韩愈"文起八代之衰，而道济天下之溺"，讲的是从司马迁之后到韩愈，算起来文章衰弱了八代。韩愈的文章起来了，凭什么呢？就是"道"，就是文以载道。我们要通过文艺作品传递真善美，传递向上向善的价值观，引导人们增强道德判断力和道德荣誉感，向往和追求讲道德、尊道德、守道德的生活。只要中华民族一代接着一代追求真善美的道德境界，我们的民族就永远健康向上、永远充满希望。

文艺创作不仅要有当代生活的底蕴，而且要有文化传统的血脉。"求木之长者，必固其根本；欲流之远者，必浚其泉源。"中华优秀传统文化是中华民族的精神命脉，是涵养社会主义核心价值观的重要源泉，也是我们在世界文化激荡中站稳脚跟的坚实根基。增强文化自觉和文化自信，是坚定道路自信、理论自信、制度自信的题中应有之义。如果"以洋为尊"、"以洋为美"、"唯洋是从"，把作品在国外获奖作为最高追求，跟在别人后面亦步亦趋、东施效颦，热衷于"去思想化"、"去价值化"、"去历史化"、"去中国化"、"去主流化"那一套，绝对是没有前途的！事实上，外国人也跑到我们这里寻找素材、寻找灵感，好莱坞拍摄的《功夫熊猫》、《花木兰》等影片不就是取材于我们的文化资源吗？

中华民族在长期实践中培育和形成了独特的思想理念和道德规范，有崇仁爱、重民本、守诚信、讲辩证、尚和合、求大同等思想，有自强不息、敬业乐群、扶正扬善、扶危济困、见义勇为、孝老爱亲等传统美德。中华优秀传统文化中很多思想理念和道德规范，不论过去还是现在，都有其永不褪色的价值。我们要结合新的时代条件传承和弘扬中华优秀传统文化，传承和弘扬中华美学精神。中华美学讲求托物言志、寓理于情，讲求言简意赅、凝练节制，讲求形神兼备、意境深远，强调知、情、意、行相统一。我们要坚守中华文化立场、传承中华文化基因，展现中华审美风范。

传承中华文化，绝不是简单复古，也不是盲目排外，而是古为今用、洋为中用，辩证取舍、推陈出新，摒弃消极因素，继承积极思想，"以古人之规矩，开自己之生面"，实现中华文化的创造性转化和创新性发展。

当然，我们强调弘扬社会主义核心价值观，继承和发扬中华民族优秀传统文化，坚持和弘扬中国精神，并不排斥学习借鉴世界优秀文化成果。我们社会主义文艺要繁荣发展起来，必须认真学习借鉴世界各国人民创造的优秀文艺。只有坚持洋为中用、开拓创新，做到中西合璧、融会贯通，我国文艺才能更好发展繁荣起来。其实，现代以来，我国文艺和世界文艺的交流互鉴就一直在进行着。白话文、芭蕾舞、管弦乐、油画、电影、话剧、现代小说、现代诗歌等都是借鉴国外又进行民族创造的成果。鲁迅等进步作家当年就大量翻译介绍国外进步文学作品。新中国成立后，我们学习借鉴苏联文艺，如普列汉诺夫的艺术理论、斯坦尼斯拉夫斯基表演体系，苏联的芭蕾舞、电影等，苏联著名舞蹈家乌兰诺娃以及一些苏联著名演员、导演当年都来过中国访问。这种学习借鉴对建国初期我国社会主义文艺发展起到了促进作用。改革开放之后，我国文艺对世界文艺的学习借鉴就更广泛了。现在，情况也一样，很多艺术形式是国外兴起的，如说唱表演、街舞等，但只要人民群众喜欢，我们就要用，并赋予其健康向上的内容。

当今世界是开放的世界，艺术也要在国际市场上竞争，没有竞争就没有生命力。比如电影领域，经过市场竞争，国外影片并没有把我们的国产影片打垮，反而刺激了国产影片提高质量和水平，在市场竞争中发展起来了，具有了更强的竞争力。

第五个问题：加强和改进党对文艺工作的领导

党的领导是社会主义文艺发展的根本保证。党的根本宗旨是全心全意为人民服务，文艺的根本宗旨也是为人民创作。把握了这个立足点，党和文艺的关系就能得到正确处理，就能准确把握党性和人民性的关系、政治立场和创作自由的关系。

加强和改进党对文艺工作的领导，要把握住两条：一是要紧紧依靠广大文艺工作者，二是要尊重和遵循文艺规律。各级党委要从建设社会主义文化强国的高度，增强文化自觉和文化自信，把文艺工作纳入重要议事日程，贯彻好党的文艺方针政策，把握文艺发展正确方向。要选好配强文艺单位领导班子，把那些德才兼备、能同文艺工作者打成一片的干部放到文艺工作领导岗位上来。要尊重文艺工作者的创作个性和创造性劳动，政治上充分信任，创作上热情支持，营造有利于文艺创作的良好环境。要诚心诚意同文艺工作者交朋友，关心他们的工作和生活，倾听他们心声和心愿。要重视文艺阵地建设和管理，坚持守土有责，绝不给有害的文艺作品提供传播渠道。各级宣传文化部门要在党委领导下，切实加强对文艺工作的指导和扶持，加强对文艺工作者的引导和团结，为推动文艺繁荣发展作出积极贡献。文联、作协要充分发挥优势，加强行业服务、行业管理、行业自律，真正成为文艺工作者之家。

现在，文艺工作的对象、方式、手段、机制出现了许多新情况、新特点，文艺创作生产的格局、人民群众的审美要求发生了很大变化，文艺产品传播方式和群众接受欣赏习惯发生了很大变化。对传统文艺创作生产和传播，我们有一套相对成熟的体制机制和管理措施，而对新的文艺形态，我们还缺乏有效的管理方式方法。这方面，我们必须跟上节拍，下功夫研究解决。要通过深化改革、完善政策、健全体制，形成不断出精品、出人才的生动局面。

要高度重视和切实加强文艺评论工作。文艺批评是文艺创作的一面镜子、一剂良药，是引导创作、多出精品、提高审美、引领风尚的重要力量。文艺批评要的就是批评，不能都是表扬甚至庸俗吹捧、阿谀奉承，不能套用西方理论来剪裁中国人的审美，更不能用简单的商业标准取代艺术标准，把文艺作品完全等同于普通商品，信奉"红包厚度等于评论高度"。文艺批评褒贬甄别功能弱化，缺乏战斗力、说服力，不利于文艺健康发展。

真理越辩越明。一点批评精神都没有，都是表扬和自我表扬、吹捧和自我吹捧、造势和自我造势相结合，那就不是文艺批评了！金无足赤、人无完人，天下哪有十全十美的东西呢？良药苦口利于病，忠言逆耳利于行。有了真正的批评，我们的文艺作品才能越来越好。文艺批评就要褒优贬劣、激浊扬清，像鲁迅所说的那样，批评家要做"剜烂苹果"的工作，"把烂的剜掉，把好的留下来吃"。不能因为彼此是朋友，低头不见抬头见，抹不开面子，就不敢批评。作家艺术家要敢于面对批评自己作品短处的批评家，以敬重之心待之，乐于接受批评。要以马克思主义文艺理论为指导，继承创新中国古代文艺批评理论优秀遗产，批判借鉴现代西方文艺理论，打磨好批评这把"利器"，把好文艺批评的方向盘，运用历史的、人民的、艺术的、美学的观点评判和鉴赏作品，在艺术质量和水平上敢于实事求是，对各种不良文艺作品、现象、思潮敢于表明态度，在大是大非问题上敢于表明立场，倡导说真话、讲道理，营造开展文艺批评的良好氛围。

同志们！"等闲识得东风面，万紫千红总是春。"党中央对文艺工作和文艺工作者寄予厚望。希望文艺战线和广大文艺工作者不辜负时代召唤、不辜负人民期待，创造出更好更多的文艺精品，为推动文化大发展大繁荣、建设社会主义文化强国作出新的更大的贡献！

二

中共中央关于繁荣发展社会主义文艺的意见①

（2015年10月3日）

为深入贯彻党的十八大和十八届三中、四中全会精神，认真落实

---

① 新华社10月19日全文发布。

习近平总书记在文艺工作座谈会上的重要讲话精神，繁荣发展社会主义文艺，提出如下意见。

一、做好文艺工作的重大意义和指导思想

1. 充分认识文艺工作的重要作用。文艺是民族精神的火炬，是时代前进的号角，最能代表一个民族的风貌，最能引领一个时代的风气。文艺事业是党和人民事业的重要组成部分。我们党历来高度重视文艺工作，在革命、建设、改革各个时期，充分运用文艺引领时代风尚、鼓舞人民前进、推动社会进步。实现中华民族伟大复兴，离不开中华文化繁荣兴盛，离不开文艺事业繁荣发展。举精神旗帜、立精神支柱、建精神家园，是当代中国文艺的崇高使命。弘扬中国精神、传播中国价值、凝聚中国力量，是文艺工作者的神圣职责。

2. 准确把握文艺工作面临的形势。当前，我国文艺创作生产活跃，内容形式丰富，风格手法多样，涌现了一大批人民喜爱的优秀作品，呈现出百花竞放、蓬勃发展的生动景象。广大文艺工作者辛勤耕耘、服务人民，取得了显著成绩，作出了重要贡献。随着改革开放和社会主义现代化建设深入推进，我国经济社会发展取得巨大成就，现代科学技术日新月异，对外交流交往不断加深，国际地位显著提升，人民精神文化需求日益增长，为文艺发展提供了坚实基础、内在动力、广阔空间。同时，意识形态领域形势十分复杂，巩固思想文化阵地、维护国家文化安全的任务更加紧迫；在思想活跃、观念碰撞、文化交融的背景下，文艺领域还存在价值扭曲、浮躁粗俗、娱乐至上、唯市场化等问题，价值引领的任务艰巨迫切；文艺创作生产存在有数量缺质量、有"高原"缺"高峰"，抄袭模仿、千篇一律、粗制滥造等问题,推出精品力作的任务依然繁重;文艺评论存在"缺席"、"缺位"现象,对优秀作品推介不够,对不良现象批评乏力,文艺评论辨善恶、鉴美丑、促繁荣的作用有待强化。文艺环境、业态、格局深刻调整,创作、传播、消费深刻变化,新的文艺组织和文艺群体大量出现,引导、管理、服务的体制机制、手段方法亟须改革创新。

3. 文艺工作的指导思想和方针原则。高举中国特色社会主义伟大旗帜,以马克思列宁主义、毛泽东思想、邓小平理论、"三个代表"重要思想、科学发展观为指导,深入学习贯彻习近平总书记系列重要讲话精神,紧紧围绕全面建成小康社会、全面深化改革、全面依法治国、全面从严治党的战略布局,深入贯彻党的十八大和十八届三中、四中全会精神,坚持社会主义先进文化前进方向,全面贯彻"二为"方向和"双百"方针,紧紧依靠广大文艺工作者,坚持以人民为中心,以社会主义核心价值观为引领,以中国精神为灵魂,以中国梦为时代主题,以中华优秀传统文化为根脉,以创新为动力,以创作生产优秀作品为中心环节,深入实践、深入生活、深入群众,推出更多无愧于民族、无愧于时代的文艺精品,不断满足人民精神文化需求,建设社会主义文化强国,为实现"两个一百年"奋斗目标、实现中华民族伟大复兴的中国梦提供强大的价值引导力、文化凝聚力、精神推动力。

二、坚持以人民为中心的创作导向

4. 为人民抒写、为人民抒情。社会主义文艺本质上是人民的文艺,人民的需要是文艺存在的根本价值。解决好"为了谁、依靠谁、我是谁"的问题,牢固树立人民是历史创造者的观点,自觉以最广大人民为服务对象和表现主体,在人民生产生活中进行美的发现和美的创造。生动展现人民创造历史的伟大进程,用现实主义精神和浪漫主义情怀观照现实生活,歌颂光明、抒发理想、鞭挞丑恶、抵制低俗,给人民信心和力量。紧跟时代发展,把握人民对文艺作品质量、品位、风格等的期盼,创作生产更多人民喜闻乐见的优秀作品,推动人民精神文化生活不断迈上新台阶。

5. 深入生活、扎根人民。生活是文艺创作的源头活水,人民是文艺工作者的衣食父母。大力倡导文艺工作者深入生活、扎根人民,虚心向人民学习、向实践学习,不断进行生活的积累和艺术的提炼。制定支持文艺工作者长期深入生活的经济政策,健全长效保障机制,为他们蹲点生活、挂职锻炼、采风创作提供必要的工作条件和成果展示平台。完善激励机制,把深入生活纳入文艺单位目标管理和领导班子业绩考核,作为文艺工作者业务考核、职称评定、表彰奖励的重要依据。发挥知名作家艺术家的带头作用,使深入生活、扎根人民在文艺界蔚然成风。

6. 面向基层、服务群众。坚持重心下移,把各种文艺惠民措施纳入公共文化服务体系建设规划,推行菜单式服务,以实效为标准,提升质量和水平。创新形式、持续开展"文化进万家"、"送欢乐下基层"、"心连心"、文化艺术志愿服务、农村电影放映、全民阅读等活动,深入推进服务农民、服务基层文化建设先进集体创建活动。组织实施基层群众文化建设工程,发挥农家书屋、社区书屋效用,落实乡镇文化站职能,在编制总量内健全社区文化中心专兼职岗位,落实国家规定的工资待遇政策。促进"送文化"与群众需求有效对接,加大政府对面向基层文艺产品和服务的购买力度。建立"结对子、种文化"工作机制,组织专业文艺工作者到基层教、学、帮、带。实施农村中小学艺术教育计划,鼓励艺术院校毕业生到农村中小学任教。

7. 激发人民创造活力、繁荣群众文艺。充分尊重人民群众的主体地位和首创精神,使蕴藏于群众中的创造活力充分迸发。制定繁荣群众文艺发展规划,健全群众文艺工作网络,发挥好基层文联、作协、文化馆(站)、群艺馆在群众文艺创作中的引领作用,壮大民间文艺力量。完善群众文艺扶持机制,扶持引导业余文艺社团、民营剧团、演出队、老年大学以及青少年文艺群体、网络文艺社群、社区和企业文艺骨干、乡土文化能人等广泛开展创作活动,创新载体形式,展示群众文艺创作优秀成果。提高社区文化、村镇文化、企业文化、校园文化、军营文化、网络文化建设水平,培育积极健康、多姿多彩的文化形态,引导群众在参与中自我表现、自我教育、自我服务。普及文艺知识,培养文艺爱好,提高全民文化素养。鼓励群众文艺与旅游、体育等相关产业相结合。

8. 建立经得起人民检验的评价标准。评价文艺作品,要以最广大人民的根本利益为出发点和落脚点,坚持把社会效益放在首位,努力实现社会效益和经济效益、社会价值和市场价值相统一,绝不让文艺成为市场的奴隶。建立健全反映文艺作品质量的综合评价体系,完善影视剧、文艺演出、美术和文艺类出版物等创作生产出版的立项、采购、评审标准,完善文艺作品推介传播等环节的评估标准,把票房收入、收视率、收听率、点击率、发行量等量化指标,与专家评价和群众认可统一起来,推动文艺健康发展。把服务群众和引领群众结合起来，既满足人民多样化精神文化需求，又加强引导、克服浮躁，讲品位、讲格调，坚决抵制趋利媚俗之风。

三、让中国精神成为社会主义文艺的灵魂

9. 聚焦中国梦的时代主题。实现中华民族伟大复兴的中国梦，是当代文艺创作的鲜明主题。深入开展中国梦主题文艺创作活动，生动反映改革开放和社会主义现代化建设的伟大实践，全面展示中国特色社会主义发展前景，着力书写人们寻梦的理想和追梦的奋斗，汇聚起同心共筑中国梦的强大精神力量。不断丰富拓展中国梦的表现内容，既讲好国家民族宏大故事，又讲好百姓身边日常故事，用生动的艺术形象和叙事体现中国梦的丰富内涵，见人、见事、见精神。

10. 培育和弘扬社会主义核心价值观。社会主义核心价值观是中国精神的集中体现和时代表达。坚持以社会主义核心价值观引领文艺创作生产，实现核心价值观的全方位贯穿、深层次融入，通过精彩的故事、鲜活的语言、丰满的形象，使核心价值观生动活泼、活灵活现地体现在文艺作品中，潜移默化、滋养人心，让人们在文化熏陶中感悟认同社会主流价值。运用各种形式，艺术展现党史国史上的重大事件、重要人物，让光辉业绩、革命传统一代一代传承光大。大力支持文艺单位和作家艺术家从社会生活、当代人物中挖掘题材，讴歌真善美，贬斥假恶丑，彰显信仰之美、崇高之美，引导人们向往和追求讲道德、尊道德、守道德的生活。文学、艺术、电影、出版等方面的基金、资金，重点支持传递向上向善价值观的青少年文艺创作和推广。

11. 唱响爱国主义主旋律。爱国主义是中国精神最深层、最根本的内容，也是文艺创作的永恒追求。坚持唯物史观，不管历史条件发生任何变化，凡是为中华民族作出历史贡献的英雄，都应得到尊敬、受到颂扬，被人民记忆、由文艺书写。组织和支持爱国主义题材文艺创作，大力讴歌民族英雄，倾诉家国情怀，弘扬集体主义精神，不断增强做中国人的骨气和底气。正确反映中华民族五千多年文明史、中国人民近代以来斗争史、中国共产党奋斗史、中华人民共和国发展史、当代中国改革开放史，生动反映各族人民维护祖国统一、海外儿女心向祖国的心路历程。旗帜鲜明反对历史虚无主义，抵制否定中华文明、破坏民族团结、歪曲党史国史、诋毁国家形象、丑化人民群众的言论和行为，反对以洋为尊、唯洋是从，引导人民树立和坚持正确的历史观、民族观、国家观、文化观，不断增强中国特色社会主义道路自信、理论自信、制度自信。拓展爱国主义题材的表现空间，不断丰富形式、创新手法，增强艺术魅力。充分运用重要纪念日、民族传统节日等时间节点，集中展映展播展示群众喜爱的爱国主义优秀作品，开展丰富多彩的群众性文化活动。

12. 传承和弘扬中华优秀传统文化。中华优秀传统文化是中华民族的精神命脉，是我们屹立于世界文化之林的坚实根基。坚守中华文化立场，坚持古为今用、推陈出新，秉持客观科学礼敬的态度，努力实现创造性转化和创新性发展。弃其糟粕、取其精华，从传统文化中提炼符合当今时代需要的思想理念、道德规范、价值追求，赋予新意、创新形式，进行艺术转化和提升，创作更多具有中华文化底色、鲜明中国精神的文艺作品。实施中华文化传承工程，通过国民教育、民间传承、礼仪规范、政策引导和舆论宣传、文艺创作等各个方面，传承中华文化基因。做好古籍整理、经典出版、义理阐释、社会普及工作。加强对中华诗词、音乐舞蹈、书法绘画、曲艺杂技和历史文化纪录片、动画片、出版物等的扶持。发展民族民间艺术，保护和发掘我国少数民族文艺成果及资源，保护和传承非物质文化遗产。实施地方戏曲振兴计划，做好京剧"像音像"工作，挖掘整理优秀传统剧目，推进数字化保存和传播。推进基层国有文艺院团排练演出场所建设，政府采购戏曲项目，提供公共文化服务，推进戏曲进校园。扶持中华文化基因校园传承工作，建设一批中华优秀传统文化教育基地。

四、创作无愧于时代的优秀作品

13. 把创作优秀作品作为中心环节。牢固树立精品意识，推出更多思想精深、艺术精湛、制作精良，体现时代文化成就、代表国家文化形象的文艺精品。组织实施中国当代文学艺术创作工程，科学编制现实题材、爱国主义题材、重大革命和历史题材、青少年题材等专项创作规划，优化创作生产平台，重点支持文学、影视剧、戏剧、音乐、美术等创作。提高组织化程度，集中力量、集聚资源，推出一批有筋骨、有道德、有温度、艺术震撼力强的大作力作，努力形成文艺创作生产的"高峰"。中央和地方设立文艺创作专项资金或基金，加大对创作生产的投入，加强对评论、宣传和推广的保障。发挥精神文明建设"五个一工程"等的示范导向作用，加大评奖成果的宣传展示。办好媒体文艺栏目节目，实施中国文艺原创精品出版项目。

14. 把创新精神贯穿创作生产全过程。坚持思想性、艺术性相统一，坚持内容为王、创意致胜，提高文艺原创能力，在探索中突破超越，在融合中出新出彩，着力增强文艺作品的吸引力、感染力。重点扶持文学、剧本、作曲等原创性、基础性环节，注重富有个性化的创造，避免过多过滥的重复改编。把继承创新和交流借鉴统一起来，深入挖掘和提炼优秀传统文化中的有益思想艺术价值，积极吸收各国优秀文化成果，使文艺更加符合时代进步潮流，更好引领社会风尚。推动文艺与新技术、新业态、新模式、新媒体有机融合，以数字化技术为先导，积极推动文艺创作生产方式的变革和进步，丰富创作手段，拓展艺术空间，不断增强艺术表现力、核心竞争力。

15. 高度重视和切实加强文艺理论和评论工作。坚持以马克思主义为指导，继承中国传统文艺理论评论优秀遗产，批判借鉴外国文艺理论，研究梳理、弘扬创新中华美学精神，推动美德、美学、美文相结合，展现当代中国审美风范。实施马克思主义文艺理论与评论建设工程，深入研究中国特色社会主义文艺理论，编好用好马克思主义文艺理论教材，把马克思主义中国化最新成果贯穿到课堂教学和文艺评论实践各环节。扶持重点文艺评论力量，发挥好各级文艺评论组织、研究机构、高等学校的积极作用。办好重点文艺评论报刊、网站和栏目，丰富表达形式，拓展传播途径。坚持运用历史的、人民的、艺术的、美学的观点评判和鉴赏作品，褒优贬劣、激浊扬清。

16. 大力发展网络文艺。网络文艺充满活力，发展潜力巨大。坚持"重在建设和发展、管理、引导并重"的方针，实施网络文艺精品创作和传播计划，鼓励推出优秀网络原创作品，推动网络文学、网络音乐、网络剧、微电影、网络演出、网络动漫等新兴文艺类型繁荣有序发展，促进传统文艺与网络文艺创新性融合，鼓励作家艺术家积极运用网络创作传播优秀作品。充分发挥新媒体的独特优势，把握传播规律，加强重点文艺网站建设，善于运用微博、微信、移动客户端等载体，促进优秀作品多渠道传输、多平台展示、多终端推送。加强内容管理，创新管理方式，规范传播秩序，让正能量引领网络文艺发展。

17. 加强文艺阵地建设。进一步加强领导、加强规划、加大投入，充分发挥报纸、期刊、电台、电视台、网络媒体、图书音像电子出版物的积极作用，建好用好剧场、电影院、文化馆（站）、群艺馆、美术馆、工人文化宫、文化广场、基层综合性文化服务中心等各类文艺阵地。因地制宜、因时制宜，采用群众喜闻乐见的方式，举办各种展映展播展演展览和品读鉴赏传唱活动，让优秀文艺作品走进基层群众特别是广大青少年。切实增强政治意识、责任意识、阵地意识，按照谁主管谁负责和属地管理原则，加强对各类文艺阵地的管理，做到守土有责、守土负责、守土尽责，绝不给错误文艺思潮和不良文艺作品提供传播渠道。

18. 推动优秀文艺作品走出去。运用文艺形式讲好中国故事、展示中国魅力，是树立当代中国良好形象、提升国家文化软实力的重要战略任务。深入挖掘博大精深的传统文化、多姿多彩的民族文化、昂扬向上的红色文化、充满生机的当代文化，创作生产符合对外传播规律、易于让国外受众接受的优秀作品，不断增强中国文艺的吸引力感召力。加强统筹指导，完善协调机制，把实施丝绸之路文化项目、丝绸之路影视桥、丝路书香等项目纳入国家"一带一路"战略，制定文化交流合作专项计划。实施中国当代作品翻译工程，遴选具有代表性的中国当代文艺作品，进行多语种翻译、出版、播映、展示。充分利用国内和国际、政府和民间多种对外交流渠道和活动平台，把文艺走出去纳入人文交流机制，向世界推介我国优秀文艺作品。

五、建设德艺双馨的文艺队伍

19. 加强思想道德建设。文艺工作者是灵魂的工程师,必须把思想道德建设放在首位。深化马克思主义文艺观学习教育,引导文艺工作者成为党的文艺方针政策的拥护者、践行者,成为时代风气的先行者、先倡者。深化社会主义核心价值观学习教育,引导文艺工作者打牢世界观、人生观、价值观的根底,明确是非、善恶、美丑的界限,摒弃低俗、庸俗、媚俗现象,弘扬公德良序,树立新风正气。组织开展"做人民喜爱的文艺工作者"活动,引导文艺工作者牢记文化担当和社会责任,不断提高学养、涵养、修养。广泛开展职业道德职业精神教育,引导文艺工作者自觉遵守《中国文艺工作者职业道德公约》,处理好义利关系,反对拜金主义、享乐主义、极端个人主义,秉持职业操守,树立良好形象。

20. 培养造就文艺领军人物和高素质文艺人才。着眼于培养大批有影响的各领域文艺领军人物,造就大批人民喜爱的名家大师和民族文化代表人物,深入实施文化名家暨"四个一批"人才工程,进一步加大文艺名家资助扶持、宣传推介力度,实施好国家"千人计划"、"万人计划"文化艺术人才项目,加大国内文化艺术领军人才和青年拔尖人才培养支持力度。加强马克思主义文艺理论评论队伍建设,实施文艺理论评论队伍培养计划。做好各类文艺人才培训工作,实施基层文化队伍培训计划、民族地区文艺人才培养计划。加强和改进专业艺术教育工作,优化专业结构,提高教学质量。落实重大文化项目首席专家制度,完善文艺人才职称职务评聘措施和办法,支持特殊专业艺术人才的学历、职称认定。

21. 做好新的文艺组织和文艺群体工作。新的文艺组织和文艺群体已经成为文化艺术领域的有生力量。要扩大工作覆盖面，延伸联系手臂，完善工作机制，创新组织方式，做好团结、引导、服务工作，发挥好新的文艺组织和文艺群体在繁荣发展社会主义文艺中的积极作用。各级宣传、文化、新闻出版广电部门和文联、作协，要在项目申报、教育培训、展演展示、评比奖励等方面创造条件，在发展会员、职称评定等方面提供便利。文化园区、新的文艺群体聚居区所在县（区）以及街道、乡镇党委和政府要切实加强管理和服务。

六、加强和改进党对文艺工作的领导

22. 党的领导是文艺繁荣发展的根本保证。各级党委要从建设社会主义文化强国、提升党的执政能力的战略高度，增强文化自觉和文化自信，准确把握党性和人民性、政治立场和创作自由的关系，把文艺工作纳入重要议事日程，加强宏观指导，把好文艺方向，提高创作生产的组织化程度，防止把文艺创作生产完全交由市场调节的倾向。各级政府要把文艺事业纳入经济社会发展总体规划，纳入考核评价体系，落实中央支持文艺发展的政策，制定本地支持文艺发展具体措施，不断加大文艺事业投入力度。各级党委宣传部门要发挥统筹指导作用，充分调动各方面力量做好文艺工作，形成党委统一领导，宣传部门牵头抓总，文化、教育、新闻出版广电、文联、作协等部门和团体协同推进，社会各方面积极参与的文艺工作新格局。选优配强文艺单位领导班子，把那些德才兼备、熟悉文艺工作规律、能同文艺工作者打成一片的干部充实到领导岗位上来。推动文艺界廉政建设，加强纪律，反对腐败，改进作风。

23. 营造繁荣发展文艺的良好环境。尊重文艺人才，尊重文艺创造，落实国家荣誉制度，对成就卓著的文艺工作者授予国家荣誉称号。加大对优秀文艺人才、文艺作品的宣传力度，使优秀作家艺术家专业上有权威、社会上受尊重。做好中青年德艺双馨文艺工作者评选表彰工作。大力支持文艺工作者干事创业，诚心诚意同他们交朋友、为他们办实事。改革和完善有利于文艺繁荣发展的酬劳和奖励办法。尊重和遵循文艺规律，发扬学术民主和艺术民主，提倡不同观点和学派充分讨论，提倡题材、体裁、形式、手段充分发展，推动观念、内容、风格、流派积极创新，形成创新精神和创造活力竞相迸发、文艺精品和文艺人才不断涌现的生动局面。

24. 不断深化改革、完善体制机制。贯彻落实全面深化改革的要求，扎实推进文化事业单位改革，建立健全有利于出作品、出人才的体制机制。发挥骨干文化企业和小微文化企业等各种市场主体作用，运用市场机制，调动作家艺术家积极性，推动多出优秀作品。落实和完善对文化单位的配套改革政策，支持他们做大做强，助推文化产业成为支柱性产业。进一步完善各项文艺扶持政策，加大对国有文艺院团改革发展的扶持，加大对文学艺术重点报刊、重点网络文学网站的扶持。把面向基层的公益性文化活动、重大文艺项目纳入公共财政预算。用好各类专项资金和基金，把握方向，突出重点，向弘扬中国梦、弘扬社会主义核心价值观、弘扬中华优秀传统文化等方面的文艺创作倾斜。坚持政府引导和市场调节两轮驱动，创新资金投入方式，健全政府采购、项目补贴、贷款贴息、捐资激励等制度，落实公益性捐赠税前扣除等措施，鼓励和引导社会力量参与文艺创作生产和公益性文化活动，逐步建立健全文艺创作生产资助体系。加强各级各类学校艺术教育，推动学校与社会艺术教育资源和设施共建共享，提高青少年的艺术素养。修订、制定促进和保障文艺繁荣发展的法律法规。依法管理文化市场，深化文化市场综合行政执法改革，加强文化市场执法，深入开展"扫黄打非"，进一步提高依法行政水平。加强知识产权保护，维护文艺工作者和文艺机构合法权益。加强和改进文艺评奖管理，严格评奖标准，既看作品也重人品，切实提高评奖公信力和影响力。

25. 充分发挥文联、作协等人民团体作用。文联、作协是党和政府联系广大文艺工作者的桥梁和纽带。各级党委和政府要加大对文联、作协的支持保障力度，切实支持其履行团结引导、联络协调、服务管理、自律维权职能，在行业建设中发挥主导作用。文联、作协要改革创新、增强活力，改进工作机制和方法手段，改进工作作风，避免机关化、脱离群众现象，真正成为文艺工作者之家，更好地团结凝聚广大文艺工作者，充分调动一切积极因素，为繁荣发展社会主义文艺、建设社会主义文化强国作贡献。

三

国务院关于推进文化创意和设计服务与相关产业融合发展的若干意见[①]

（2014 年 2 月 26 日）

各省、自治区、直辖市人民政府，国务院各部委、各直属机构：

---

① 引自国务院文件"国发〔2014〕10 号"，有删减。

近年来，随着我国新型工业化、信息化、城镇化和农业现代化进程的加快，文化创意和设计服务已贯穿在经济社会各领域各行业，呈现出多向交互融合态势。文化创意和设计服务具有高知识性、高增值性和低能耗、低污染等特征。推进文化创意和设计服务等新型、高端服务业发展，促进与实体经济深度融合，是培育国民经济新的增长点、提升国家文化软实力和产业竞争力的重大举措，是发展创新型经济、促进经济结构调整和发展方式转变、加快实现由"中国制造"向"中国创造"转变的内在要求，是促进产品和服务创新、催生新兴业态、带动就业、满足多样化消费需求、提高人民生活质量的重要途径。为推进文化创意和设计服务与相关产业融合发展，现提出以下意见。

一、总体要求

（一）指导思想。以邓小平理论、"三个代表"重要思想、科学发展观为指导，按照加快转变经济发展方式和全面建成小康社会的总体要求，以改革创新和科技进步为动力，以知识产权保护利用和创新型人力资源开发为核心，牢固树立绿色节能环保理念，充分发挥市场作用，促进资源合理配置，强化创新驱动，增强创新动力，优化发展环境，切实提高我国文化创意和设计服务整体质量水平和核心竞争力，大力推进与相关产业融合发展，更好地为经济结构调整、产业转型升级服务，为扩大国内需求、满足人民群众日益增长的物质文化需要服务。

（二）基本原则。统筹协调，重点突破。统筹各类资源，加强协调配合，着力推进文化软件服务、建筑设计服务、专业设计服务、广告服务等文化创意和设计服务与装备制造业、消费品工业、建筑业、信息业、旅游业、农业和体育产业等重点领域融合发展。根据不同地区实际、不同产业特点，鼓励先行先试，发挥特色优势，促进多样化、差异化发展。

市场主导，创新驱动。以市场为导向、企业为主体，产学研用协同，转变政府职能，加强扶持引导，实施支持企业创新政策，打破行业和地区壁垒，充分调动社会各方面积极性，促进技术创新、业态创新、内容创新、模式创新和管理创新，推进文化创意和设计服务产业化、专业化、集约化、品牌化发展，促进与相关产业深度融合，催生新技术、新工艺、新产品，满足新需求。

文化传承，科技支撑。依托丰厚文化资源，丰富创意和设计内涵，拓展物质和非物质文化遗产传承利用途径，促进文化遗产资源在与产业和市场的结合中实现传承和可持续发展。加强科技与文化的结合，促进创意和设计产品服务的生产、交易和成果转化，创造具有中国特色的现代新产品，实现文化价值与实用价值的有机统一。

（三）发展目标。到2020年，文化创意和设计服务的先导产业作用更加强化，与相关产业全方位、深层次、宽领域的融合发展格局基本建立，相关产业文化含量显著提升，培养一批高素质人才，培育一批具有核心竞争力的企业，形成一批拥有自主知识产权的产品，打造一批具有国际影响力的品牌，建设一批特色鲜明的融合发展城市、集聚区和新型城镇。文化创意和设计服务增加值占文化产业增加值的比重明显提高，相关产业产品和服务的附加值明显提高，为推动文化产业成为国民经济支柱性产业和促进经济持续健康发展发挥重要作用。

二、重点任务

（一）塑造制造业新优势。支持基于新技术、新工艺、新装备、新材料、新需求的设计应用研究，促进工业设计向高端综合设计服务转变，推动工业设计服务领域延伸和服务模式升级。汽车、飞机、船舶、轨道交通等装备制造业要加强产品的外观、结构、功能等设计能力建设。以打造品牌、提高质量为重点，推动生活日用品、礼仪休闲用品、家用电器、服装服饰、家居用品、数字产品、食品、文化体育用品等消费品工业向创新创造转变，增加多样化供给，引导消费升级。支持消费类产品提升新产品设计和研发能力，加强传统文化与现代时尚的融合，创新管理经营模式，以创意和设计引领商贸流通业创新，加强广告营销策划，增加消费品的文化内涵和附加值，健全品牌价值体系，形成一批综合实力强的自主品牌，提高整体效益和国际竞争力。

（二）加快数字内容产业发展。推动文化产品和服务的生产、传播、消费的数字化、网络化进程，强化文化对信息产业的内容支撑、创意和设计提升，加快培育双向深度融合的新型业态。深入实施国家文化科技创新工程，支持利用数字技术、互联网、软件等高新技术支撑文化内容、装备、材料、工艺、系统的开发和利用，加快文化企业技术改造步伐。大力推动传统文化单位发展互联网新媒体，推动传统媒体和新兴媒体融合发展，提升先进文化互联网传播吸引力。深入挖掘优秀文化资源，推动动漫游戏等产业优化升级，打造民族品牌。推动动漫游戏与虚拟仿真技术在设计、制造等产业领域中的集成应用。全面推进三网融合，推动下一代广播电视网和交互式网络电视等服务平台建设，推动智慧社区、智慧家庭建设。加强通讯设备制造、网络运营、集成播控、内容服务单位间的互动合作。提高数字版权集约水平，健全智能终端产业服务体系，推动产品设计制造与内容服务、应用商店模式整合发展。推进数字电视终端制造业和数字家庭产业与内容服务业融合发展，提升全产业链竞争力。推进数字绿色印刷发展，引导印刷复制加工向综合创意和设计服务转变，推动新闻出版数字化转型和经营模式创新。

（三）提升人居环境质量。坚持以人为本、安全集约、生态环保、传承创新的理念，进一步提高城乡规划、建筑设计、园林设计和装饰设计水平，完善优化功能，提升文化品位。注重对文物保护单位、历史文化名城名镇名村和传统村落的保护。加强城市建设设计和景观风貌规划，突出地域特色，有效保护历史文化街区和历史建筑，提高园林绿化、城市公共艺术的设计质量，建设功能完善、布局合理、形象鲜明的特色文化城市。加强村镇建设规划，培育村镇建筑设计市场，建设环境优美、设施完备、幸福文明的社会主义新农村。贯彻节能、节地、节水、节材的建筑设计理念，推进技术传承创新，积极发展绿色建筑。因地制宜融入文化元素，加快相关建筑标准规范的更新或修订。完善建筑、园林、城市设计、城乡规划等设计方案竞选制度，重视对文化内涵的审查。鼓励装饰设计创新，引领装饰产品和材料升级。

（四）提升旅游发展文化内涵。坚持健康、文明、安全、环保的旅游休闲理念，以文化提升旅游的内涵质量，以旅游扩大文化的传播消费。支持开发康体、养生、运动、娱乐、体验等多样化、综合性旅游休闲产品，建设一批休闲街区、特色村镇、旅游度假区，打造便捷、舒适、健康的休闲空间，提升旅游产品开发和旅游服务设计的人性化、科学化水平，满足广大群众个性化旅游需求。加强自然、文化遗产地和非物质文化遗产的保护利用，大力发展红色旅游和特色文化旅游，推进文化资源向旅游产品转化，建设文化旅游精品。加快智慧旅游发展，促进旅游与互联网融合创新，支持开发具有地域特色和民族风情的旅游演艺精品和旅游商品，鼓励发展积极健康的特色旅游餐饮和主题酒店。

（五）挖掘特色农业发展潜力。提高农业领域的创意和设计水平，推进农业与文化、科技、生态、旅游的融合。强化休闲农业与乡村旅游经营场所的创意和设计，建设集农耕体验、田园观光、教育展示、文化传承于一体的休闲农业园。注重农村文化资源挖掘，不断丰富农业产品、农事景观、环保包装、乡土文化等创意和设计，着力培育一批休闲农业知名品牌，提升农产品附加值，促进创意和设计产品产业化。发展楼宇农业、阳台农艺，进一步拓展休闲农业发展空间。支持专业农产品市场建设特色农产品展览展示馆（园），推进特色农产品文化宣传交流。建立健全地理标志的技术标准体系、质量保证体系与检测体系，扶持地理标志产品，加强地理标志和农产品商标的注册和保护。支持农业企业申报和推介绿色环保产品和原产地标记，鼓励利用信息技术创新具有地域文化特色的农产品营销模式。

（六）拓展体育产业发展空间。积极培育体育健身市场，引导大众体育消费。丰富传统节庆活动内容，支持地方根据当地自然人文资源特色举办体育活动，策划打造影响力大、参与度高的精品赛事，推动体育竞赛表演业全面发展。鼓励发展体育服务组织，以赛事组织、场馆运营、技术培训、信息咨询、中介服务、体育保险等为重点，逐步扩大体育服务规模。推动与体育赛事相关版权的开发与保护，进一步放宽国内赛事转播权的市场竞争范围，探索建立与体育赛事相关的版权交易平台。加强体育产品品牌建设，开发科技含量高、拥有自主知识产权的体育产品，提升市场竞争力。促进体育衍生品创意和设计开发，推进相关产业发展。

（七）提升文化产业整体实力。坚持正确的文化产品创作生产方向，着力提升文化产业各门类创意和设计水平及文化内涵，加快构建结构合理、门类齐全、科技含量高、富有创意、竞争力强的现代文化产业体系，推动文化产业快速发展。鼓励各地结合当地文化特色不断推出原创文化产品和服务，积极发展新的艺术样式，推动特色文化产业发展。强化与规范新兴网络文化业态，创新新兴网络文化服务模式，繁荣文学、艺术、影视、音乐创作与传播。加强舞美设计、舞台布景创意和舞台技术装备创新。坚持保护传承和创新发展相结合，促进艺术衍生产品、艺术授权产品的开发生产，加快工艺美术产品、传统手工艺品与现代科技和时代元素融合。完善博物馆、美术馆等公共文化设施功能，提高展陈水平。

三、政策措施

（一）增强创新动力。深入实施知识产权战略，加强知识产权运用和保护，健全创新、创意和设计激励机制。加强商标法、专利法、著作权法、反不正当竞争法等知识产权保护法律法规宣传普及，完善有利于创意和设计发展的产权制度。完善网络环境下著作权保护等法律法规，加强数据保护等问题研究。加强知识产权监督执法，加大对侵权行为的惩处力度，完善维权援助机制。优化知识产权申请与审查制度，建立并完善专利优先审查通道和软件著作权快速登记通道，健全便捷高效的商标注册审查体系。完善知识产权入股、分红等形式的激励机制和管理制度。活跃知识产权交易，促进知识产权的合理有效流通。提升企业知识产权综合能力，培育一批知识产权优势企业。鼓励企业、院校、科研机构成立战略联盟，引导创意和设计、科技创新要素向企业聚集，加大联盟知识产权管理能力建设，推行知识产权集群式管理。

（二）强化人才培养。推动实施文化创意和设计服务人才扶持计划，打破体制壁垒，扫除身份障碍，营造有利于创新型人才健康成长、脱颖而出的制度环境。优化专业设置，鼓励普通本科高校和科研院所加强专业（学科）建设和理论研究。鼓励将非物质文化遗产传承人才培养纳入职业教育体系，发挥职业教育在文化传承创新中的重要作用，重点建设一批民族文化传承创新专业点。推动民间传统手工艺传承模式改革，培养一批具有文化创新能力的技术技能人才。积极推进产学研用合作培养人才，发展专业学位研究生教育，扶持和鼓励相关行业和产业园区、龙头企业与普通本科高校、职业院校及科研机构共同建立人才培养基地，支持符合条件的设立博士后科研工作站，探索学历教育与职业培训并举、创意和设计与经营管理结合的人才培养新模式，加快培养高层次、复合型人才。加大核心人才、重点领域专门人才、高技能人才和国际化人才的培养和扶持力度，造就一批领军人物。完善政府奖励、用人单位奖励和社会奖励互为补充的多层次创意和设计人才奖励体系，对各类创意和设计人才的创作活动、学习深造、国际交流等进行奖励和资助。加强创业孵化，加大对创意和设计人才创业创新的扶持力度。规范和鼓励举办国际化、专业化的创意和设计竞赛活动，促进创意和设计人才的创新成果展示交易。积极利用各类引才引智计划，引进海外高端人才。健全符合创意和设计人才特点的使用、流动、评价和激励体系，按照国家有关规定，进一步落实国有企业、院所转制企业、职业院校、普通本科高校和科研院所创办企业的股权激励政策，推进职业技能鉴定和职称评定工作，加强人才科学管理。

（三）壮大市场主体。实施中小企业成长工程，支持专业化的创意和设计企业向专、精、特、新方向发展，打造中小企业集群。鼓励挖掘、保护、发展中华老字号等民间特色传统技艺和服务理念，培育具有地方特色的创意和设计企业，支持设计、广告、文化软件工作室等各种形式小微企业发展。推动创意和设计优势企业根据产业联系，实施跨地区、跨行业、跨所有制业务合作，打造跨界融合的产业集团和产业联盟。鼓励有条件的大型企业设立工业设计中心，建设一批国家级工业设计中心。积极推进相关事业单位分类改革，鼓励国有文化企业引进战略资本，实行股份制改造，积极引导民间资本投资文化创意和设计服务领域。支持有条件的企业"走出去"，扩大产品和服务出口，通过海外并购、联合经营、设立分支机构等方式积极开拓国际市场。推进文化等服务业领域有序开放，放开建筑设计领域外资准入限制。围绕提升产业竞争力，建立健全文化创意和设计服务与相关产业融合发展的技术标准体系，加快制定修订一批相关领域的重要国家标准。鼓励行业组织、中介组织和企业参与制定国际标准，支持自主标准国际化。

（四）培育市场需求。加强全民文化艺术教育，提高人文素养，推动转变消费观念，激发创意和设计产品服务消费，鼓励有条件的地区补贴居民文化消费，扩大文化消费规模。鼓励企业应用各类设计技术和设计成果，开展设计服务外包，扩大设计服务市场。创新公共文化服务提供方式，加大政府对创意和设计产品服务的采购力度。消除部门限制和地区分割，促进形成统一开放、竞争有序的国内市场。充分利用上海、深圳文化产权交易所等市场及文化产业、广告、设计等展会，规范交易秩序，提升交易平台的信息化和网络化水平，促进产品和服务交易。鼓励电子商务平台针对创意和设计提供专项服务，帮助小微企业、创意和设计创业人才拓展市场。鼓励有条件的地区在国家许可范围内，根据自身特点建设区域性和行业性交易市场。在商贸流通业改造升级中，运用创意和设计促进专业市场和特色商业街等发展。鼓励批发、零售、住宿、餐饮等生活服务企业在店面装饰、产品陈列、商品包装和市场营销上突出创意和设计，更加注重节能环保，顺应消费者需求。

（五）引导集约发展。依托现有各类文化、创意和设计园区基地，加强规范引导、政策扶持，加强公共技术、资源信息、投资融资、交易展示、人才培养、交流合作等服务能力建设，完善创新创业服务体系，促进各类园区基地提高效益、发挥产业集聚优势。鼓励各地根据资源条件和产业优势，明确发展重点，科学规划建设融合发展集聚区，打造区域性创新中心和成果转化中心。建立区域协调机制与合作平台，加强产业集群内部的有机联系，形成合理分工与协作，构建优势互补、相互促进的区域发展格局。充分发挥各部门职能，组织实施基础性、引导性重大工程和重点项目，提升产业整体素质，增强发展后劲。

（六）加大财税支持。增加文化产业发展专项资金规模，加大对文化创意和设计服务企业支持力度。在体现绿色节能环保导向、增强可操作性的基础上，完善相关税收扶持政策。在文化创意和设计服务领域开展高新技术企业认定管理办法试点，将文化创意和设计服务内容纳入文化产业支撑技术等领域，对经认定为高新技术企业的文化创意和设计服务企业，减按15%的税率征收企业所得税。文化创意和设计服务企业发生的职工教育经费支出，不超过工资薪金总额8%的部分，准予在计算应纳税所得额时扣除。企业发生的符合条件的创意和设计费用，执行税前加计扣除政策。对国家重点鼓励的文化创意和设计服务出口实行营业税免税。落实营业税改增值税试点有关政策，对纳入增值税征收范围的国家重点鼓励的文化创意和设计服务出口实行增值税零税率或免税，对国家重点鼓励的创意和设计产品出口实行增值税零税率。

（七）加强金融服务。建立完善文化创意和设计服务企业无形资产评估体系。支持符合条件的企业上市，鼓励企业发行公司债、企业债、集合信托和集合债、中小企业私募债等非金融企业债务融资工具。支持金融机构选择文化创意和设计服务项目贷款开展信贷资产证券化试点。鼓励银行业金融机构支持文化创意和设计服务小微企业发展。鼓励金融机构创新金融产品和服务，增加适合文化创意和设计服务企业的融资品种，拓展贷款抵（质）押物的范围，完善无形资产和收益权抵（质）押权登记公示制度，探索开展无形资产质押和收益权抵（质）押贷款等业务。建立社会资本投资的风险补偿机制，鼓励各类担保机构提供融资担保和再担保服务。鼓励保险公司加大创新型文化保险产品开发力度，提升保险服务水平，探索设立专业文化产业保险组织机构，促进文化产业保险发展。政府引导，推动设立文化创意和设计服务与相关产业融合发展投资基金。积极引导私募股权投资基金、创业投资基金及各类投资机构投资文化创意和设计服务领域。

（八）优化发展环境。评估清理现有行政审批事项，确需保留的，要精简审批流程，严控审批时限，公开审批标准，提高审批效率。支持以划拨方式取得土地的单位利用存量房产、原有土地兴办文化创意和设计服务，在符合城乡规划前提下土地用途和使用权人可暂不变更，连续经营一年以上，符合划拨用地目录的，可按划拨土地办理用地手续；不符合划拨用地目录的，可采取协议出让方式办理用地手续。广告领域文化事业建设费征收范围严格限定在广告媒介单位和户外广告经营单位，清理其他不合理收费，推动落实文化创意和设计服务企业用水、用电、用气、用热与工业同价。完善城乡规划、建筑设计收费制度，鼓励和推行优质优价。创新政府支持方式，发挥社会组织作用，加强人才队伍建设，资助创业孵化，开展研讨交流等。

四、组织实施

各地区、各部门要按照本意见的要求，根据本地区、本部门、本行业实际情况，切实加强对推进文化创意和设计服务与相关产业融合发展工作的组织领导，编制专项规划或行动计划，制定相关配套文件。要建立工作机制,加强地区间、部门间、行业间的协同联动,确保各项任务措施落到实处。要加强宣传,积极营造全社会支持创新、鼓励创意和设计的良好氛围。加强文化产业振兴方面的立法工作,不断健全相关法律法规和制度。重视完善文化产业统计制度,加强文化创意和设计服务类产业统计、核算和分析。加快发展和规范相关行业协(商、学)会、中介组织,充分发挥行业组织在行业研究、标准制定等方面的作用。发展改革委要会同相关部门对本意见的落实情况进行跟踪分析和监督检查,重大事项及时向国务院报告。

四

湖南省人民政府关于加快文化创意产业发展的意见①

(2014年7月17日)

各市州、县市区人民政府,省政府各厅委、各直属机构:

为加快我省文化创意产业发展,根据《国务院关于推进文化创意和设计服务业与相关产业融合发展的若干意见》(国发〔2014〕10号)精神,现提出以下意见。

一、明确发展目标

牢牢把握社会主义先进文化前进方向,围绕建设文化强省的总体目标,按照加快转变经济发展方式和全面建成小康社会的总体要求,以创新驱动和转型发展为手段,以创新、融合、提升、开放为主线,

---

① 湘政发〔2014〕23号

突出文化创意环节的开发和拓展,突出数字技术、网络技术和软件技术等现代信息技术的支撑和应用,突出文化创意产业与其他产业的相互渗透和融合发展,努力营造文化创意和科技创新氛围,推动高端创意要素集聚,构建产业特色和品牌,完善产业服务体系,打造具有湖湘特色的文化创意产品生产、经营、服务、运作模式及系列创意产业群。力争到2017年,我省文化创意产业规模显著扩大,产业集群化、园区化和创新能力明显增强,产业链层次和行业盈利能力大幅提高,文化创意产业的支柱地位进一步巩固和提升,努力把湖南建设成为中部领先、辐射全国、具有一定国际影响的区域性文化创意中心。

二、突出发展重点

瞄准国际国内文化创意产业的发展潮流,围绕我省具有一定基础和特色的优势领域,着力发展文化软件、建筑设计、广告服务、专业设计等创意设计产业,促进文化创意与科技、旅游、休闲、生态、体育等产业融合发展,加快培育新型文化创意业态,优化提升数字媒体、数字出版、影视传媒、出版发行、演艺娱乐、工艺美术等产业,有序发展文博会展、绿色印刷、艺术品收藏及拍卖等产业,打造特色鲜明、竞争力强的文化创意产业体系。

三、引导产业集聚

加快建设一批文化创意产业创新、示范和孵化基地,打造一批主业突出、集聚效应明显的产业集聚区。充分发挥各部门职能,组织实施基础性、引导性重大工程和重点项目,增强产业整体素质。加大政策扶持力度,引导文化创意产业规范发展,依托现有各类文化、创意园区基地,加强公共技术、资源信息、投资融资、交易展示、人才培养、交流合作、知识产权、成果转化等服务体系建设。加大对创意园区基础设施（包括水、电、气、通信、非主干路等）、环境整治、产业服务平台和共性技术平台等公共设施投入力度。鼓励有条件的地区在现有园区内设立文化创意产业聚集区。推动实施文化科技融合创新工程，启动省级文化科技融合示范企业认定工作，建设一批省级文化科技融合示范基地。盘活存量房地资源，对通过收购或改造旧城区、废弃工业厂房、传统商业街等方式建设创意产业集聚区的，可优先纳入近期建设规划和年度实施计划。

四、培育壮大企业主体

推动优势文化创意企业实施跨地区、跨行业、跨所有制发展，打造行业龙头企业和跨界融合的产业集团。支持省属大型文化集团加快公司制、股份制改造，培育形成现代大型文化创意企业集团。鼓励非公有资本以独资、合资、合作、联营、参股、特许经营等方式进入法律和政策许可的文化创意产业领域。鼓励挖掘、保护、改造民间特色传统工艺，培育具有地方特色的文化创意企业，扶持民营小微文化创意企业和工作室发展。支持专业化的创意和设计企业向专、精、特、新方向发展。对引进的国内外著名文化创意企业总部（含地区总部），根据其净资产、投资额度、税收贡献等，给予一次性"以奖代补"资金支持。对文化创意产业领域湘籍领军人物回湘设立地区总部、成绩突出的给予一次性奖励。

五、鼓励创新创业

大力支持原创性文化创意研发，对经过认定的、拥有自主知识产权的原创性文化创意项目，通过贷款贴息、专项补助、配套资助等方式给予一定研发资助。文化创意企业开发新技术、新产品、新工艺发生的研发费用，按照税法及相关政策规定，在计算应纳税所得额时加计扣除。企业引进对原创性研究具有重要支撑作用的国际先进技术和关键设备，在进口资质和知识产权等方面给予支持，符合国家进口目录的，按规定享受相关进口关税优惠政策。对原创文化创意作品进行著作权登记予以一定资金补助。

建立完善的文化创意产业公共技术服务平台，重点推进服务外包对接、创新成果展示交易、创意设计资源共享、基础数据库、数据测试等平台建设。在文化创意产业领域，对新认定的国家企业技术中心、国家工程研究中心、国家工程实验室、国家工程技术研究中心和新认定设在企业的国家重点实验室，给予项目补助。

鼓励创意产业集聚区、创意设计企业、高等院校、科研机构及社会力量建设创意产业孵化器。完善园区创业孵化功能，加强创业孵化，通过创业辅导、资助启动资金、税收减免等方式，支持创意、创业人才开发文化创意产品。对入驻文化创意产业聚集区的小微型企业，给予其符合条件的人员提供公共租赁住房等政策支持。鼓励制造业、建筑业等行业的领军企业将创意设计环节分离，成立独立的创意设计企业。鼓励采取"专业园"、"园中园"等形式，为创意名人、青年文艺家、大学生和初创者提供创业平台。

六、加强人才队伍建设

鼓励创意企业、高等院校、科研机构共建人才培养基地，支持有条件的园区和企业设立博士后工作站。加强高校的艺术、设计、软件、传媒、表演等专业学科建设，着力培育创意、策划、管理等方面人才。将文化创意产业高层次人才引进纳入"百人计划"范畴,制定文化创意产业高层次专业人才认定标准,并按照有关规定享受相关优惠政策。鼓励企业海外引才、引智,对自带项目和团队来湘工作的创意创新领军人才、高级经营管理和研发人才,对入选"百人计划"的文化创意产业人才,按有关规定享受资助及保险、医疗、配偶安置、子女入学等特定工作条件和生活待遇。对在国际或国内文化创意知名企业有3年以上工作经历,且担任中、高层职务的管理人员和核心技术人员(团队)来湘创业,由省本级按照本人(团队)实际投资额(不含银行贷款)1∶1的比例给予创业资金扶持,最高不超过500万元。

七、强化要素保障

加大财政投入,增加省文化产业发展专项资金规模,加大对文化创意产业支持力度。创新政府性资金使用管理,采取贴息、补贴、奖励等多种方式,重点扶持文化创意示范园区、示范企业、示范项目和公共服务平台建设。

落实国家税收政策,将文化创意内容纳入文化产业支撑技术等领域,对经认定为高新技术企业的文化创意企业,减按15%的税率征收企业所得税。文化创意企业发生的职工教育经费支出,不超过工资薪金总额8%的部分,准予在计算应纳税所得额时扣除。企业发生的符合条件的创意和设计费用,执行税前加计扣除政策。对国家重点鼓励的文化创意产品出口实行营业税免税。落实营业税改增值税试点有关政策,对纳入增值税征收范围的国家重点鼓励的文化创意产品出口实行增值税零税率或免税,对国家重点鼓励的创意和设计产品出口实行增值税零税率。

　　加强金融服务，对经认定的省级重点文化创意产业项目，给予信贷优先支持。积极探索专利权、版权、收益权、商标权、销售合同等无形资产抵（质）押及其他权利抵（质）押贷款，建立知识产权质押融资的风险补偿分担机制。支持符合条件的文化创意企业上市，或通过发行短期融资券、中期票据、区域集优中小企业集合票据、企业债、集合债、公司债、中小企业私募债等工具进行融资，对发债费用予以补助或贴息。完善文化创意产业投融资担保体系，引导专业担保公司为文化创意企业融资提供担保服务。发挥省文化旅游产业投资基金、湖南高新创投集团等基金、公司股权投融资作用，采用阶段参股、跟进投资等方式，吸引国内外风险资本投向初创型文化创意企业。发挥联合利国文化产权交易所、湖南文化艺术品产权交易所的产权投融资作用。

　　保障产业用地，优先安排重大文化创意产业项目用地计划。新建或通过旧城改造建设文化创意产业的项目用地，享受省文化体制改革优惠政策。支持以划拨方式取得土地的单位利用存量房产、原有土地兴办文化创意产业，在符合城乡规划前提下土地用途和使用权人可暂不变更，连续经营一年以上，符合划拨用地目录的，可按划拨土地办理用地手续；不符合划拨用地目录的，可采取协议出让方式办理用地手续。

　　八、拓展市场需求

　　加强全民文化素质教育，推动转变消费观念，激发文化创意产品和服务消费。着力建设一批文化创意消费商区、娱乐街区、旅游景区、特色城区和网络社区,满足不同消费者需求。建立以需求为导向的文化创意产品采购机制,将我省企业自主创新的设计、公益性广告、文化软件等公共文化创意产品及服务纳入政府采购范围。

加强湖南文化创意产业走出去平台建设,推动湖南出版、影视、动漫、游戏、文艺等创意产品进入国际市场。对举办国家或国际知名艺术节、动漫游戏展、影视展、演艺展、出版发行、广告节、民族文化节会等给予补贴,对参展文化创意单位,适当给予展位费资助。鼓励企业与国外知名创意企业合作,建立海外经营实体和营销渠道。

九、优化发展环境

制定实施文化创意产业知识产权战略,加强知识产权运用和维护,开展重大人才引进和扶持项目知识产权分析评议。完善网络环境下的知识产权保护等相关政策。加强知识产权监督执法,加大对侵权行为的惩处力度,完善维权援助机制。鼓励文化创意企业在国外注册商标、申请专利并做好著作权备案(认证)工作。完善知识产权入股、分红等形式的激励机制和管理制度。活跃知识产权交易,促进知识产权的合理有效流通。鼓励企业、院校、科研机构成立战略联盟,引导创意和设计、科技创新要素向企业聚集,提升企业的知识产权综合能力,培育一批知识产权优势企业。加强知识产权舆论宣传,营造"尊重知识、崇尚创新、拒绝侵权盗版"的良好社会环境。

继续清理现有行政审批事项,进一步减少文化创意领域审批事项,确需保留的,要精简审批流程,严控审批时限,公开审批标准,提高审批效率。清理其他不合理收费,完善城乡规划、建筑设计收费制度，鼓励和推行优质优价。加强市场监管，营造文化创意产业公平竞争环境。

十、加强组织协调

要建立工作机制，加强地区间、部门间、行业间的协同联动，确保全省文化创意产业发展的各项任务措施落到实处。支持成立文化创意产业行业协会等中介机构，发挥文化领域各行业组织在服务企业、规范行业、发展产业方面的协调促进作用。省有关部门要根据本意见制订相关实施办法。统计部门要完善文化创意产业统计制度和指标体系，跟踪、监测和分析文化创意产业发展情况。省发改委、省文化改革发展领导小组办公室会同有关部门对本意见的落实情况进行监督检查，并向省人民政府报告。

附件：

重点任务分工及进度安排表

序号	工作任务	负责单位	时间进度
1	加快建设一批文化创意产业创新、示范和孵化基地，打造一批主业突出、集聚效应明显的产业集聚区。推动实施文化科技融合创新工程，启动省级文化科技融合示范企业认定工作，建设一批省级文化科技融合示范基地。	省委宣传部、省发改委、省经信委、省文化厅、省科技厅等	2014年7月底前启动
2	推动优势文化创意企业实施跨地区、跨行业、跨所有制发展，打造行业龙头企业和跨界融合的产业集团。支持省属大型文化集团加快公司制、股份制改造，培育形成现代大型文化创意企业集团。	省委宣传部、省财政厅、省文化厅、省广电局、省新闻出版局等	持续实施

续表

序号	工作任务	负责单位	时间进度
3	鼓励挖掘、保护、改造民间特色传统工艺，培育具有地方特色的文化创意企业，扶持民营小微文化创意企业和工作室发展。支持专业化的创意和设计企业向专、精、特、新方向发展。	省文化厅、省经信委、省发改委等	持续实施
4	对引进的国内外著名文化创意企业总部（含地区总部），根据其净资产、投资额度、税收贡献等，给予一次性"以奖代补"资金支持。对文化创意产业领域湘籍领军人物回湘设立地区总部、成绩突出的给予一次性奖励。	省财政厅、省商务厅、省发改委、省文化厅等	2014年7月底前启动
5	大力支持原创性文化创意研发，对经过认定的、拥有自主知识产权的原创性文化创意项目，政府采取贷款贴息、专项补助、配套资助等方式给予一定研发资助。文化创意企业开发新技术、新产品、新工艺发生的研发费用，按照税法及相关政策规定，在计算应纳税所得额时加计扣除。企业引进对原创性研究具有重要支撑作用的国际先进技术和关键设备，在进口资质和知识产权等方面给予支持，符合国家进口目录的，按规定享受相关进口关税优惠政策。对原创文化创意作品进行著作权登记予以一定资金补助。	省财政厅、省知识产权局、省新闻出版局（省版权局）、省工商局、省科技厅、省经信委、省国税局、省地税局、长沙海关等	持续实施
6	建立完善的文化创意产业公共技术服务平台，重点推进服务外包对接、创新成果展示交易、创意设计资源共享、基础数据库、数据测试等平台建设。	省经信委、省科技厅、省发改委、省财政厅、省商务厅、省文化厅等	2014年7月底前启动
7	在文化创意产业领域，对新认定的国家企业技术中心、国家工程研究中心、国家工程实验室、国家工程技术研究中心和新认定设在企业的国家重点实验室，给予项目补助。	省经信委、省财政厅等	2014年7月底前启动

续表

序号	工作任务	负责单位	时间进度
8	鼓励创意产业集聚区、创意设计企业、高等院校、科研机构及社会力量建设创意产业孵化器。完善园区创业孵化功能，加强创业孵化，通过创业辅导、资助启动资金、税收减免等方式，支持创意、创业人才开发文化创意产品。对入驻文化创意产业聚集区的小微型企业，给予为其符合条件的人员提供公共租赁住房等政策支持。	省科技厅、省经信委、省发改委、省文化厅、省财政厅、省住房城乡建设厅、省教育厅等	持续实施
9	加强高校的艺术、设计、软件、传媒、表演等专业学科建设，着力培育创意、策划、管理等方面人才。	省教育厅、省人力资源社会保障厅、省文化厅等	持续实施
10	将文化创意产业高层次人才引进纳入"百人计划"引进范畴，制定文化创意产业高层次专业人才认定标准，按照有关规定享受相关优惠政策。鼓励企业海外引才、引智，对自带项目和团队来湘工作的创意创新领军人才、高级经营管理和研发人才，对入选"百人计划"的文化创意产业人才，按有关规定享受资助及保险、医疗、配偶安置、子女入学等特定工作条件和生活待遇。对在国际或国内文化创意知名企业有3年以上工作经历，且担任中、高层职务的管理人员和核心技术人员（团队）来湘创业，由省本级按照本人（团队）实际投资额（不含银行贷款）1:1的比例给予创业资金扶持，最高可达500万元。	省委组织部、省人力资源社会保障厅、省财政厅、省商务厅、省文化厅、省科技厅、省经信委等	2014年7月底前启动
11	加大财政投入，增加省文化产业发展专项资金规模，加大对文化创意产业支持力度。	省委宣传部、省财政厅、省发改委、省文化厅、省科技厅、省工商局等	持续实施

续表

序号	工作任务	负责单位	时间进度
12	将文化创意内容纳入文化产业支撑技术等领域，对经认定为高新技术企业的文化创意企业，减按15%的税率征收企业所得税。文化创意企业发生的职工教育经费支出，不超过工资薪金总额8%的部分，准予在计算应纳税所得额时扣除。企业发生的符合条件的创意和设计费用，执行税前加计扣除政策。对国家重点鼓励的文化创意产品出口实行营业税免税。落实营业税改增值税试点有关政策，对纳入增值税征收范围的国家重点鼓励的文化创意产品出口实行增值税零税率或免税，对国家重点鼓励的创意和设计产品出口实行增值税零税率。	省财政厅、省科技厅、省商务厅、省国税局、省地税局、长沙海关等	2014年7月底前启动
13	积极探索专利权、版权、收益权、商标权、销售合同等无形资产抵（质）押及其他权利抵（质）押贷款，建立知识产权质押融资的风险补偿分担机制。	人民银行长沙中心支行、省知识产权局、省新闻出版局、省经信委、省财政厅、省工商局、省文化厅等	2014年7月底前启动
14	对经认定的省级重点文化创意产业项目，给予信贷优先支持。支持符合条件的文化创意企业上市，或通过发行短期融资券、中期票据、区域集优中小企业集合票据、企业债、集合债、公司债、中小企业私募债等工具进行融资，对发债费用予以补助或贴息。	省财政厅、人民银行长沙中心支行、省政府金融办、省文化厅、省经信委等	2014年7月底前启动
15	发挥省文化旅游产业投资基金、湖南高新创投集团等基金、公司股权投融资作用，采用阶段参股、跟进投资等方式，吸引国内外风险资本投向初创型文化创意企业。	省财政厅、省科技厅、省发改委、湖南证监局、省文化厅等	持续实施

续表

序号	工作任务	负责单位	时间进度
16	支持以划拨方式取得土地的单位利用存量房产、原有土地兴办文化创意产业，在符合城乡规划前提下土地用途和使用权人可暂不变更，连续经营一年以上，符合划拨用地目录的，可按划拨土地办理用地手续；不符合划拨用地目录的，可采取协议出让方式办理用地手续。	省国土资源厅、省住房城乡建设厅	持续实施
17	鼓励文化创意企业在国外注册商标、申请专利并做好著作权备案（认证）工作。完善知识产权入股、分红等形式的激励机制和管理制度。促进知识产权的合理有效流通。	省知识产权局、省工商局等	持续实施
18	继续清理现有行政审批事项，进一步减少文化创意领域审批事项，确需保留的，要精简审批流程，严控审批时限，公开审批标准，提高审批效率。	省编办、省发改委、省科技厅、省经信委等	持续实施
19	清理其他不合理收费，完善城乡规划、建筑设计收费制度，鼓励和推行优质优价。	省物价局、省住房城乡建设厅	持续实施

| 附录二 |

调研推介

一

《湖南文化产业印象调查》红网调查结果分析

一、网络调查开展情况

为配合课题研究,尽可能多地了解第一手材料,课题组联合"红网"在 2011 年 1 月 8～31 日期间,以红网为平台进行了网络调查。

"红网"网络调查页面截图

本次调研得到了大量网民的支持，最终有效投票为1113份（以是否完成关键调查指标为标准进行统计，个别调查表虽未完成但关键调查指标已完成，则也计为有效调查表，例如，关键调研内容已经完成，但在诸如性别等非关键因素上遗漏的视为有效调查表。）

二、网络调查问卷

受访者基本情况

1. 性别：

①男　　　　　②女

2. 年龄：

①20岁以下　　②20～44岁　　③45～59岁　　④60岁以上

3. 您的文化程度：

①初中及以下　②高中（含中专）　③本科　④硕士研究生及以上

4. 您的籍贯是：

①湖南籍　　②非湖南籍　　③非湖南籍，但与湖南联系紧密

5. 您现在工作/学习的地方是：

①湖南省　　　②湖南省外

6. 您的职业为：

①务农　　②外出务工　　③企业职工　　④事业单位职工

⑤党政群团干部　　⑥学生　　⑦自由职业者　　⑧无业

7. 您从事的职业与文化产业的关联度如何？

①在文化产业从业　　　　②与文化产业关联度很高

③与文化产业无关

8. 您平时的文化生活：

①丰富多彩　　　②比较单一

③无时间和精力从事文化生活　　　④无所谓

受访者调查内容

1. 您了解湖南文化产业发展状况吗？

①很了解　　　②比较了解

③只是听说过，不太了解　　　④完全不了解

2. 您认为湖南文化产业在全国应该处在哪个位置？

①第一方阵（名列前茅）　　　②第二方阵（位居上游）

③第三方阵（处于中游）　　　④不清楚

3. 您知道"文化湘军"这个词吗？

①知道　　　②知道得不是很清楚　　　③不知道

4. 您认为湖南文化产业是否具有湖湘文化特色？

①有　　　②没有　　　③说不清

5. 您认为下列哪些产业能够作为湖南文化产业的代表？（可以多选）

①文化创意　　　②影视制作　　　③出版发行

④印刷复制　　　⑤广告　　　⑥演艺娱乐

⑦文化会展　　　⑧数字内容　　　⑨动漫

6. 您认为评价一个地方文化产业发展好坏的关键指标有哪些？（可选三项）

①GDP贡献率高　　　②带动就业

③为民众提供娱乐机会和环境　　　④市场占有率高

⑤拉动相关产业发展　　　　　⑥竞争力强

⑦文化产业是否均衡发展　　　⑧是否有利于提升地方形象

⑨是否有利于保护地方文化资源

7. 下列卡通形象你熟悉的有：（可多选）

①蓝猫　　　　　②灰太狼

③喜洋洋　　　　④淘气

⑤虹猫　　　　　⑥山猫

⑦海尔兄弟　　　⑧葫芦娃

⑨机器猫　　　　⑩米老鼠

8. 下面所列举的文化企业或者报刊哪些是属于湖南的？

①中南出版传媒集团　　　②《潇湘晨报》

③岳麓书社　　　　　　　④《体坛周报》

⑤《南方周末》　　　　　⑥《楚天都市报》

9. 下列电视节目中，属于电视湘军主办的有：

①《我们约会吧》　　　　②《非诚勿扰》

③《快乐大本营》　　　　④《我要上春晚》

⑤《越策越开心》　　　　⑥《越活越来神》

10. 您认为推动湖南文化产业发展的关键因素是：

①加大文化人才培养力度　　②加大政策扶植力度

③加大投资力度　　　　　　④扶植文化领军人物

⑤加大品牌打造力度　　　　⑥领导重视　　　⑦科技支撑

三、网络投票具体情况

汇总1030份调研问卷，各项指标具体得票情况见下表。

各项指标具体得票情况表

	题号	调查内容	选项	得票
受访者基本情况	1	性别	男	844
			女	172
	2	年龄	20 岁以下	9
			20～44 岁	824
			45～59 岁	169
			60 岁以上	28
	3	文化程度	初中及以下	9
			高中（含中专）	101
			本科	783
			硕士研究生及以上	132
	4	籍贯	湖南籍	862
			非湖南籍	95
			非湖南籍，但与湖南联系紧密	67
	5	现在工作/学习的地方	湖南省	618
			湖南省外	404
	6	职业	务农	2
			外出务工	52
			企业职工	415
			事业单位职工	281
			党政群团干部	119
			学生	51
			自由职业者	95
			无业	6
	7	职业与文化产业的关联度	在文化产业从业	96
			与文化产业的关联度很高	377
			与文化产业无关	554
	8	平时的文化生活	丰富多彩	352
			比较单一	502
			无时间和精力从事文化生活	108
			无所谓	68

续表

	题号	调查内容	选项	得票
受访者调查内容	1	对湖南文化产业发展状况的了解程度	很了解	88
			比较了解	567
			只是听说过，不太了解	352
			完全不了解	22
	2	对湖南文化产业在全国所处位置的认识	第一方阵（名列前茅）	605
			第二方阵（位居上游）	320
			第三方阵（处于中游）	53
			不清楚	52
	3	是否知道"文化湘军"这个词	知道	896
			知道得不是很清楚	104
			不知道	30
	4	认为湖南文化产业是否具有湖湘文化特色	有	726
			没有	141
			说不清	150
	5	认为哪些产业能够作为湖南文化产业的代表（可以多选）	文化创意	710
			影视制作	872
			出版发行	720
			印刷复制	48
			广告	91
			演艺娱乐	793
			文化会展	289
			数字内容	133
			动漫	707
	6	评价一个地方文化产业发展好坏的关键指标（可选三项）	GDP贡献率高	158
			带动就业	200
			为民众提供娱乐机会和环境	795
			市场占有率高	221
			拉动相关产业的发展	664
			竞争力高	167
			文化产业是否均衡发展	177
			是否有利于提升地方形象	793
			是否有利于保护地方文化资源	652

续表

	题号	调查内容	选项	得票
受访者调查内容	7	所熟悉的卡通形象（可多选）	蓝猫	877
			灰太狼	914
			喜羊羊	909
			淘气	387
			虹猫	615
			山猫	205
			海尔兄弟	625
			葫芦娃	834
			机器猫	816
			米老鼠	917
	8	下列哪些文化企业或者报刊属于湖南	中南出版传媒集团	836
			《潇湘晨报》	1113
			岳麓书社	1000
			《体坛周报》	679
			《南方周末》	16
			《楚天都市报》	41
	9	哪些电视节目属于电视湘军主办	《我们约会吧》	892
			《非诚勿扰》	29
			《快乐大本营》	1109
			《我要上春晚》	16
			《越策越开心》	1001
			《越活越来神》	24
	10	推动湖南文化产业发展的关键因素	加大文化产业人才培养力度	944
			加大政策扶植力度	825
			加大投资力度	637
			扶植文化领军人物	841
			加大品牌打造力度	919
			领导重视	512
			科技支撑	531

四 网络投票情况分析

(一) 从网络调查看湖南文化产业发展所取得的成就

从网友投票的情况来看,湖南文化产业发展已经取得显著成就,并已获得大家公认,这些成就主要表现在以下方面。

1. 对湖南文化产业发展所取得成就的公认

从调研中我们看到,网友对湖南文化产业地位的认识是基本一致的。

①湖南文化产业的知名度相对较高

两个方面的数据说明湖南文化产业的知名度相对较高。

一是受访者对湖南文化产业发展状况很了解和比较了解的比例达63.65%(两项分别是8.55%和55.10%),这说明湖南文化产业发展的知名度相对较高。

二是"文化湘军"的知名度相对较高,86.99%的调查对象对"文化湘军"了解得很清楚。

②对湖南文化产业发展的地位有着相对较高的认同度

58.74%的受访者认为湖南文化产业处于第一方阵(名列前茅)。

③对湖南文化产业发展特色的认同度较高

71.39%的受访者认为湖南文化产业有着明显的特色。

2. 对湖南文化产业各行业进行了公正客观的评价

湖南文化产业的优势产业不仅体现在其所创造的产值上,在品牌形象上也得到了大众的一致认可,例如,各行业的发展状况与受访者的评价基本一致,在哪些产业能够作为湖南文化产业的代表一项的调查上(该项可多选),影视制作、演艺娱乐、出版发行、文化创意、动漫的得票依次为 78.3%,71.2%,64.7%,64%,63.5%,得票均超过了 60%。

3. 调查对象对湖南文化产业品牌的认同度较高

经过多年经营,湖南文化产业已形成了一系列为公众所熟知的品牌形象:如卡通形象投票中,调查对象对蓝猫的熟知度达到 78.8%,对虹猫的熟知度达 55.3%;

在对湖南文化企业或者报刊的熟知程度调查中,受访者对《潇湘晨报》的熟知度达 100%,对岳麓书社的熟知度达 89.8%,对中南出版传媒集团的熟知度达 75.1%,对《体坛周报》的熟知度达 61%。

电视湘军这一品牌也获得了广大调查对象的认可,在电视湘军的招牌节目中,《快乐大本营》《越策越开心》《我们约会吧》的观众熟知度分别达 99.6%,89.9% 和 80.1%。

(二)从调研数据看湖南文化产业发展面临的问题

这一次的调研也让我们发现了湖南文化产业发展所面临的一些问题,主要表现在以下几个方面。

1. 湖南文化产业品牌的知名度有待提升

虽然湖南文化产业品牌已经取得了很好的知名度,但相对于国际、国内知名品牌来说,还有一定的差距,如受访者对米老鼠、灰太狼、喜羊羊的熟知度分别高达82.39%，82.12%和81.67%，均高于对湖南卡通形象的熟知度。这说明湖南文化产业还要加大品牌建设力度，提升湖南文化产业的品牌形象。

2. 湖南文化产业发展的不均衡现象比较突出

从调查表所反馈的信息来看，调查表反映出湖南文化产业发展的不均衡，如品牌形象的不均衡，同样是卡通形象，受访者对蓝猫的熟知程度为78.8%，而对山猫的熟知程度仅为18.4%，两只"猫"的品牌形象差异如此之大，说明湖南文化产业的品牌发展存在不均衡的现象（即使品牌内部也有着不均衡的现象，如与蓝猫同属一部动漫作品的淘气，受访者对其的熟知度也仅为34.8%）。

3. 湖南文化产业发展与民众的需要之间还存在着差距

湖南文化产业的贡献主要体现在其对GDP的贡献度上，但民众对湖南文化产业的期望则表现在希望提供娱乐机会和环境（71.4%的受访者支持）、提升地方形象（71.2%的受访者支持）和拉动相关产业的发展（59.6%的受访者支持）上。

二

文化品牌"武陵风韵"推介

【著作者按】2014年10月，习近平总书记在全国文艺工作座谈会上做了重要讲话，2015年10月，中共中央又公布《关于繁荣发展社会主义文艺的意见》和习近平总书记讲话全文。当下，我们举国上下正在掀起一个文艺事业和文化产业建设发展、改革创新的新高潮。让中国精神成为社会主义文艺事业的灵魂已是时代的文化主题,而如何更好地传承和弘扬优秀的中华传统文化以彰显社会主义核心价值观,成为高校育人的一个重要课题。湖南文理学院曾荣获教育部2013年全国高校校园文化优秀成果一等奖、入选湖南省2013年、2014年"雅韵三湘"大型文艺活动的"武陵风韵"艺术展演,此时此刻,剖析、回顾和展望这样一个普通高校的地方特色文艺品牌个案,对于我们思考如何推动地方文化繁荣、加强校园文化建设和实践演艺产业发展等方面都具有重要意义和举一反三的作用。

"武陵风韵"实现了文化产业理论研究与文艺作品创新应用的有效对接,将具有地域特色的文化创意运用到了具体的艺术创作实践中,将优秀文艺作品推送到了当下的校园文化氛围中和社会文化服务的舞台上,把创意研究、艺术创作、舞台展演、媒体传播、文艺评奖等形成了一个有机链条来循序推进,有效地实践了校园文化建设与地方社会服务的良性循环。而实现由"武陵风韵"艺术展演品牌向高雅艺术协同创新的成功演艺产业转变的实践路径目前还处在探索阶段。但艺术追求的路在脚下,在湘西北这样一个人文荟萃的历史文化名城与湖南省的旅游"金三角"——常德,有湖南文理学院与湖南演艺集团的艺术战略联盟,形成演艺产业的美好愿景一定可以在不远的将来实现。

"武陵风韵"艺术品牌与演艺产业创新

《国家中长期教育改革和发展规划纲要(2010~2020年)》清晰地论述了德、智、体、美全面发展的重要性,强调对学生审美情趣和人文素养的培养。2011年十七届六中全会制定了《中共中央关于深化文化体制改革推动社会主义文化大发展大繁荣若干重大问题的决定》，明确要求充分认识推进文化改革发展的重要性和紧迫性，更加自觉、更加主动地推动社会主义文化大发展大繁荣。高等院校办学不仅是人才培养、科学研究，也肩负着社会服务、文化传承的重要职责。正是在这样一个背景下，作为教育部"国家大学生文化素质教育基地"的湖南文理学院，秉承全面育人、文化为魂的理念，以优秀校园文化和特色文艺活动营造大学生健康成长和成才的良好文化环境。特别是近些年来，学校坚持以艺术教育引领素质教育，成功打造了学校与社会多方协同创新的"武陵风韵"演艺品牌，通过艺术展演的模式切实增强和提高了在校大学生的创新精神、实践能力、审美情趣和人文素养，也极好地推动了地方文化的传承发展与对区域社会的文化服务。

一、地方特色演艺创意与"武陵风韵"艺术展演

2011年，在魏饴教授主持的湖南省哲学社会科学基金重大项目"加快湖南文化产业发展方式转变对策研究"中，笔者围绕"一城一品"的文化研究思路进行演艺品牌创意策划，并持续重点开展了"地方特色演艺品牌个案创意"的专题研究，围绕"演艺"专题撰写了一系列论文：《少数民族旅游演艺特色品牌的营造与提升——以张家界为例》《城市演艺特色品牌的策划与创意——以湖南常德为例》《推进艺术教育、传承民间文化、塑造文艺精品、服务地方社会——普通高校艺术教育特色创新的探索与实践》等。这些研究文章或在CSSCI期刊发表，或入选文化部全国艺术院校院长论坛，或荣获全省艺术教育研究论文一等奖，更为重要的是有效成为学校在艺术办学实践中孵化地方演艺特色品牌的理论依据与创意设计。学校艺术团队依据该研究的演艺策划创意，成功创作和推出了多个具有地方特色的声乐与舞蹈表演节目，获得2012年教育部第三届全国大学生艺术展演的一、二等奖和作品创作奖6项。此后，又以此研究为基础创作、排练了一批展现武陵山片区湘西北传统民族文化特色的歌舞戏剧类节目，形成了一台以"武陵风韵"为主题的有独特地方风格的系列演艺节目。

这台依托文化产业课题研究而精心创意的"武陵风韵"主题品牌晚会，以不变的地方文化为演艺主题、以可变的流动学生为演员主体、以不同的题材内容来创意更新节目。"武陵风韵"艺术展演于2012年4月18日由学院师生在湖南常德文化宫首演后，成为湖南常德"文化名城"专项，在圈内外产生了广泛影响，先后得到了各级政府的高度关注和主流媒体的传播推广，如2012年5月15日《湖南日报》的《唱响地方文化品牌：湖南文理学院推进校园文化与地方文化深度融合》，2012年6月20日《光明日报》的《洞庭湖畔的文化高地》等媒体文章先后深度解析了"武陵风韵"艺术展演在校园文化建设、学生素质提升、文艺社会服务等方面的成效。2012年9月《中国高等教育》刊发湖南文理学院党委书记、校长的《打造特色校园文化，推动地方文化传承与创新》专文，重点推介和分析"武陵风韵"展演等校园文化现象与特色。2013年3月8日，时任常德市委常委、宣传部长，现任湖南省委宣传部副部长刘进能同志在常德市宣传思想文化工作会议讲话指出："湖南文理学院近年来为促进我市农村演艺业和文化创意产业的发展，加快文化强市的建设，培训了一大批急需人才，推出了一大批文艺精品。2012年在省、市、校多地巡演的'武陵风韵'专题文艺晚会就是一场充分彰显常德悠久深厚文化底蕴、充分展示常德文化艺术丰硕成果的'盛宴'。"

2013年4月，湖南文理学院"武陵风韵"艺术团被列入湖南省委宣传部"雅韵三湘"高雅艺术进校园展演计划，两年来，先后在湖南省委党校、常德百团大剧院、湘潭大学、长沙理工大学、湖南广播电视大学、澧县翙武大剧院、湖南科技大学、湖南中医药大学、湖南农业大学、常德职业技术学院等省、市、县、校巡演；并有多个地方特色演艺创意节目入选2013年中央电视台"五月的鲜花"直播晚会。2013年12月，湖南文理学院"以艺术教育引领素质教育的武陵风韵艺术品牌"获得国家教育部全国高校校园文化建设优秀成果一等奖。2014年10月15日，湖南省文化厅厅长李晖在湖南农业大学观看"雅韵三湘·艺动校园"武陵风韵艺术团巡演后感言："湖南文理学院武陵风韵晚会节目古典传统与青春时尚相结合，歌舞与戏剧交相辉映。原创作品特色鲜明，节目表演异彩纷呈！"节目的地方元素与艺术原创成为"武陵风韵"艺术团的生命力所在，舞蹈节目《澧水船夫》《苗鼓后生》《溪之鹭》，声乐节目《武陵人家映像——刘海砍樵新唱》，常德丝弦《奇特的录音带》《沅澧风情》，澧州大鼓《师生情意长》《查家底》，汉剧高腔《卜算子·咏梅》《杨八姐闯幽州》《茶马古道》等一批表演类节目获得国家级、省级艺术展演奖项，并在重要媒体与晚会上得以广泛传播。正因如此，艺术表演成为引领学校学科专业建设发展的"排头兵"。2013年5月11日，时任湖南文理学院党委书记、现任湖南师范大学党委书记李民教授在全国地理与旅游权威期刊专家座谈与学术研讨会的讲话指出："湖南文理学院学科专业建设发展形成了两大特色：一是在自然科学领域中，围绕常德'一山一湖一粮仓'的特殊地理位置进行的'农业推广'；二是在社会科学领域中，校内引领素质教育、校外服务文化大发展的'艺术表演'。"

二、高雅艺术协同创新与"演艺品牌"产业推进

当校园文化成为一个品牌，其价值的彰显就应该走出象牙塔、服务于地方社会。2013年3月15日，时任湖南文理学院校长魏饴教授在湖南文理学院教代会校长工作报告中以较长篇章深度阐述了"做强武陵风韵品牌，创新大学校园文化"，指出"武陵风韵"要走出校园、融入社会、贴近群众、走向市场，力争成为常德本土文化产业中的演艺品牌。2014年，国家教育部为加快现代职业教育体系建设，推进地方高校转型发展，提高服务区域经济社会发展的水平，在全国开展高校应用转型试点，湖南文理学院率先成为教育部批准的湖南省首批两所转型试点高校之一。2015年，湖南文理学院"洞庭湖生态经济区建设与发展"入选湖南省"2011协同创新中心"大型建设项目，"非物资文化遗产传承与特色演艺创意应用研究"成为中心的重要创新实践领域。在这一转型发展与协同创新的高等教育改革新形势下，湖南文理学院在人文艺术领域实现应用转型服务社会、引领地方文化建设等方面展开了积极的探索与实践，试图以高雅艺术协同创新与演艺品牌产业化推进来面对当下高校艺术人才培养实践应用能力提升的要求，并以此凸显学校在艺术研创、服务社会、文化传承等方面的办学特色与水平。

2015年1月28日，湖南文理学院与湖南演艺集团就艺术学科领域协同创新战略联盟签约。在国家文化大发展大繁荣的方针政策和湖南省文化强省建设与"演艺湘军"奋斗目标的引领下，湖南文理学院为全面提高在艺术学科领域的教学质量与办学水平，主动面向地方社会需求和艺术学科建设需要，与湖南演艺集团形成校企协同创新战略联盟。经过双方友好协商，本着"资源共享、优势互补、合作攻关、协同创新"的合作原则，达成多项协议。一是资源共享，全面合作，共同推进"演艺事业"校企合作；二是强强合作，联合攻关，共同提升"武陵风韵"演艺品牌；三是人才交流，合理调配，共同组建"演艺人才"共享基地。

2015年10月25日，湖南文理学院与湖南演艺集团就高校办学转型、高雅艺术协同创新与"演艺品牌"产业推进进一步磋商洽谈，联盟双方就演艺协同创新的目标与路径达成共识，并形成战略联盟备忘录。联盟双方将以湖南文理学院新落成的大型艺术中心为实践基地，并制定了更为具体的三大共建目标：一是围绕艺术学科专业建设需要，努力打造"行业领域品牌对接、省市校企协同创新"的艺术专业创新办学模式特色；二是充分发挥湖南文理学院艺术中心的剧场载体以及高校办学优势，突出艺术专业人才培养、艺术创作研究实践的示范引领，更好地为服务地方和传承优秀文化做贡献；三是充分挖掘与有效利用学校艺术中心的剧场资源，实现人才培养、社会服务和经济效益的多赢。联盟双方为实现目标制定了"三步走"的推进路径：第一步是举办两场综艺晚会——湖南文理学院武陵风韵艺术团独立承办2015年湖南省大学生田径运动会开幕式文艺演出，湖南文理学院、湖南演艺集团、湖南师范大学三家机构联袂打造一台高规格的高雅艺术协同创新"武陵风韵"艺术展演；第二步是执行2015年"演艺品牌·炫动文理"系列文艺展演活动季计划（2015年11～12月），引入湖南演艺集团麾下专业院团、湖南省文化厅直管非遗院团等高水平院团现场巡演，如参演的节目有国家艺术基金的民族舞剧《桃花源记》、湘剧《月亮粑粑》、综艺杂技剧《梦之旅》、花鼓戏《我是马翠花》等，通过这样一批优秀剧目的展演做好演艺品牌的文化示范引领，积极扩大艺术中心的社会文化服务与活动辐射影响。第三步是计划从2016年起探索艺术中心的企业化运行管理模式，湖南文理学院艺术中心由湖南省演艺集团托管，在每月定期推送湖南演艺集团的民族舞剧《桃花源记》和湖南文理学院的特色综艺《武陵风韵》两台节目的基础上，不定期地引入其他节目，以每年不低于40场次票房演艺活动的目标，实现在湘西北区域进行演艺品牌文化产业的市场化推进，联盟双方通过在艺术中心上演品牌节目服务社会文化需求的同时，也很好地兼顾了高校的艺术学科专业和校园文化建设。

2015年11月6日，由湖南文理学院主办，三方联袂献演的一台高雅艺术协同创新"武陵风韵"艺术展演在湖南文理学院艺术中心华丽上演，这一台以湖湘传统文化、民族民俗风情、古典浪漫高雅三大特色为创意设计的综合文艺晚会，由协同单位的专业导演、著名指挥、资深编导所组成的专家团队精心打造，吴碧霞、张亚林、石倚洁三位享誉世界乐坛的著名歌唱家放歌武陵、同台献艺。艺术中心的首场大型展演，赢得了广大观众的热烈掌声和高度赞誉，在常德一炮打响、大获成功。湖南文理学院与湖南演艺集团的校企合作战略联盟，自此正式开启了打造以区域文化特色为主题的"武陵风韵"和"梦幻桃花源"演艺产业新平台的序幕。

（吴修林）

附新闻照：

（1）湖南省委、省政府"科学发展成就辉煌——党的十七大以来湖南经济社会发展成就展览（教育强省篇章）"：湖南文理学院全国大艺展一等奖获奖节目合唱表演《武陵人家映像——刘海砍樵新唱》剧照（湖南日报，2012年9月26日）。

（2）中宣部、教育部、团中央"五月的鲜花"五四晚会：湖南文理学院全国大艺展一等奖获奖节目舞蹈《澧水船夫》节目组合照（中央电视台综合频道，2013年5月4日）。

（3）"演艺品牌炫动文理"系列文艺活动之高雅艺术协同创新"武陵风韵"展演（湖南卫视新闻联播，2015年11月7日）。

（4）湖南文理学院艺术表演与传媒学院名誉院长、著名歌唱家吴碧霞莅临学院、放歌武陵（湖南卫视新闻联播，2015 年 11 月 7 日）。

（5）"雅韵三湘·艺动校园"湖南文理学院武陵风韵艺术团走进三湘高校现场观众盛况（湖南常德职业技术学院"蝴蝶馆"，2014 年 10 月 12 日）。

(6)"雅韵三湘·艺动校园"湖南文理学院武陵风韵艺术团在湖南农业大学巡演结束,湖南省文化厅厅长李晖(女)观后感言:"武陵风韵晚会节目将古典传统与青春时尚相结合,歌舞与戏剧交相辉映。原创作品特色鲜明,节目表演异彩纷呈!"(湖南农业大学,2014年10月15日)。

三

文化及相关产业分类(2012)①

本分类为界定我国文化及相关单位的生产活动提供依据,为当前的社会主义文化建设、文化宏观管理提供参考,为文化及相关产业统计提供统一的定义和范围。

一、定义和范围

(一)定义

本分类规定的文化及相关产业是指为社会公众提供文化产品和文

---

① 依据国家统计局2012年公布方案。

化相关产品的生产活动的集合。

（二）范围

根据以上定义，我国文化及相关产业的范围包括：

（1）以文化为核心内容，为直接满足人们的精神需要而进行的创作、制造、传播、展示文化产品（包括货物和服务）等的生产活动；

（2）为实现文化产品生产所必需的辅助生产活动；

（3）作为文化产品实物载体或制作（使用、传播、展示）工具的文化用品的生产活动（包括制造和销售）；

（4）实现文化产品生产所需专用设备的生产活动（包括制造和销售）。

二、分类原则

（一）以《国民经济行业分类》为基础

本分类以《国民经济行业分类》（GB/T 4754—2011）为基础，根据文化及相关单位生产活动的特点，将行业分类中相关的类别重新组合，是《国民经济行业分类》的派生分类。

（二）兼顾部门管理需要和可操作性

根据我国文化体制改革和发展的实际，本分类在考虑文化生产活动特点的同时，兼顾政府部门管理的需要，立足于现行的统计制度和方法，充分考虑分类的可操作性。

（三）与国际分类标准相衔接

本分类借鉴了《2009年联合国教科文组织文化统计框架》的分类方法，在定义和覆盖范围上可与其衔接。

三、分类方法

本分类依据上述分类原则，将文化及相关产业分为五层。

第一层包括文化产品的生产、文化相关产品的生产两部分，分别用第一部分、第二部分表示；

第二层根据管理需要和文化生产活动的自身特点分为10个大类，依次用一、二……十排序；

第三层依照文化生产活动的相近性分为50个中类，在每个大类下分别用（一）（二）（三）……排序；

第四层共有120个小类，是文化及相关产业的具体活动类别，直接用《国民经济行业分类》（GB/T 4754—2011）对应行业小类的名称和代码表示。对于含有部分文化生产活动的小类，在其名称后用"＊"标出。

第五层为带"＊"小类下设置的延伸层，通过在类别名称前加"—"表示，不设代码和顺序号，其包含的活动内容在表2中加以说明。

四、文化及相关产业分类（见表1、表2）

表1　文化及相关产业的类别名称和国民经济行业代码

类别名称	国民经济行业代码
第一部分　文化产品的生产	
一、新闻出版发行服务	
（一）新闻服务	
新闻业	8510
（二）出版服务	
图书出版	8521
报纸出版	8522
期刊出版	8523
音像制品出版	8524

续表

类别名称	国民经济行业代码
电子出版物出版	8525
其他出版业	8529
（三）发行服务	
图书批发	5143
报刊批发	5144
音像制品及电子出版物批发	5145
图书、报刊零售	5243
音像制品及电子出版物零售	5244
二、广播电视电影服务	
（一）广播电视服务	
广播	8610
电视	8620
（二）电影和影视录音服务	
电影和影视节目制作	8630
电影和影视节目发行	8640
电影放映	8650
录音制作	8660
三、文化艺术服务	
（一）文艺创作与表演服务	
文艺创作与表演	8710
艺术表演场馆	8720
（二）图书馆与档案馆服务	
图书馆	8731
档案馆	8732
（三）文化遗产保护服务	
文物及非物质文化遗产保护	8740
博物馆	8750
烈士陵园、纪念馆	8760
（四）群众文化服务	

续表

类别名称	国民经济行业代码
群众文化活动	8770
（五）文化研究和社团服务	
社会人文科学研究	7350
专业性团体（的服务）*	9421
—学术理论社会团体的服务	
—文化团体的服务	
（六）文化艺术培训服务	
文化艺术培训	8293
其他未列明教育*	8299
—美术、舞蹈、音乐辅导服务	
（七）其他文化艺术服务	
其他文化艺术业	8790
四、文化信息传输服务	
（一）互联网信息服务	
互联网信息服务	6420
（二）增值电信服务（文化部分）	
其他电信服务*	6319
—增值电信服务（文化部分）	
（三）广播电视传输服务	
有线广播电视传输服务	6321
无线广播电视传输服务	6322
卫星传输服务*	6330
—传输、覆盖与接收服务	
—设计、安装、调试、测试、监测等服务	
五、文化创意和设计服务	
（一）广告服务	
广告业	7240
（二）文化软件服务	
软件开发*	6510

续表

类别名称	国民经济行业代码
——多媒体、动漫游戏软件开发	
数字内容服务*	6591
——数字动漫、游戏设计制作	
（三）建筑设计服务	
工程勘察设计*	7482
——房屋建筑工程设计服务	
——室内装饰设计服务	
——风景园林工程专项设计服务	
（四）专业设计服务	
专业化设计服务	7491
六、文化休闲娱乐服务	
（一）景区游览服务	
公园管理	7851
游览景区管理	7852
野生动物保护*	7712
——动物园和海洋馆、水族馆管理服务	
野生植物保护*	7713
——植物园管理服务	
（二）娱乐休闲服务	
歌舞厅娱乐活动	8911
电子游艺厅娱乐活动	8912
网吧活动	8913
其他室内娱乐活动	8919
游乐园	8920
其他娱乐业	8990
（三）摄影扩印服务	
摄影扩印服务	7492
七、工艺美术品的生产	
（一）工艺美术品的制造	

续表

类别名称	国民经济行业代码
雕塑工艺品制造	2431
金属工艺品制造	2432
漆器工艺品制造	2433
花画工艺品制造	2434
天然植物纤维编织工艺品制造	2435
抽纱刺绣工艺品制造	2436
地毯、挂毯制造	2437
珠宝首饰及有关物品制造	2438
其他工艺美术品制造	2439
（二）园林、陈设艺术及其他陶瓷制品的制造	
园林、陈设艺术及其他陶瓷制品制造*	3079
—陈设艺术陶瓷制品制造	
（三）工艺美术品的销售	
首饰、工艺品及收藏品批发	5146
珠宝首饰零售	5245
工艺美术品及收藏品零售	5246
第二部分 文化相关产品的生产	
八、文化产品生产的辅助生产	
（一）版权服务	
知识产权服务*	7250
—版权和文化软件服务	
（二）印刷复制服务	
书、报刊印刷	2311
本册印制	2312
包装装潢及其他印刷	2319
装订及印刷相关服务	2320
记录媒介复制	2330
（三）文化经纪代理服务	
文化娱乐经纪人	8941

续表

类别名称	国民经济行业代码
其他文化艺术经纪代理	8949
（四）文化贸易代理与拍卖服务	
贸易代理*	5181
——文化贸易代理服务	
拍卖*	5182
——艺（美）术品、文物、古董、字画拍卖服务	
（五）文化出租服务	
娱乐及体育设备出租*	7121
——视频设备、照相器材和娱乐设备的出租服务	
图书出租	7122
音像制品出租	7123
（六）会展服务	
会议及展览服务	7292
（七）其他文化辅助生产	
其他未列明商务服务业*	7299
——公司礼仪和模特服务	
——大型活动组织服务	
——票务服务	
九、文化用品的生产	
（一）办公用品的制造	
文具制造	2411
笔的制造	2412
墨水、墨汁制造	2414
（二）乐器的制造	
中乐器制造	2421
西乐器制造	2422
电子乐器制造	2423
其他乐器及零件制造	2429
（三）玩具的制造	

续表

类别名称	国民经济行业代码
玩具制造	2450
（四）游艺器材及娱乐用品的制造	
露天游乐场所游乐设备制造	2461
游艺用品及室内游艺器材制造	2462
其他娱乐用品制造	2469
（五）视听设备的制造	
电视机制造	3951
音响设备制造	3952
影视录放设备制造	3953
（六）焰火、鞭炮产品的制造	
焰火、鞭炮产品制造	2672
（七）文化用纸的制造	
机制纸及纸板制造*	2221
—文化用机制纸及纸板制造	
手工纸制造	2222
（八）文化用油墨颜料的制造	
油墨及类似产品制造	2642
颜料制造*	2643
—文化用颜料制造	
（九）文化用化学品的制造	
信息化学品制造*	2664
—文化用信息化学品的制造	
（十）其他文化用品的制造	
照明灯具制造*	3872
—装饰用灯和影视舞台灯制造	
其他电子设备制造*	3990
—电子快译通、电子记事本、电子词典等制造	
（十一）文具乐器照相器材的销售	
文具用品批发	5141

续表

类别名称	国民经济行业代码
文具用品零售	5241
乐器零售	5247
照相器材零售	5248
(十二) 文化用家电的销售	
家用电器批发*	5137
—文化用家用电器批发	
家用视听设备零售	5271
(十三) 其他文化用品的销售	
其他文化用品批发	5149
其他文化用品零售	5249
十、文化专用设备的生产	
(一) 印刷专用设备的制造	
印刷专用设备制造	3542
(二) 广播电视电影专用设备的制造	
广播电视节目制作及发射设备制造	3931
广播电视接收设备及器材制造	3932
应用电视设备及其他广播电视设备制造	3939
电影机械制造	3471
(三) 其他文化专用设备的制造	
幻灯及投影设备制造	3472
照相机及器材制造	3473
复印和胶印设备制造	3474
(四) 广播电视电影专用设备的批发	
通信及广播电视设备批发*	5178
—广播电视电影专用设备批发	
(五) 舞台照明设备的批发	
电气设备批发*	5176
—舞台照明设备的批发	

表 2　对延伸层文化生产活动内容的说明

序号	类别名称及代码		文化生产活动的内容
	小　类	延伸层	
1	专业性团体（的服务）（9421）	学术理论社会团体的服务	包括党的理论研究、史学研究、思想工作研究、社会人文科学研究等团体的服务
		文化团体的服务	包括新闻、图书、报刊、音像、版权、广播、电视、电影、演员、作家、文学艺术、美术家、摄影家、文物、博物馆、图书馆、文化馆、游乐园、公园、文艺理论研究、民族文化等团体的服务
2	其他未列明教育（8299）	美术、舞蹈、音乐辅导服务	包括美术、舞蹈和音乐等辅导服务
3	其他电信服务（6319）	增值电信服务（文化部分）	包括手机报、个性化铃声、网络广告等业务服务
4	卫星传输服务（6330）	传输、覆盖与接收服务	包括卫星广播电视信号的传输、覆盖与接收服务
		设计、安装、调试、测试、监测等服务	包括卫星广播电视传输、覆盖、接收系统的设计、安装、调试、测试、监测等服务
5	软件开发（6510）	多媒体、动漫游戏软件开发	包括应用软件开发及经营中的多媒体软件和动漫游戏软件开发及经营活动
6	数字内容服务（6591）	数字动漫、游戏设计制作	包括数字动漫制作和游戏设计制作等服务
7	工程勘察设计（7482）	房屋建筑工程设计服务	包括房屋（住宅、商业用房、公用事业用房、其他房屋）建筑工程设计服务
		室内装饰设计服务	包括住宅室内装饰设计服务和其他室内装饰设计服务
		风景园林工程专项设计服务	包括各类风景园林工程专项设计服务
8	野生动物保护（7712）	动物园和海洋馆、水族馆管理服务	包括动物园管理服务，放养动物园管理服务，鸟类动物园管理服务，海洋馆、水族馆管理服务
9	野生植物保护（7713）	植物园管理服务	包括各类植物园管理服务

续表

序号	类别名称及代码		文化生产活动的内容
	小类	延伸层	
10	园林、陈设艺术及其他陶瓷制品制造（3079）	陈设艺术陶瓷制品制造	包括室内陈设艺术陶瓷制品、工艺陶瓷制品、陶瓷壁画、陶瓷制塑像和其他陈设艺术陶瓷制品的制造
11	知识产权服务（7250）	版权和文化软件服务	版权服务包括版权代理服务，版权鉴定服务，版权咨询服务，海外作品登记服务，涉外音像合同认证服务，著作权使用报酬收转服务，版权贸易服务和其他版权服务。文化软件服务指与文化有关的软件服务，包括软件代理、软件著作权登记、软件鉴定等服务
12	贸易代理（5181）	文化贸易代理服务	包括文化用品、图书、音像、文化用家用电器和广播电视器材等国际国内贸易代理服务
13	拍卖（5182）	艺（美）术品、文物、古董、字画拍卖服务	包括艺（美）术品拍卖服务，文物拍卖服务，古董、字画拍卖服务
14	娱乐及体育设备出租（7121）	视频设备、照相器材和娱乐设备的出租服务	包括视频设备出租服务，照相器材出租服务，娱乐设备出租服务
15	其他未列明商务服务业（7299）	公司礼仪和模特服务	公司礼仪服务包括开业典礼、庆典及其他重大活动的礼仪服务。模特服务包括服装模特、艺术模特和其他模特等服务
		大型活动组织服务	包括文艺晚会策划组织服务，大型庆典活动策划组织服务，艺术、模特大赛策划组织服务，艺术节、电影节等策划组织服务，民间活动策划组织服务，公益演出、展览等活动的策划组织服务，其他大型活动的策划组织服务
		票务服务	包括电影票务服务，文艺演出票务服务，展览、博览会票务服务
16	机制纸及纸板制造（2221）	文化用机制纸及纸板制造	包括未涂布印刷书写用纸制造，涂布类印刷用纸制造，感应纸及板制造

续表

序号	类别名称及代码		文化生产活动的内容
	小类	延伸层	
17	颜料制造（2643）	文化用颜料制造	包括水彩颜料、水粉颜料、油画颜料、国画颜料、调色料、其他艺术用颜料、美工塑型用膏等制造
18	信息化学品制造（2664）	文化用信息化学品的制造	包括感光胶片的制造，摄影感光纸、纸板及纺织物制造，摄影用化学制剂、复印机用化学制剂制造，空白磁带、空白磁盘、空盘制造
19	照明灯具制造（3872）	装饰用灯和影视舞台灯制造	包括装饰用灯（圣诞树用成套灯具、其他装饰用灯）和影视舞台灯的制造
20	其他电子设备制造（3990）	电子快译通、电子记事本、电子词典等制造	包括电子快译通、电子记事本、电子词典等电子设备的制造
21	家用电器批发（5137）	文化用家用电器批发	包括电视机、摄录像设备、便携式收录放设备、音响设备等的批发
22	通信及广播电视设备批发（5178）	广播电视电影专用设备批发	包括广播设备、电视设备、电影设备、广播电视卫星设备等的批发
23	电气设备批发（5176）	舞台照明设备的批发	包括各类舞台照明设备的批发

| 附录三 |

相关论文

一

以文化引领当代城市发展①

魏 饴

在城市化进程不断加快、城市设施不断改善、城市规模不断膨胀的当代中国,如何发挥文化在城市建设中的引领和推动作用尤显迫切而重要。

当今时代,文化作为人类创造的物质财富和精神财富的总和,已是一个国家综合国力的重要组成部分,同时也是推动和引领城市发展的重要力量。文化之所以能推动和引领城市发展,是因为经济社会的发展越来越多地采用文化的形式,而文化也开始具有越来越强大的社会推动能力。因此,在城市建设中更多地借重文化资源及其所内生的

---

① 原载 2010 年 4 月 9 日《光明日报》。

力量，就是不断增强城市核心竞争力的重要途径。

而地方高校作为当地城市的重要文化资源集聚地，在城市文化建设中自然应该担当引领和推动当地文化发展的作用，从而最终推动城市发展。这主要是因为：首先，地方高校作为当地教育科技、人才智力、技术信息中心，拥有得天独厚的文化资源；其次，地方高校文化及其特性与当地城市文化发展具有共同基础。

城市文化对于城市竞争实力的提升具有至关重要的作用，而在这方面，地方高校也应发挥更大的作用。一是根植于当地文化沃土的地方高校文化，在与当地文化的共生相容发展中养成了独有的地域历史个性。正如德国历史哲学家斯宾格勒所言，每一种文化都植根于她自己的土壤，各有自己的家乡和故土的观念，有自己的"风景"和"图像"，地方高校文化同样如此。二是成长于高等教育发展环境中的地方高校文化，在不同国界、不同地域、不同形态的文化碰撞中形成了包容开放特性。地方高校文化的理性批判态度和包容开放特性，在校地互动中有助于克服地方城市文化发展存在的故步自封、简单模仿、浮躁沉靡、感性短视等倾向，实现对当地城市文化发展的引领和推动作用。

20世纪以来，世界各国在反思城市化发展的经验教训中基本形成共识：城市发展不仅需要发达的现代工业支撑，更需要深厚的文化积淀和高雅的精神塑造。城市文化已成为城市发展非常重要的软资源，文化所塑造的科学精神和人文精神以及由此所迸发出来的创造力是现代城市持续发展的不竭动力之源。正如英国曼彻斯特城市委员会所言，"文化已成为城市发展战略的轴心，经济、社会、技术和教育战略与文化的关联越来越密切。在未来的竞争中,信息与知识是地方经济可持续发展的关键,只有那些学会如何战胜文化挑战的城市才能得到最佳发展"。在地方城市文化发展之中,地方高校作为当地文化中心不能作壁上观,应坚持"以服务谋发展、以贡献求支持"的思路,主动入世,积极参与地方文化建设,在服务中互动发展。笔者所在高校湖南文理学院,近年来将以湖湘文化为主题的"白马湖学术论坛"、以爱国主义为主题的"白马湖广场周文艺晚会"等特色文化资源对外开放,每场吸引市民上万人次,成为促进当地城市文化发展的一道亮丽风景线;充分利用现代网络技术资源和平台,设立地方城市文化建设发展专栏,及时将学术报告会、白马湖学术论坛、白马湖广场周文艺晚会等视频资料链接上网,进一步扩大资源共享范围;充分利用校报、学术期刊、图书文献等传统平面媒体,扩大学校文化辐射和覆盖范围。

人才是城市发展之基,一个城市的迅速发展,离不开大量高素质人才的强有力支撑。这就要求地方高校要切实履行高校培育优良学生的职能,为推动城市发展培养大量优秀人才。同时,也应看到,城市及其文化发展是一个长期积淀和发展过程,需要一代又一代优秀人才予以传承和发扬光大。笔者所在学校,为加大对地方文化传播,开设了50多门以地方文化为核心内容的专业选修课程和全校跨专业选修课程。

总之,有文化底蕴的城市才有持久发展的动力源泉,才能发展得更和谐。地方高校要在城市发展中发挥重大作用,要在城市文化建设中发挥引领功能,必须要练好"内功"。首先,要提高文化层次,壮大文化实力,增强文化研发能力,完善文化辐射、引领和服务功能;其次,要整合地方高校历史文化、人力智力、教育培训等资源,建立和完善促进地方高校文化与城市文化互动发展的平台和机制,积极为地方塑造城市精神、引领和推动城市文化发展做出贡献。

二

农村居民文化消费需求的生成机理研究[①]

黄向阳

"生产发展、生活宽裕、乡风文明、村容整洁、管理民主"是社会主义新农村建设的总体要求,在社会主义新农村建设中,文化建设和政治建设、经济建设、社会建设、党的建设共同构成社会主义新农村建设五位一体的建设体系。农村文化建设既是我国为推动社会主义新农村建设的全面发展所提供的一种方案设计,也是我国为满足农村居民日渐高涨的文化生活需求所采取的重要战略举措。农村居民文化消费需求的形成是在特定的内外在因素联合作用下形成的,本文将从农村居民文化需求形成的生产力因素即农村生产力发展为农村居民文化消费需求形成提供的物质保障角度、农村居民文化需求形成的社会心理因素即城市文化生活对农村居民文化消费需求形成的影响角度、农村居民文化需求形成的政策因素即国家政策对农村居民文化消费需求的引导和扶植角度三个方面来探讨农村居民文化消费需求的形成

[①] 原载 2011 年第 17 期《前沿》。

机理。

一、农村居民文化消费需求形成的生产力基础

虽然影响农村居民文化消费需求形成的因素是多方面的，但其中最具决定性的因素就是生产力的发展。只有当生产力发展使民众的物质生活需求满足到一定程度，民众才有可能调整消费结构，增加文化消费支出，使文化消费需求成为居民消费结构中的显性需求。从我国农村居民文化消费需求形成的现状来看，生产力发展对农村居民文化消费需求形成的促进作用主要表现在以下几个方面。

第一，生产力水平的提升减轻了农业生产的强度，提高了农业生产效率，为农村居民文化需求的形成提供了时间保障和精力保障。中央惠农政策的实施，不仅改善了农民的生活状况，也为农民改善农业生产技术水平和管理水平提供了条件。取消农业税及上缴提留后，农民将原本用于税负的开支转向投资于农机具，2000年，我国农业生产中大中型拖拉机、小型拖拉机、大中型拖拉机配套农具、小型拖拉机配套农具的拥有量分别为974547台、1264.4万台、140万部、1788.8万部，2009年相应的农机具拥有量为3515757台、1750.9万台、542.1万部、2880.6万部[1]。大量农机具在农业生产中的使用，提升了农业生产率水平，缩短了农业生产的必要劳动时间，使农民的闲暇时间相对增加。笔者在农村实地调研中发现，即使在农忙时节，村民也只是在上午5点半到10点，下午4点到7点半之间劳动，从上午10点到下午4点之间，村民除用餐和短时间的休息外，大多在从事文化娱乐活动；而在农闲时节，村民用于娱乐活动的时间更长。农业生产时间的缩短，相应地延长了农村居民的休闲时间，为农村居民文化需

求的生成提供了时间保障。同时，先进生产工具的使用，使农业生产劳动的强度有所降低，从而为农村居民文化消费需求的形成提供了精力保障。

第二，收入水平的增加，为农村居民消费需求的形成提供了经费保障。"十一五"以来，随着中央惠农政策的实施和农业生产水平的提升，我国农村居民的收入水平有了很大程度的提高，"十一五"期间，农村居民人均纯收入由2005年的3255元提高到2010年的5919元，增加了2664元，名义增长81.8%，年均增长12.7%，扣除价格因素后，实际年均增长8.9%。居民收入水平的上升，使居民的消费支出水平也持续上升，2010年，农村居民人均生活消费支出4382元，比2005年增加1826元，年均名义增长11.4%，扣除价格因素的影响，年均实际增长7.8%。在消费支出水平上升的同时，居民的消费支出结构也发生了显著的改变，2005~2010年，农村居民生活消费支出的结构序列由吃、住、文教娱乐、交通通信、医疗保健、穿、家庭设备及服务，变化为吃、住、交通通信、文教娱乐、医疗保健、穿、家庭设备及服务。消费层次较高的交通通信支出在消费支出结构序列中的位置提前，反映出农村居民的消费结构进一步优化，向享受型、发展型结构转变；而文教娱乐消费支出在消费支出结构序列中的位置后移，主要是因为农村学杂费减免使得教育消费支出下降，2010年农村居民家庭的学杂费支出人均149元，比2005年人均减少46元，下降了23.5%[2]。同时我们也还要注意到，通信支出也属于文化消费的范畴。这些统计数据说明，农村居民的消费结构随着生产力水平的提升在不断改善，其消费支出方向开始逐步从基础建设领域（住房建设）

转向生活消费领域,文化消费支出在农民生活消费支出中的比重也在不断上升,使农村居民的生活质量有了显著改善。

第三,农村居民家庭及社区文化消费设施的增加为农村居民文化消费需求的形成提供了设施保障。近年来,特别是随着"家电下乡"政策的实施,农村居民家庭中文化消费设施保有量不断上升,2010年农村居民平均每百户拥有彩色电视机111.8台,比2005年增加21.8台,增长24.2%,其中,接入有线电视网的彩色电视机占52.5%,比2005年提高13.8个百分点;平均每百户拥有移动电话136.5部,比2005年增加77.1部,增长1.3倍;平均每百户拥有电脑10.4台,比2005年增加7.9台,增长3.2倍,其中接入互联网的电脑占69.4%,比2005年提高28.6个百分点[3]。

同时,由于生产力水平的提升,农村地区公共文化设施保有量也在不断增加。在农业生产率低下的情况下,农民解决人口增长所带来的粮食消费需求增长难题的方法是扩大土地的耕种面积,因此很难提供土地用以建设公共文化场所及设施。随着农业生产率水平的提升,单位土地的产出量在不断增加,农民保障粮食消费需求的方法不再是扩大耕种面积,而是通过改善农业生产技术以提高单位产量,这就为将适量土地转向其他用途提供了条件。当前,不少行政村开始在农村建设规划中专为农村公共文化设施建设发展提供土地预留;政府所提供的各类文化基础设施在农村的安家落户更是助推了农村居民文化消费需求的形成。

二、农村居民文化消费需求形成的心理基础

文化消费需求的形成不仅需要物质基础,还需要农民消费观念的

转变，即农民要重视文化消费并愿意将文化消费列入家庭支出项目。在生产力发展带来的生活水平提升的影响下，特别是城乡信息交流的影响下，我国农民的消费观念也已经发生了明显的变化，从而为农村居民文化消费需求的形成提供了社会心理基础。

第一，农村居民对生活质量的追求为文化消费需求的形成提供了观念支撑。收入水平的提升，既改变着农村居民的消费支出结构，也改变着农村居民的消费理念，消费理念的改变为农村居民文化消费需求的形成提供了观念支撑。

从消费变化的规律来看，人们的消费支出必然要经历从量的关注到质的关注的变化过程，在温饱没有解决的情况下，人们在消费过程中关注的是量的满足，是温饱问题的解决；在进入小康社会以后，人们的消费理念发生相应的变化，消费的重点会从量的关注转向质的关注，注重提高生活的质量，而生活质量的提高，不仅包括物质消费品质量和档次的提升，还包括为满足精神生活需要而进行的文化生活消费。随着农村居民收入水平的不断提升，农村居民的文化消费需求也在不断高涨。为了解农村居民消费观念的变化，笔者在湖南省石门县、慈利县、桑植县和湖北省鹤峰县等地进行了访谈调研，调查结果显示，86%的受访对象对当前的物质生活状况感到"很满意"或者"比较满意"；91%的受访对象对当前农闲时的休闲生活不满意，认为"群体活动太少，生活太单调"，78%的受访对象认为文化消费已经成为一种生活需要，而100%的受访对象对当前农村地区公共文化产品的供给表示"特别不满意"或者"不满意"。这些数据说明了在当前我国农村居民物质生活消费水平达到一定程度的情况下，农村居民消费观念转变、文化消费需求不断上升的事实。消费观念的转变，成为农村居民文化消费需求形成的重要条件，也成为农村居民自发组织开展文化娱乐活动的动力。在湖南省石门县雁池乡雁池村调研时发现，该村村民自2005年以来，不仅以村规民约的方式劝导村民远离牌桌，倡导健康新生活，还自发组织了秧歌队、腰鼓队等，以解决本村文化产品供给不足的难题。

第二，人口流动导致城市生活方式，特别是城市文化生活方式向农村地区辐射，成为农村居民文化消费需求形成的社会心理基础。随着中国城市经济体的不断壮大，进城务工的农民工群体也日益庞大，当前我国已经有1.3亿多农民工在城市劳动，农民工进城不仅通过转移性的工资收入提高了农村居民的收入水平，还通过农民工在城乡之间的流动实现了城乡间的信息交换，特别是带动了城市信息向农村地区的流动。当前这种信息交换给农村地区带来的最大变化是推动了农村居民生活方式的变化，一方面是农民工在城市生活期间逐步习惯和接受了城市生活方式，包括城市居民的休闲生活方式；另一方面，农民工在城乡之间的流动也使城市生活方式随着农民的返乡而不断向农村地区扩展开来。

同时由于农村居民收入的增加，农村消费市场规模逐步扩大，一些城市经营者为了抓住农村市场，开始将自己的经营领域向农村扩展，他们在农村地区从事生产经营活动的同时，也将自己的生活方式带到了农村，从而成为农村居民生活方式变迁的一个参照系。更有部分经营者为满足农村居民不断上升的文化消费需求，开始在农村地区直接从事文化经营活动，从而成为农村地区文化产品的供给者之一。

石门县雁池乡集镇上的三个网吧、两个桌球室、一个卡拉 OK 厅都是常德市的经营者在本地从事超市等商业经营活动时所拓展的附加业务。

第三，电视、网络等现代传媒工具在农村的扩张成为城市生活方式向农村扩张并影响农村居民文化消费心理形成的重要途径。电视在农村地区的普及，对农村居民的文化生活产生了重大影响。电视的普及为农村居民提供了一种文化消费产品，丰富了农村居民的文化消费，并成功地填补了农村公共文化活动分管所留下的空白，改变了农村的文化娱乐方式，以家庭为单位的农村居民文化消费方式正逐步成为一种主流方式。电视、网络的普及对农村居民文化消费需求的影响还表现在影视作品对农村居民文化生活方式的影响上。农村居民在欣赏影视作品的故事情节时，也受到了影视作品所展示的生活方式的影响，并不断有人以影视剧中人群的生活方式为标杆改善自己的生活方式。观念的变化，使原本一些不为农民所接受的文化生活方式，如交谊舞等，也开始在农村地区普及，部分农民开始自发购置相关器材和开辟活动场地，组织文化休闲活动。休养文化生活在农村的兴起与普及与影视作品所展示的现代生活方式的影响有着密切的关系。

三、农村居民文化消费需求形成的政策基础

生产力的发展和居民消费观念的变化为农村居民文化消费需求的形成提供了物质基础和社会心理基础，并使农村居民的文化消费需求日益成为农民消费需求中的显性消费需求。以满足人民群众日益增长的物质文化生活需求为执政目标的中国政府也在社会主义新农村建设的进程中把握住了农村居民的文化生活需求，并以一系列的政策制定

和调整来推动农村文化建设,以引领和满足农村居民的文化生活需求,从而成为农村居民文化消费需求形成的政策基础。

第一,国家对农村居民文化消费需求的重视为农村居民文化消费需求的形成和发展提供了政策支持。2005年底,中共中央办公厅、国务院办公厅在《关于进一步加强农村文化建设的意见》中强调加强农村文化建设,是全面建设小康社会的内在要求,是树立和落实科学发展观、构建社会主义和谐社会的重要内容,是建设社会主义新农村、满足广大农民群众多层次多方面精神文化需求的有效途径,对于提高党的执政能力和巩固党的执政基础,促进农村经济发展和社会进步,实现农村物质文明、政治文明和精神文明协调发展,具有重大意义。在这一文件及其后通过的2006年中央一号文件等一系列文件中,中央多次强调要繁荣农村文化事业,并为农村文化建设提出了切实可行的建设方案,要求"各级财政要增加对农村文化发展的投入,加强县文化馆、图书馆和乡镇文化站、村文化室等公共文化设施建设,继续实施广播电视'村村通'和农村电影放映工程,发展文化信息资源共享工程农村基层服务点,构建农村公共文化服务体系"。国家对农村文化建设的重视,保障了农村文化建设的顺利进行,为丰富农村地区的文化产品供给提供了政策保障;同时也从政策层面上为农村居民文化需求的形成提供了保障,即农村居民在国家政策对自身消费需求的肯定中增强了对文化消费需求的认同。

第二,国家对社会主义新农村文化建设的投入及为农村文化产业和文化事业发展所提供的融资政策为农村居民文化消费需求的形成提供了财力支持。为引导和满足农村居民的文化需求,建成"乡风文明"的社会主义新农村,中央政府明确要加大政府对文化事业的投入力度,扩大公共财政覆盖范围,中央和地方财政对文化投入的增幅不低于同级财政经常性收入的增长幅度。加强基层文化设施建设,保证一定数量的中央财政转移支付资金和新增文化经费主要用于农村文化建设。据文化部财务司统计,2009年,我国农村文化建设共投入86.03亿元,比上年增加19.44亿元;在农村文化基础设施建设方面,依据《全国"十一五"乡镇综合文化站建设规划》,在"十一五"期间,中央计划投入39.48亿元补助全国2.67万个乡镇综合文化站建设项目,到"十一五"末,基本实现"乡乡有综合文化站"的建设目标。为改善乡镇综合文化站的建设质量,文化部、财政部从2008年起增设了乡镇文化站内容建设专项资金,重点是改善现有乡镇文化站设备陈旧的状况,完善其服务功能,并为新建设文化站添置必要的设备器材,以消除文化站"空壳"现象。2008年、2009年,中央财政连续两年安排专项经费7.43亿元,为中西部22个省(区、市)已建成且达标的10871个乡镇文化站购置基本业务设备和共享工程设备[4]。政府投入的加大,极大地改善了农村地区公共文化产品的供给状况,在为农村居民提供文化产品消费的同时也有效地激发了农村居民的文化消费需求。

  国家在加大农村文化建设投入力度的同时,为了给农村文化产业和文化事业提供融资便利,中共中央办公厅、国务院办公厅在《关于进一步加强农村文化建设的意见》中提出"鼓励社会资本在政策范围内,以各种形式兴办文化实体,形成以公有制为主体、多种所有制共同发展的文化产业格局",从而为农村文化建设解决融资难题提供了政策保障，也为农村非公有文化实体的发展提供了政策许可。

第三，国家对文化消费的重视为农村居民文化需求的形成直接提供了国家战略层面的政策引导。2009年，国家出台了《文化产业振兴规划》，将文化产业作为国家重点扶植的产业，我国不少地方政府更是将文化产业作为支柱产业加以发展。产业振兴除了政府的扶助外，还需要庞大的消费市场的支撑，为此，国家一方面在政府层面推动"家电下乡"，为农村居民文化消费需求的培育和形成奠定了物质基础；另一方面，政府也在强化对文化消费意识的培育，国家在《文化产业振兴规划》中提出，要扩大文化消费，不断适应当前城乡居民消费结构的新变化和审美的新需求，创新文化产品和服务，提高文化消费意识，培育新的消费热点。直接从国家政策层面上提出培育文化消费热点，将文化消费作为拉动内需的一个重要战略举措，必将对我国城镇居民的消费结构调整产生重大的影响，也为农村居民文化消费需求的形成提供了直接的战略支撑。

无论是从生产力的发展，还是农村居民观念的转变和国家政策的扶助来看，当前正是我国农村居民文化消费需求形成和发展的最佳时机，抓住机会促成农村居民文化消费的形成和发展，不仅有助于丰富人民群众的文化生活水平，也有助于拉动内需，推动我国社会经济的持续发展。

参考文献

[1] 国家统计局：《中国统计年鉴（2010）》，http：//www.stats.gov.cn。

[2] 国家统计局住户调查办公室：《"十一五"经济社会发展成就系列报告之八：农村居

民收入增速加快生活水平明显提高》，http://www.stats.gov.cn。

[3][4] 文化部财务司：《中国文化文物统计年鉴（2010）》，国家图书馆出版社，2010。

三

农村文化产品供给方式的转型之路①

黄向阳

随着我国农村居民收入水平的不断提高和农村居民消费结构的不断改善，农村居民对文化生活的需求越来越迫切，对文化产品质量的要求也越来越高。正是在这一背景下，政府加大了农村文化建设的力度，相继出台了一系列推动农村文化建设的政策文件，实施了一系列具体举措，取得了良好的效果。"文化下乡"在广大农村地区取得了丰硕的成果，"农家书屋"成为农村居民精神家园的星星之火，家电下乡、有线电视的推广丰富了农村居民的精神文化生活，文艺下乡使农村居民也能和城市居民一样享受文化大餐。但就总体来看，当前我国农村地区文化产品供给的总体态势是有效供给不足，文化产品无法完全满足农村居民的文化需求。当前的农村文化现状，一方面要求我们加大政府主导下的农村公共文化产品供给，另一方面也需要我们发挥农村居民在农村文化建设中的主体作用，以农村居民为主体发展农村文化产业，改善农村文化产品供给不足的状况。

---

① 原载 2011 年第 2 期《武陵学刊》。

一、瓶颈：农村地区文化产品有效供给不足

随着农村地区社会经济发展整体水平的提升，农村居民的文化生活需求已日渐成为一种显性需求。究其原因主要有以下几点。第一，农村居民收入的增长和消费结构的改善为文化需求在农村地区成为显性需求提供了经济保障。随着整体经济形势的持续走好和中央惠农政策的实施，我国农村居民的收入水平在不断提高，且农村居民的消费结构也得到了持续改善，我国农村居民家庭食品消费支出占消费总支出的比重在2009年已经下降为41.0%[1]。随着居民食品支出的持续下降，农村居民的文化消费需求则显著上升，文化消费品的支出在农村居民支出中的比例稳定增长。第二，农村居民闲暇时间的增加为文化需求在农村地区成为显性需求提供了时间保障。随着新的农业生产技术与管理技术在农村的不断推广和普及，农业生产的机械化程度和管理的科学化程度越来越高，农业生产率在不断提升，从事农业生产所耗费的劳动时间越来越少，农民的闲暇时间随着农业生产水平的提升在不断增加。闲暇时间的增加催生了农村居民的文化生活需求，也使农村居民文化生活需求的满足成为可能。第三，农村居民整体文化素质的不断提升为文化需求在农村地区成为显性需求提供了智力保障。新中国成立以后，我国政府一直致力于通过教育提升居民的整体素质，特别是改革开放以来，政府大力推行农村九年制义务教育，经过数十年的努力，农村居民的整体文化素质已经有了显著的改善，农村居民的文化消费能力有了显著提升，在文化消费能力提升的拉动下，文化需求正逐步成为农村居民的一种内生性需求。第四，农村居民消费观念的变化为农村文化消费的显性增长提供了观念保障。人们

的消费观念是随着生活水平的变化和生活环境的变化而不断发生变化的,进入21世纪以来,随着我国农村居民物质生活水平的提升,农村居民的消费观念发生了显著的变化,农村居民不再满足于吃饱穿暖,而开始追求精神享受。文化生活无疑为丰富农村居民的精神世界提供了可靠途径。第五,农村居民家庭文化设施的改善为文化需求在农村地区成为显性需求提供了设施保障。农村居民的家庭设施现代化程度不断提高,特别是在家电下乡政策的推动下,农村居民家中与文化消费相关的设备与设施不断完善,设施的改善为文化消费需求的实现提供了物质基础,也在一定程度上催生了农村居民的文化需求。

但与农民文化需求上升的现状相比,当前农村地区的文化产品供给状况还不太令人满意,为此,笔者对湖南、江西、湖北、陕西等数个省的农村地区进行了调研,发现当前农村地区文化产品供给存在如下问题。

第一,农村地区文化产品的供给状况有所改善,但总量不足。文化消费需求已经成为农村居民的显性需求,并且成为推动农村文化建设的强大动力。强大的文化需求动力也使政府加大了对农村文化建设的关注力度和投入力度。但尽管这些年来政府加大了投入力度,农村地区文化产品的供给依然在总量上无法满足农村居民的文化消费需求。据文化部财务司统计,2009年,我国农村文化建设共投入86.03亿元,比上年增加19.44亿元;在农村文化基础设施建设方面,依据《全国"十一五"乡镇综合文化站建设规划》,在"十一五"期间,中央计划投入39.48亿元补助全国2.67万个乡镇综合文化站建设项目,到"十一五"末,基本实现"乡乡有综合文化站"的建设目标。

为改善乡镇综合文化站的建设质量，文化部、财政部从2008年起增设了乡镇文化站内容建设专项资金，重点是改善现有乡镇文化站设备陈旧的状况，完善其服务功能，并为新建设文化站添置必要的设备器材，以消除文化站"空壳"现象。2008年、2009年，中央财政连续两年安排专项经费7.43亿元，为中西部22个省（区、市）已建成且达标的10871个乡镇文化站购置基本业务设备和共享工程设备[2]。在政府投资的大力推动下，随着农村地区公共文化设施的不断完善，农村地区文化产品的供给状况已经有了很大程度的改善，农民公共产品供给不足的状况得到了一定程度的缓解。但我们同时也要看到，农村地区文化产品的供给与农村居民文化需求的满足还存在着一定的差距，如我国有61.2万个行政村，但已建成且达标的乡镇文化站到2009年底仅有10871个，绝大部分乡镇文化站的建设还未达标；同时，虽然一些地区在文化基础设施建设上取得了一定的成效，但"农村基层公共文化服务网点建设缺口依然较大。已有的设施建设水准参差不齐，整体发展不均衡。乡镇虽解决了基本的基础设施问题，但绝大多数设施档次不高，缺乏维护；由于在经费、管理、人员等方面存在不足，很多公共文化机构运转困难，开放不正常。现有的文化馆、图书馆功能设施简陋，场地狭小，其中的藏书虽在数量上勉强达标，但书籍陈旧，没有更新，跟不上需求。信息服务没有及时更新，服务内容滞后，不能对农民的生产生活进行及时指导，因而无法与农民需求接轨而基本无人光顾"[3]。

第二，农村地区文化产品的供给量虽有所上升，但有效供给严重不足。在农村地区文化产品供给状况改善的情况下，农村地区文化产品的供给量也在持续上升，据统计，截至2008年12月，农村地区数字资源量已达到73.91TB。送书下乡工程2003~2008年已累计安排资金1.2亿元，为国家级扶贫开发重点县和乡镇配送图书1060万册[4]。从2005年到2010年，中央财政安排资金3亿元，为基层剧团和文化机构配备流动舞台车，改善剧团等文化机构的服务条件。截至2009年，已为基层配送流动舞台车804台[5]。量的提高说明了我国农村文化建设所取得的成就，说明农村地区文化产品的供给状况有所改善，在看到这些成绩的同时，还必须看到由于各地农村居民文化需求的差异性，这种近乎计划供给的模式不可避免地存在着有效供给不足的问题。有人曾就农村文化产品供给状况做过调查，发现"对于文化部门组织的文化下乡活动，88%的农民表示'不满意'。分析原因，不是农民不喜欢'文化下乡'活动，而是这类活动主要集中在集镇上，表演时间不能适应农时，表演内容有时不合农民口味，表演时接待费用较高等，因而觉得那不是给农民看的"[6]。一方面是农民希望相关部门送更多的文化产品下乡，说明了农村居民文化需求存在的真实性；另一方面说明相关部门提供的文化产品不能满足农村居民的需要，也就是农村文化产品的有效供给不足——不是没有供给，而是供给不能有效地满足农村居民的文化需要。

第三，文化产品供给结构不合理。文化消费是一种带有消费者强烈的主观消费偏好的消费项目，这种消费偏好体现在以下几个方面：一是身份差异形成的消费偏好：消费者的年龄差异、性别差异、文化程度差异、职业差异、收入差异、区域差异都会形成特定的文化消费偏好。在调研中我们发现，农村居民中的青年人相对于中老年人来说文化需求较强，男性相对于女性来说文化消费需求较强，文化程度较高（初中以上）的农村居民相对于文化程度较低的来说文化消费需求较强，在农村从事经营活动及担任一定社会职务的居民相对于纯粹从事农业生产的居民来说文化需求较强，收入水平较高的居民相对于收入水平较低的居民文化消费需求较强。二是在文化产品内容上的消费偏好。不同的村民受生产经营关系的影响，对文化产品的内容选择存在着明显的消费偏好。通过农村图书室的借阅登记发现，农村居民的阅读存在着明显的消费偏好，农村居民对农业科普读物有明显的消费偏好，对短篇故事类图书和杂志的喜好明显高于中外文学名著；而对农村居民关于文化下乡意见的调查显示，村民对本乡本土文化活动的喜好程度明显要高于对政府组织的文化下乡活动的喜好程度。

相对于农村居民明显的文化消费偏好，受制于我国当前用于农村文化建设的财力、物力、人力局限，很难在短时期内实行文化产品供给的差异化策略，而无差异化的文化产品供给模式往往很难完全满足农村居民的文化消费需求。

第四，农村地区文化产品质量良莠不齐。坚持以社会主义先进文化和马克思主义主流文化占领农村文化建设阵地，以健康、优秀的文化产品满足农村居民的文化需求是我国政府推进农村文化建设的主旨。正是在党的农村文化建设政策的正确指引下，我国农村地区的文化建设取得了显著成效，农村居民的文化生活水平有了很大的提高，农村居民对社会主义主流文化的认同度也在不断提高。但在历史及现实等诸多因素的制约和影响之下，当前我国农村地区除马克思主义文化外，还存在着大量的非马克思主义文化。特别是20世纪80年代初改革开放以来，国家正式权力就逐渐退出了乡村，乡村社会秩序呈现半自治的状态，尤其在农业税取消之后，国家不再向农村汲取资源了，位于国家行政权力末梢的乡镇与村委的关系疏远了，村庄更进一步原子化了。在与国家权力日渐疏离的广阔农村，各种势力纷纷抢占农村文化阵地，向农村居民推销他们生产或者舶来的"文化产品"：宗教文化不断向农村地区渗透，试图在农村地区扩大自己的教众基础；封建迷信也在农村地区沉渣泛起，在侵蚀人们精神的同时也掠夺着人们的物质财富；博彩文化不断向农村蔓延，不仅使农村大量资金流失，也严重破坏了农村社会风气，干扰了农村社会的可持续发展；宗族文化则借着建宗祠、修族谱、选族长的机会重新回归，干扰着农村政治文明的建设[7]。这种现象在越是偏远地区的农村，表现得越为明显。良莠不齐的文化产品供给不仅严重干扰了农村文化建设，也误导了农村居民的文化消费。

二、途径：发挥农村居民在农村文化建设中的主体作用

农村文化产品供给呈现出的问题意味着必须改善农村地区文化产品的供给方式，必须充分发挥农村居民在农村文化建设中的主体作用，使农村居民成为农村文化产品的供给主体。中共中央办公厅、国务院办公厅在《关于进一步加强农村文化建设的意见》中指出，要"大力发展农村民办文化。通过民办公助、政策扶持，鼓励农民自办文化，开展各种面向农村、面向农民的文化经营活动，使农民群众成为农村文化建设的主体"。

第一，发挥农村居民在农村文化建设中的主体作用是搞好农村文化建设、改善农村地区文化产品供给状况的现实需要。

让农村居民成为农村文化建设的主体，是农村文化建设的大势所趋，也是搞好农村文化建设的关键所在。我国农村经济发展的道路证明要搞好农村建设，关键是要提升农村地区的自我发展能力。在农村经济发展过程中，我国政府曾对一些落后和贫困农村地区实行结对扶贫，向贫困农村地区"输血"，但外部"输血"机制很难从根本上解决农村经济落后的难题。农村经济建设的实践证明只有将"输血"与"造血"结合起来，提升农村经济发展的"造血"功能，并最终实现完全由农村"造血"，才能够从根本上解决农村经济发展难题。经济建设如此，文化建设也是如此，只有在农村文化建设中充分发挥农村居民的主体作用，在"送文化"的带动和帮助下，将农村居民培育成农村文化建设的主体，让农村文化产品的提供者实现从农村外部向农村内部的转变，并通过农村文化产品提供主体的转变实现农村文化生产者与农村文化消费者在质上的统一，才能满足农村居民的文化消费偏好。

发挥农村居民在农村文化产品供给中的主体作用，能够有效地建立起农村文化产品供给的长效机制。我国政府为解决农村文化产品供给不足的难题而实施的"送文化下乡"确实在一定程度上满足了部分农村居民的文化生活需求。但送文化下乡只能暂时缓解农村文化产品供给不足的难题，这种由外部提供文化产品以满足文化消费者消费需求的供给模式往往因为诸多因素的干扰而无法保证其稳定性、持久性，也往往由于无法针对性地满足农村居民的文化消费偏好而曲高和寡。国内媒体曾对"送文化下乡"活动作出如此评价："春节文化下乡，是件喜人的事。但总给人一种风一样地来，又风一样地去的遗憾。一阵锣鼓喧天，几番欢声笑语，虽说确实给农民朋友带去了精神享受，但这种在各种节庆时点送来的文化大餐，农民在盼来后又觉得好'景'不长，终归难以让农村文化兴旺起来。用农民朋友的话说就是：给我们送文化，不如给我们'种'文化"[8]。近年来，针对"送文化下乡"出现的成本较高、难以惠及所有基层群众的现实难题，不少地方政府开始探讨农村文化产品供给方式的转型，开始探索农村文化产品从以外部供给为主转向以内部生产为主的模式，努力将"送文化下乡"转变为"种文化在乡"，将解放和发展农村文化生产力作为解决农村地区文化产品供给不足难题的首选方式，通过帮助农村居民建立起自己的文化队伍和文化生活，使农村居民真正成为农村文化建设和消费主角，开启了农村文化供给方式的转型之路。

发挥农村居民在农村文化产品供给中的主体作用，能够有效地解决农村文化产品供给与农村居民文化消费偏好之间的矛盾。农村居民的文化消费偏好是一种客观存在，农村居民消费偏好的形成既有基于历史文化沉淀的地区差异的影响，也有现阶段城乡发展不均衡、农村内部发展不均衡等形成的现实差异的影响，消除这种文化消费偏好，既不利于文化多样性的保护和发展，也根本无法实现。因此，在农村文化建设实践中，只能是在尊重农村居民文化消费偏好的基础上加以适度的引导，并根据农村居民的文化消费偏好有针对性地提供文化产品。

第二，农村文化产品供给要切合农村居民文化消费偏好的现实需求，为农村居民在农村文化建设中发挥主体作用提供了可能。

由农村居民为主体进行的文化生产在农村文化产品供给中具有天

然的优势,这种优势主要体现在作为生产者的供给主体与作为农村文化产品消费主体的农村居民具有同质性,而且文化产品的供给者本身也就是文化产品的消费者,质上的统一性使得农村居民作为生产者主体所提供的文化产品无论是在语言表达方式上还是在题材的选择上都更能够体现农村文化的乡土特色,比送下乡的文化产品更容易为农村居民所接受。在农村进行的问卷调查中,农村居民最认同的文化活动是村民婚丧嫁娶时的小型演出活动以及节庆时由农民自己举办的各种文娱演出活动,这也是农村居民文化消费产品的主要来源,这些文化产品生产的主体都是农村居民。

以农村居民为生产主体并向农村地区提供文化产品,不仅能够满足消费者的消费偏好需要,还具有独特的经济价值和社会价值。

从经济价值的角度来看,农村居民作为农村文化建设的主体向农村地区提供文化产品,可以有效地推动农村文化产业的发展,促进农村地区产业结构的优化,拉动地区经济的发展;此外,农村居民自办文化产业还可以带动村民就业,为农村经济发展做出应有的贡献。同时,村民自办文化所提供的文化产品在价格成本上也具有相当大的优势,由于村民对本地自然地理与社会经济发展状况都相当熟悉,由村民自办文化所提供的适合本地社情的文化产品往往能够因地制宜地进行演出,其演出成本也相对低廉,这种低成本文化产品在经济不发达的农村地区不仅受到农村居民的欢迎,也受到了地方政府的欢迎,相对于"送文化下乡"较高的接待成本而言,地方政府更青睐这种由农村居民自己提供的文化产品。

从社会价值的角度来看,农村居民作为农村文化建设的主体向农村地区提供文化产品,不仅可以满足农村居民的文化消费需求,还有助于保护和传承农村地区优秀的传统文化资源。如何传承和保护优秀传统文化资源是现代化进程中不得不面临的一个现实难题,现代化进程导致传统文化资源所赖以生存的环境发生了改变,使一些优秀的传统文化资源面临因后继无人而难以传承的艰难局面。改变传统文化传承和发展的困境,不仅需要政府的重视,更需要让传统文化资源融入民众的现实生活中,让传统文化资源在满足当代居民的文化需求的同时实现自身的传承和发展。我国农村居民自办文化所依赖的文化资源恰巧就是地方传统文化资源,因此在农村文化建设中充分发挥农民的主体作用,较为完美地实现了传承、保护农村传统文化资源与满足农村居民文化需求的结合。

三、保障:政府对农村居民文化产品供给行为的规范和引导

农村文化建设要充分发挥农村居民的主体作用,充分发挥农村居民在农村文化产品供给中的主体作用,这是由农村文化建设规律和农村居民文化需求的特点所决定的,但发挥农村居民的主体作用,并非政府及其他外部力量从农村地区完全撤出。受农村居民自身素质的差异,以及农村居民在文化生产过程中所依赖的传统文化资源与马克思主义文化的不完全同质性等因素的影响,由农村居民为主体提供的文化产品可能与社会主义新农村建设的要求、与农村文化建设的要求、与推动中国特色社会主义文化大发展大繁荣的要求、与马克思主义大众化的要求之间存在着一定的差距。因此,在继续鼓励农村居民在农村文化建设中发挥主体作用的同时,还需要加强政府在农村文化建设中的主导作用,加强对农村居民在农村文化产品供给中主体作用的发

挥进行规范和引导。

第一，加强对农村文化市场的监管，防范有害文化产品对农村文化市场的冲击。文化多元、多元文化并存是文化发展的整体态势，当前我国农村地区文化市场上大都同时存在着马克思主义主流文化、传统文化以及通过各种渠道输入的外来文化，多元文化的并存对于繁荣农村文化市场、丰富人民的文化生活有着重要的作用。但若不能很好地对多元并存的文化市场加强监管，往往会使一些腐朽落后的文化打着保护传统文化、实现文化多元的旗号沉渣泛起，干扰农村文化建设。在农村文化建设中，既要确保农村居民在农村文化产品提供中的主体地位，又要认识到农村居民受自身文化素质、思想素质的制约，往往出于对传统的珍惜和怀念，不能对传统文化正确认识，把精华和糟粕不加甄别地全盘照搬，从而使其提供的文化产品在内容上存在着诸多瑕疵：祠堂虽然为宗族成员的活动提供了空间，却又人为地排斥了非家庭成员的参与，不利于农村社区化的发展；农民为传承传统文化而自创的一些文化演艺节目，往往自觉不自觉地融入了一些黄色段子；丧葬文化的复兴往往夹杂着封建迷信的内容……更有少数农村居民及其所办的文化实体在利益驱动下，通过提供色情文化产品来招揽观众，严重干扰了农村文化市场。针对由农村居民提供文化产品可能出现的这些情况，必须在政府主导下加强对农村文化市场的监管。在加强对农村文化市场进行监管的同时，也要对从事文化生产的单位和个人进行引导，帮助他们提升文化产品的质量，特别是对于有地方特色的传统文化项目，既要引导农村居民对传统文化加以保护和传承，又要帮助他们去除传统中的糟粕，赋之以时代的内容，使之与社会主义新农村建设和中国特色社会主义文化建设的要求内在一致。

第二，加强对农村文化建设的规划，防范农村居民在文化生产中的盲目投入和重复投入。在农村地区文化产品供给不足的情况下，发挥农村居民在文化产品供给中的主体作用，允许和鼓励农村居民创办经营性的文化实体，是推动农村文化市场发展和繁荣、满足农村居民文化需求的一个重要途径。因此，政府部门要支持农民群众自筹资金、自己组织、自负盈亏、自我管理，兴办各类文化企业，通过开发本土传统文化资源，变资源优势为产业优势。但在鼓励和倡导农民办文化的同时，也要注意防范农村居民在利益驱动下，一哄而上乱办文化经营单位的情况，从而使农村文化产品供给陷入多头重复供给和无序供给的局面。多头重复供给和无序供给导致的是市场的分化、经营者利益的下降，并会因经营者的恶性竞争和一味迎合观众口味而最终使传统特色丧失和文化市场萎缩。因此，政府必须加强对农村文化建设的规划，通过市场准入、资格认定、价格调节、财税优惠等政策手段有效控制农村居民自办文化企业的规模和数量，引导文化经营者有序竞争，并积极引导同类文化产品的经营者相互联合，进行市场化运作，走向企业化的发展道路。

第三，加强对农村文化产品生产服务方向的引导，使农村文化产品生产自觉地为社会主义新农村建设服务，为推动社会主义文化大发展大繁荣服务。农村文化建设的目的是在农村地区形成适应社会主义市场经济体制、符合社会主义精神文明建设规律的农村文化建设新格局，农村文化建设的目的性决定了农村文化生产必须服从和服务于社会主义新农村建设的要求、社会主义文化大发展大繁荣的要求。因此，农村文化实体不仅要关注自身的经济效益，更要关注自身文化产品的社会效益，并且只有在保障文化产品生产不会导致负的社会效益的情况下才能通过文化产品生产谋取自身的经济效益，否则有可能面临法律法规的制裁。这一原则要求政府必须加强对农村文化产品生产的方向引导，引导农村文化实体自觉地将中国特色社会主义文化，特别是社会主义核心价值体系融入农村文化产品的生产之中，提升农村文化产品生产的社会价值，使农村文化产品生产成为推动农村文化事业发展的重要力量。

第四，引导农村文化产品的生产从家族化运作转向社会化运作。受家庭血缘关系的影响，农村居民在从事文化经营活动时，特别是经营那些有着传统特色的技艺项目时，往往以家族化运作为主，家庭成员或者有血缘关系的亲友共同经营文化企业，这种经营模式固然有利于技艺的传承、经营者之间的沟通和交流以及更容易建立起一种相互信任的人际关系，但在农村地区青壮年进城务工及家庭、家族规模不断变小等因素的影响下，这种家族化的运作模式也面临着一定的风险：或者是家族成员不愿意传承相关技艺，或者是家族成员虽然继承了技艺却不愿意在本地发展，或者是因为家族成员数量减少而无法完整地传承相关技艺。针对家族化的运作方式有可能出现的问题，要引导农村居民的文化生产经营活动从家族化运作走向社会化运作，以社会化运作解决好文化资源的传承和文化企业的可持续发展问题，从而稳定农村文化产品的供给，实现农村文化建设的可持续发展。

在农村文化建设中将农村居民的主体作用与政府和社会对其的规范和引导作用相结合，这是推动我国农村文化建设实现可持续发展、进入良性发展轨道的重要手段和保障,也是当前我国农村文化建设应该积极探索的一种经营发展模式。

参考文献

[1] 国家统计局:《2009 年国民经济和社会发展统计公报》,http://www.stats.gov.cn/。

[2] 文化部财务司:《中国文化文物统计年鉴 (2010)》,国家图书馆出版社,2010。

[3] 欧阳雪梅:《文化体制改革背景下的农村基层文化建设》,《武陵学刊》2011 年第 1 期。

[4] 文化部财务司:《中国文化文物统计年鉴 (2009)》,国家图书馆出版社,2009。

[5] 文化部财务司:《中国文化文物统计年鉴 (2010)》,国家图书馆出版社,2010。

[6] 王廷兴、陈仁铭、刘明锋:《"有些'文化下乡'不是给我们看的"——襄樊市农民文化需求调查》,《中国文化报》2005 年 8 月 4 日。

[7] 周德新:《发展视野下的农村文化资源整合探讨》,《武陵学刊》2011 年第 1 期。

[8] 新华时评:《"送文化"更要"种文化"》,http://www.xinhuanet.com/。

后 记

本研究是在湖南省社会科学基金 2010 年重大委托课题"加快湖南文化产业发展方式转变对策研究"（湘哲社领〔2010〕20 号）结题成果基础上，由该课题主要成员重新改写而成的。近年来，随着我国新型工业化、信息化、城镇化和农业现代化进程的加快，文化产业发展与服务已贯穿在经济社会各领域、各行业，它是发展创新型经济、促进经济结构调整和发展方式转变的内在要求，但愿本课题研究能为其贡献绵薄之力。本课题部分成果已在《光明日报》《文艺研究》《文艺争鸣》《前沿》《求索》《文化体制改革简报》《湖南师范大学社会科学学报》《重庆交通大学学报》等报刊上发表。

本研究仍然由原课题主持人魏饴教授主持，具体分工如下：第一、第二章由黄向阳教授撰写；第三章由王云教授撰写；第四章由魏饴教授撰写；第五章第一部分由周星林教授撰写，第五章第二部分由吴修林教授撰写。魏饴教授对全书体例与内容进行统筹，黄向阳协助做了大量具体工作。

本研究原课题组成员还有陈华、刘春花、肖兵、郭毅夫、陈慧钩，他们的劳动成果也是本书出版的基础。承蒙社会科学文献出版社对本研究的特别关注，本书得以顺利出版，在此一并致谢。

本书全体著作者

2015 年 11 月 13 日

图书在版编目(CIP)数据

文化产业发展方式转型研究:以湖南为例/魏饴等著.
—北京:社会科学文献出版社,2015.12
ISBN 978-7-5097-8539-3

Ⅰ.①文… Ⅱ.①魏… Ⅲ.①地方文化-文化产业-产业发展-研究-湖南省 Ⅳ.①G127.64

中国版本图书馆 CIP 数据核字(2015)第 295541 号

文化产业发展方式转型研究
——以湖南为例

著　　者 / 魏　饴 等

出 版 人 / 谢寿光
项目统筹 / 恽　薇
责任编辑 / 王楠楠

出　　版 / 社会科学文献出版社·经济与管理出版分社(010)59367226
　　　　　　地址:北京市北三环中路甲29号院华龙大厦　邮编:100029
　　　　　　网址:www.ssap.com.cn
发　　行 / 市场营销中心(010)59367081　59367090
　　　　　　读者服务中心(010)59367028
印　　装 / 三河市东方印刷有限公司
规　　格 / 开　本:787mm×1092mm　1/16
　　　　　　印　张:19　字　数:217千字
版　　次 / 2015年12月第1版　2015年12月第1次印刷
书　　号 / ISBN 978-7-5097-8539-3
定　　价 / 79.00元

本书如有破损、缺页、装订错误,请与本社读者服务中心联系更换

版权所有 翻印必究